U0916969

国家社会科学基金一般项目
“汉语语篇多维语体特征研究”（项目批准号：14BYY119）的研究成果

国家级一流本科专业建设点资助项目

江苏省重点建设学科中国语言文学学科经费资助

汉语语篇
多维语体特征研究

许彩云　著

上海三联书店

目　录

绪 论

以言语行为理论为视角，我们发现："话语结构是行为结构在语言层面的投射；特定言语行为意图与特定言语行为条件构成特定言语行为类型，每个言语行为类型都拥有一个属于自己的话语模式。言语行为类型的话语模式就是语体，从而在理论上构建语体的生成过程。"[①]语体就是完成某种类型的言语行为所要遵循的语言规范或者所要满足的条件。每一种言语交际活动的进行均由交际的目标、受众、内容、语境、媒介形式、表达方式及交际的效果等诸多方面共同作用完成。我们发现能够从中抽取出一个言语活动的完成所必须的三个基本维度：言语行为意图、行为媒介、人际方式。每一个维度都可以分解出许多变量，例如，言语行为意图的变量有：叙事、说明、描写、论证等；行为媒介的变量有：空气、文字、电话、微博等；人际方式的变量有：交互/独白、正式/非正式、个体/群体、强权势度/中等权势度/弱权势度、强亲近度/中等亲近度/弱亲近度，等等。每一个变量都能够形成一个相应的语体。但是，现实的言语活动中，由单一的变量形成的语体可以说几乎没有，基本上都是由多个变量相互组配而成的。

我们从言语行为理论出发研究汉语语篇，立足于语言的运

---

① 许彩云，汉语指令性语体研究，上海外国语大学博士论文，2014：Ⅲ。

用，着重关注一个语体的构建，同时也注重不同语体间的“同”与“异”。我们不仅运用了演绎的研究方法而且运用了归纳的研究方法，从言语行为意图、行为媒介、人际方式三个维度对某些汉语语篇进行了语体特征的分析研究，呈现了这些语篇的多维语体特征，展示了多维语体特征所要求的语言要素以及它们之间的组配关系；不论是理论上还是实践中，我们都在努力地探索描写一种语体语篇类型研究的可行性及其现实意义。

1. 多维语体特征

每一个言语活动的实施一定要满足言语行为意图、人际交流方式、媒介方式这三个维度的需求。每一语篇均为某种言语活动呈现出的特定语篇类型之一，任何一种语篇类型都跟一定的言语活动相契合。语篇类型就是语体，每一类语篇的语体构建都受到言语行为意图、交际双方的人际方式以及如何运用语言的影响。恰似金立鑫(2012)先生所言：“有言语交际行为要素 E(elements) 1 便有所对应的语体要素 R1，有言语交际行为要素 E2 同样有其对应的语体要素 R2，以此类推。”[①]实际上，言语交际活动与语体之间存在着因变关系，语体最初的、根本的功能动因就是言语交际这个行为本身；而语体的因变量是语篇的语言变异，相异的语体功能动因，会引起相应语体语篇中的不同的语言要素变异。

语体的功能变量掌控着语体类型。每一个语体功能变量在一定程度上都影响着语体类型的形成。但是，现实的言语活动中，由单一的语体功能变量形成的语体可以说几乎没有，基本上都是由多个功能变量组合而成的。

---

① 金立鑫、白水振，语体学在语言学中的地位及其研究方法，当代修辞学，2012(6)：23—33。

语体的功能变量也掌控着语篇的语体特征。语篇中，存在着怎样的语体功能变量，相应地就会出现怎样的语体特征，也会相应地呈现出怎样的语言成分。语体是在人们的语言使用过程中形成的，处于动态的形成过程中。[①]

发话者在施行某类言语行为时，“该言语行为的行为要素(即语体行为要素)决定了该语体的构成成分，语体构成成分可以分解出多维语体特征，多维语体特征的综合作用决定了语体的语言变异，而语体的语言变异只呈现在每一类语体的具体语篇之中。”[②]每一个言语活动的施行一定要满足言语行为意图、人际交流方式、媒介方式这三个维度的需求，这三个维度也就形成了语体的行为要素。每一维度的语体行为要素都会有相应的语体成分，比如，“由语体‘行为意图’可推知‘话语意图类型’和‘话语功能类型’两个语体成分；‘行为媒介’意味着选取什么样的‘语言手段’这一语体成分；然后，就是‘人际方式’这一语体成分。每一个语体成分都可以分解出许多语体特征，例如，‘话语意图类型’是指用话语来做什么事，”[③]能够分析出：讲课、聊天、演讲、通知，等等语体特征；“话语功能类型”能够分析出：议论、陈述、描写、抒情、记叙，等等语体特征；“言语手段”能够分析出：口语、书面语、电话、多模态传播，等等语体特征；“人际方式”能够分析出：交互/独白、正式/非正式、个体/群体、强权势度/中等权势度/弱权势度、强亲近度/中等亲近度/弱亲近度、准备程度，等等语体特征。换句话说，从言语行为意图、行为媒介和人际方式三个维度分析出该类语体语篇的若干语体特征(即多维语体特征)。每一个语体特征在具体的语篇中会要求相应的语言成分，但语篇中所呈现

① 刘大为，论语体与语体变量，当代修辞学，2013(3)：1—22。
② 许彩云，汉语指令性语体研究，上海外国语大学博士论文，2014：46。
③ 许彩云，汉语指令性语体研究，上海外国语大学博士论文，2014：47。

出的成格局的众多语言成分是多维语体特征互相作用的结果。

综上所述，多维语体特征是指某类或某个语体语篇从言语行为意图、传介手段和人际方式三个维度的语体行为要素出发，层层分析下来的，由每一维度衍生出来的若干语体特征。

我们研究的主要对象是"汉语语篇的多维语体特征"，相关的几个基本概念的解释如下：

语篇，指的是发话者(一人或多人)在言语交际活动中形成的长短不限的言语片段，是言语活动的交际单位。一个词语、一段话、甚至一本著作，在言语交际活动中都可以形成一个语篇。从功能的角度考察，语篇具有明确的交际意图。语篇是在某种语境下能够表达完整语义的言语交际单位，内部各部分间语义连贯、结构衔接。"独白"能够形成语篇，"对话"也可以形成语篇；可以有口头表达的语篇，亦可以有书面语语篇。

语体，指的是"语篇的类型，是实施某种类型言语行为时所形成的语篇格局，即实施某种类型言语行为时，语言在使用方式及语言形式上所形成的成格局的话语模式。"[①]语体涉及某类语篇的主题、某类语篇使用语言的方式、某类语篇的话语模式、某类语篇的语篇结构；语体的语言要素包括词语，句型、句式、话语标记、特殊结构、固定格式、语气、语调、韵律，等等。

语篇结构，指的是语体的行为结构在语言层面的投射，即语体结构潜势通过一定的语篇形式在语言层面上的固定。语体结构潜势就是某一语体的言语行为结构。

2. 多维语体特征研究文献综述

学界目前及以往的语体研究理论、研究观念、研究方法决定

① 许彩云，汉语指令性语体研究，上海外国语大学博士论文，2014：1。

了我们的多维语体特征研究的思路。所以,我们首先对国内、国外相关语体研究与多维语体特征的研究成果进行了梳理。在吸收前辈们研究成果的基础上,我们努力发现尚可进一步完善的理论假设或者仍需进一步解决的问题,从而探寻所要研究的目标,就是:分析研究语篇的多维语体特征,找寻形成多维语体特征的语体成分,分析探讨语篇的多维语体特征跟语篇的语言运用之间的相互关系。

2.1 语体研究综述

当代,国外主要从四个角度来研究语体:(1)语域。Halliday 等认为概念意义、人际意义和语篇意义决定语言特征。突出者有 Crystal 和 Davy(1969)、Gustafsson(1975)等。(2)修辞。西方修辞学以目的论型思维方式来看语言运用,关注论辩、劝说之类,着重考察一些语法形式的使用情况。主要有 Selinkeretal(1973)、Trimble(1985)等人。(3)交互。Bhatia(1987)等认为交互性的不同造成语言运用的差异,强调结合交际过程考察语言的具体使用,力求对特定语体现象做细致的动态考察。(4)体裁。Swales(1990)的观点是依据体裁去描写、去解释言语使用的变化和异同。Bhatia(1993)提出原型性概念,认为语体并非固定不变的语言使用程式,在具体实例中会在一定范围内产生变化和差异。

国内语体研究经历了三个阶段:(1)文章学。由来已久,主要研究体裁与风格。刘勰的《文心雕龙》是突出代表。(2)修辞学。传统语体研究,自陈望道(1932)至今。将语体定义为功能变体,据"使用域"分类,归纳描写某语体的词汇、句式、修辞特征,描写某语体文本或某作家、某作品的言语风格。(3)语法学。近几年来,方梅、张伯江、刘大为等倡导的以语法解释为目的的语体研究,据语体特征及其组配来划分语体类型。研究内容:A. 统计分析某些词语形式、某些句式在不同语体中的使用情况;B. 依据语体特征以及某些语体特征的组配,探讨某类语体语篇为何会呈现这样的语言现象。上述研究的不足之处主要表现在：(1)目前，90％的研究成果都集中在修辞学的语体研究上，从使用域出发只看到了简单的现象，而没有揭示其成因。(2)就期刊资料索引数据统计看，语法学的角度，大约有七十五篇论文。虽然取得了部分研究成果，但都是散见于各类学术期刊上的单篇论文，还没出现一本这方面的专论。(3)就现有成果看，国内语体研究的视角单一，实证及应用型研究较少。

2.2 多维语体特征的研究综述

就目前我们在知网上能找到的论文资料看，研究语篇的多维语体特征的文献不太多。从多维角度研究语篇的论文，约有 57 篇；其中，从多维角度研究语篇语体的论文，约有 47 篇；研究语篇的多维语体特征的，约有 33 篇论文。研究语篇的多维语体特征的著作有：Douglas Biber, Susan Conrad 的《Register, Genre and Style》(2009)[①]；杜诗春(2009)的《基于语料库的英语语言学语体分析》[②]；由道格拉斯·比伯、苏珊·康拉德和兰迪·瑞潘著，刘颖、胡海涛译(2012)的《语料库语言学》[③]；康奈 Ulla Connor、阿普顿 Thomas A. Upton(2016)的《行业话语：语料库语言学视角》[④]。目前学者绝大多是利用道格拉斯·比伯创制的多维分析法(multi-dimensional analysis, MD)进行分析的。

美国语言学者道格拉斯·比伯首先从多维角度开始对语体进行多特征研究，他在博士论文中第一次创立了多维度、多特征

① Douglas Biber, Susan Conrad, *Register, Genre and Style*, Cambridge University Press; October 2009.

② 杜诗春，基于语料库的英语语言学语体分析，北京：外语教学与研究出版社 2009 年版。

③ [美]道格拉斯·比伯、[美]苏珊·康拉德、[美]兰迪·瑞潘著，刘颖、胡海涛译，语料库语言学. 北京：清华大学出版社 2012 年版。

④ [美]Ulla Connor、[美]Thomas A. Upton，行业话语：语料库语言学视角，北京：清华大学出版社 2016 年版。

分析模式(Multi-dimensional / Multi-feature analysis,简称 MD/MF,又称"多维分析法"),"是一种多维度语体变异研究模式,是一种基于语料库的语体变异分析方法(MD 模式中,语体、语域、语类及语篇类型被视为等同的概念,不做专门区分)"[①]。道格拉斯·比伯用该模式分析了口语与书面语的差别。道格拉斯·比伯的多维分析法中每一语篇维度的建立与解释都是基于语篇的语言特征的"共现"模式。"共现"是指某些语言特征在一些语体中具有相似的出现频率;这些语言特征由于具备相近的功能而共同出现在某些语体里。每一维度功能意义的确立基于两个方面:"A. 根据'共现'语言特征的共同的功能属性;B. 根据各语体在这一维度上的分布特点和功能差异"[②]。道格拉斯·比伯主要"归纳了六个维度,分别为:交互性/信息性,叙述性/非叙述性,指代明确/场景依赖性,劝诱性/非劝诱性,抽象性/非抽象性,即时信息详述"[③]。每一维度上均拥有一组相应的语言特征。多维分析法模式的六个维度,包含了六十七个语言特征。多维分析法中各种维度的确定与阐释都离不开语言的形式特征和言语交际的目标、言语交际环境特征、认知解释等功能条件间的互相配合。语篇的多维分析法,多个维度研究、比较语域变异,相对周全地分析了相关语体间的异同。[④] 另外,也探讨了语体可能具有的功能上的特点,譬如,对话体的多维语体特征有极强交互性、无准备、无计划、具体性、叙事性等。

自从道格拉斯·比伯的多维度、多特征分析模式引入中国之

① 武姜生,"学术交流 e-mail"文体特征的多维度分析,外语与外语教学,2014(2):53-57。

② 武姜生,语域变异的多维向分析模式简介,解放军外国语学院学报,2011(3):6—9。

③ 徐鹏、罗博,《政府工作报告》英译本语体多维度评价,哈尔滨学院学报,2018(12):93—98。

④ Biber Douglas, Conrad Susan. 语体变异模式的多维度分析,赵雪、胡正艳、路越译. 当代修辞学,2016(1):47—55。

后，有二十多位学者将这种方法应用于语体研究。但是，绝大多数学者都用这种分析法研究英语书写的语体的多维特征，探讨中介语与英语母语者的语体差异。只有刘艳春、胡凤国和赵艺(2016)用此法比较分析了汉语的辩论语体与演讲语体，找出了这两个语体的多个维度的语言特征和维度差异，并给予了功能解释。①

目前中国学者关于语篇的多维语体特征研究，主要是以分析语篇语言特征"共现"模式为基础的语体的多种功能维度研究，侧重于这几个方面：

(1) 基于语料库的多维分析法的不同语体间的比较研究

A. 英语学习者的语体写作与英语母语者的语体写作，多维特征比较研究。

潘璠(2012)运用多维度多特征分析法研究中国英语学习者书面语体多维特征，"通过对中国学生和英语本族语者书面语的多维度多特征微观分析，以及系统、全面的对比分析，发现中国学生在多个功能性维度上呈现较明显的口语化倾向以及在一些微观性语言特征上与英语本族语者话语有所偏离。"②

黄莹(2016)运用道格拉斯·比伯的多维度、多特征语体分析模式，对中国工科类研究生的英语学术论文和国际上工程类期刊英语论文的多维语体特征进行微观和宏观的比较和分析，结果发现："中国工科类研究生论文具有更多'交互性、情景依存性所指'，更少'抽象性'等口语语体特征，具有更多'非叙事性'、更少'即时信息详述性''显性劝说性'等书面语体特征；而国际期刊论文具有更多'信息性、明确所指、抽象性'等书面语体特征，更多

---

① 刘艳春、胡凤国、赵艺，辩论与演讲语体多维度、多特征对比研究，语言教学与研究，2016(6)：103—112。

② 潘璠，中国非英语专业本科生和研究生书面语体的多特征多维度调查，外语教学与研究 2012(2)：220—232。

‘叙事性、显性劝说性、即时信息详述性’等口语语体特征。”[①]这显示了中国工科类研究生的英语学术论文写作过程中语体意识缺乏。

赵朝永、王文斌（2017）采用基于语料库的多特征、多维度语体分析模式，对中国英语学习者与英语母语者的议论文比较分析发现：“中国英语学习者的语体变异与其汉语母语的空间性语言表征存在‘内在一致性’，母语迁移特征明显，其根源在于英汉语言存在时空性差异。”[②]

王立非、部寒（2018）利用道格拉斯·比伯的多维度、多特征语体分析模式与 MAT（Multidimensional Analysis Tagger 1.3）分析工具（Nini，2015），对中国英语企业报告与美国企业报告语篇的五个功能维度特征和六十七个语言特征进行比较研究，分析得出：“1）中国英语企业报告与美国企业报告语篇在功能维度特征上存在差异。中国英语企业报告语篇的叙述性、信息性、指称明晰性比较强，而交互性与劝说性比较弱；但两者话语均具有比较高的抽象性；2）中国英语企业报告与美国企业报告语篇的功能维度特征差异具体表现在 11 类语言特征‘共现’频率上”[③]。

B. 汉语不同语体的多维特征比较研究

刘艳春、胡凤国和赵艺（2016）应用多维度、多特征方法对汉语的辩论语体与演讲语体进行对比研究，通过这两种语体的多维特征对比，展示了汉语演讲语体和辩论语体的共性和差异。凭借对演讲和辩论语体异同的语感，依照汉语中演讲和辩论语体的交

---

① 黄莹，研究生英语学术论文语体特征多维度对比分析，长春大学学报，2016（7）：31—35。

② 赵朝永、王文斌，中国英语学习者语域变异多维分析：英汉时空特质差异视角，外语电化教学，2017（4）：71—78。

③ 王立非、部寒，中美企业话语的功能特征多维对比研究，解放军外国语学院学报，2018（2）：96—103。

际目标与交际语境，该研究决定对六十五项语言特征进行考察。[①] 研究发现：汉语辩论语体和演讲语体在四十四项语言特征上明显存在差异性；这四十四项语言特征，可以概论为八个不同的维度。

（2）基于语料库的多维分析法，通过与其他语体对比，分析出某一语体的多维特征。

雷秀云、杨慧中（2001）利用多维度、多特征语体分析模式把上海交通大学创建的学术英语语料库（JDEST 语料库）跟学界公认的一般英语语料库（LOB 语料库）进行对比分析，发现学术英语语体具有信息生成性强、叙述性不强、所指依赖情景语境、劝诱性较弱、强抽象性、即时性较弱的多维特征。[②]

杜诗春（2009）根据自建英语语言学语体语料库 ECOL 与 FLOB（二十世纪 60 年代美国英语语料库）或 BNC3（英国国家语料库中的自然科学、社会科学和应用科学三个部分），采用对比分析法找出英语语言学语体的词汇特征和语法特征；使用 wordsmith3.0 统计词汇密度、词频、覆盖面、平均词长、词类频数等，考察英语语言学语体与英语通用性语体的差异；用多维、多特征分析法找出英语语言学语体的语法特征；用关键性方法找出超用词。[③]

武姜生（2014）运用道格拉斯·比伯的多维特征分析模式，将学术讨论的英文 e-mail 与其他八种英语语体在四个维度上进行对比分析，得出学术讨论的英文 e-mail 语体具有“交互性、即时

① 刘艳春、胡凤国、赵艺，辩论与演讲语体多维度、多特征对比研究，语言教学与研究，2016(6)：103—112。

② 雷秀云、杨慧中，基于语料库的研究方法及 MD/MF 模型与学术英语语体研究，当代语言学，2001(2)：143—151。

③ 杜诗春，基于语料库的英语语言学语体分析，北京：外语教学与研究出版社，2009 年版：23—24。

性、劝说性，客观性与抽象性弱”等特征。[①]

江进林、许家金(2015)运用多维度多特征语体分析模式，把商务英语语体跟通用英语和商务新闻、学术英语语体展开语料库对比研究，发现：“商务英语表现出较强的交互性(如多用第一、二人称代词)和劝说性(如多用预期情态表达、动词不定式)”[②]。

杨璘璘、钟伶俐(2018)运用多维分析法在六个维度上将听证会英语和 COCA(Corpus of Contemporary America English)通用英语进行比较，分析出：商务听证会语体具有“更高的交互性、较强的劝说性和较多的使用即时信息”[③]。徐鹏、罗博(2018)运用 Douglas Biber 多维度分析法，对 2017 年中国《政府工作报告》的英文翻译文本展开多维度语体特征研究与分析，揭示了 2017 年中国《政府工作报告》英译本具有“凸显高信息性，高指代明确性、高说服性，低叙事性，书面色彩强烈的语体特性”[④]。

(3) 基于语料库的多维分析法的单一语体分析及写作教学研究

肖庚生(2016)将多维度、多特征语体分析模式对英语学术论文语体的研究成果，应用于英语学术论文的写作教学中，讨论分析了应用价值和步骤。英语学术论文语体的多维特征是“强信息性、弱叙事性、指称依托于语境、弱劝服性、强抽象性”[⑤]等，书写时

---

① 武姜生，“学术交流 e-mail”文体特征的多维度分析，外语与外语教学，2014(2)：53—57。

② 江进林、许家金，基于语料库的商务英语语域特征多维分析，外语教学与研究，2015(2)：225—236。

③ 杨璘璘、钟伶俐，基于语料库的商务听证会语域特征多维度分析——以 Facebook 的联合听证会为例，外语与翻译，2018(3)：52—58。

④ 徐鹏、罗博，《政府工作报告》英译本语体多维度评价，哈尔滨学院学报，2018(12)：93—98。

⑤ 肖庚生，MD/MF 模型在英语学术论文写作教学中的应用，鸡西大学学报，2016(11)：122—125。

就得使用与这些特征相一致的词语与语法。学习者把握了学术论文语体的多维特征有利于培养他们的学术论文语体意识，提高英语学术论文的写作能力。

卫志强(2017)运用基于语料库的语体多维分析法，借助于MAT1.1多维语体特征分析工具，对中国大学生限时书写的二百七十篇说明文展开统计与分析。研究结果显示：中国大学生基本可以书写出符合英语说明文语体特征的作文，但是说明文的语体因素与说明文作文得分的高低相关度不明显。提出对中国大学生的语体作文的评判中应加强语体因素考察分量，进而提高语体作文评分的有效性，尽可能地全面评价大学生的英语语言的运用能力。[①] 李晨(2018)利用多维特征语体分析法分析非英语专业学生的英语作文，把分析出的维度和特征跟作文成绩进行相关性分析。研究显示非英语专业学生的议论文属于强交互性的劝服类语体，具有叙事性弱、不抽象等口语化特点，而且学生间个体差异比较大。[②]

综上所述，目前学界的语篇多维语体特征研究主要是英语领域的学者运用道格拉斯·比伯的多维度、多特征语体分析模式进行的对比分析。多维度、多特征分析模式最初应用于社会语言学的语言变异研究，是语料库语言学和社会语言学互相渗透、互相借鉴的结果(肖庚生，2016)[③]。大多数国内学者，主要用此分析法来寻找同一语体的不同书写者之间的多维度特征差异、不同语体间的多维度语体特征的差异；该分析模式采取的是自下而上的文

① 卫志强，语体特征与英语作文评分的关联度研究——以中国大学生限时说明文为例，绍兴文理学院学报，2017(10)：78—83。

② 李晨，基于自建语料库的语体与写作水平相关性研究，黑龙江工程学院学报，2018(2)：49—54。

③ 肖庚生，MD/MF模型在英语学术论文写作教学中的应用，鸡西大学学报，2016(11)：122—125。

本分析方法，涉及五个维度、六十七个语言特征，着重于微观的词汇特点和语法特点，缺乏对语篇结构与语篇语义特点的分析与研究。解释的理论也仅限于韩礼德的系统功能语言学。

我们将从言语行为理论出发对“语体”进行重新界定，在重新界定的“语体”视野下，进行“自上而下”的推演，研究汉语语篇的多维语体特征；我们不仅仅限于探讨汉语语篇的语体所具有的语言形式上的特点，而是着重于寻找汉语语篇的多维语体特征，进而从言语行为的功能层来解释这些语体特征带来的语言变异。我们将以动态的视角，着眼于语言的运用，采取演绎的方法构建语体理论，采用归纳的方法在实际的语体语篇中检验并完善语体理论，具体的操作是从言语行为意图、行为媒介、人际方式三个维度上分析汉语语篇的语体特征，以及这些语体特征所要求的语言要素。

3. 研究目标、研究意义、主要内容及研究方法

3.1 研究目标

“汉语语篇多维语体特征”的研究目标如下：

A. 探寻语篇的语体运行机制。每类语篇都是一类语体的具体呈现，都是由多维语体特征所要求的多种语言形式及各种语言要素相互选择与组配而成的具体的一类语体样式。“语体就是这样的一种选择及组配机制。”[①]每一个发话者都是在这种机制的支配下使用语言；发话者只有努力地遵守这样的规则，才能够成功地运用语言。语体运行机制掌握的好坏，可能会关乎一个人语言能力的强弱。

B. 尝试描写语体，努力寻找语篇的多维语体特征。以语篇

① 许彩云，汉语指令性语体研究，上海外国语大学博士论文，2014：6。

的语体功能层面与语言层面的关系为出发点，对几类语体进行"自上而下"的描写，从语体语篇的言语行为意图、传媒手段与人际方式三个维度来挖掘它们的语体特征，尽可能地展示这些语体语篇真实的格局样式。

C. 努力探寻几类汉语语篇的语体构成方式，找到这几类语篇的语体构成规则。

D. 尝试从语体学的角度建立汉语语篇的教学模式，以便为实际语体语篇的教学提供理论指导。

3.2 研究的价值与意义

汉语语篇多维语体特征研究，立足于语言的使用，对语体语篇进行三个维度上语体特征的描写分析，努力为语篇的语体研究开拓新思路；尝试探寻研究一类语篇的多维语体特征与语篇结构的方法：选取汉语某些语体语篇作为讨论的样本，以语篇的语体功能层面与语言层面的相互关系为出发点，尝试全面分析描写某种语体语篇类型，呈现怎样分析这些语体语篇组成成分的步骤；试图给汉民族或者其他民族的人们给予某些语体语篇的书写准则，希望能够为汉语的语体语篇教学给予一定的理论指导；另外，希望相关研究成果能够为计算机自动识别汉语语体语篇类型及生成特定汉语语体语篇提供可行性准则。

3.3 研究的主要内容

第一部分，绪论。

汉语语篇多维语体特征研究，着重从言语行为意图、行为媒介、人际方式三个维度探讨汉语语篇的语体特征，研究范围涉及汉语的口语语篇和书面语语篇，但侧重于文本化了的语篇研究。绪论部分扼要地阐释研究所涉及的基本概念；综述以往相关研究文献；并对汉语语篇多维语体特征研究目标、研究意义、主要内容以及研究方法等作简要说明。

第二部分，言语行为视角下的语体构建与多维语体特征。

以言语行为理论为视角,“构建语体的生成过程：不同的行事意图造成不同行为方式,从而形成不同的言语行为类型。每一种言语行为类型拥有一个内在的话语模式。话语模式是言语行为的构成成分在话语中的体现,各类言语行为话语模式由各类言语行为行事意图和完成该意图的必备要素构成。这个话语模式就是语体。语体是由特定的行为主体、行为目的、行为方式、行为效果以及时空环境所构成的动态系统。因此,我们认为：发话者在实施某种言语行为时,行为要素(即语体行为要素)决定语体的构成成分,语体构成成分(话语意图类型、话语功能类型;言语手段;人际方式)可以分解出多维语体特征,多维语体特征的共同作用决定了语体的语言变异,而语体的语言变异只呈现在每一个语体的具体语篇之中。”①

第三部分,指令性语篇的多维语体特征研究。指令行为是“发话者要求受话者实施某种行为的言语行为,具有指令语力。指令性语体是指实施以指令为功能类型的言语行为时,语言在使用方式及语言形式上所形成的成格局的话语模式。”②发号指令者通过规定、准许、委托等方式对受话者的行为给以明示,让受话者一看就明白做什么事情、如何执行。指令性语体语篇有法规、条例、合同、契约、菜谱,等等。运用演绎的方法推断出指令性言语行为的完成所需要的行为方式,归纳出完成指令性言语行为所需要的行为方式对语言要素的要求。指令性语篇的多维语体特征分别是：指令的话语意图,陈述、说明的话语功能;书传,话语现场;正式或中等正式,庄重或中等庄重,有准备,交互性(独白、虚拟交互性),强权势度或中等权势度等。

第四部分,说明性语篇的多维语体特征研究。说明性言语行

① 许彩云,汉语指令性语体研究,上海外国语大学博士论文,2014：Ⅲ。

② 许彩云,汉语指令性语体研究,上海外国语大学博士论文,2014：52。

为是在特定的语境中，发话者解说事物或者阐明事理或者说明某种动作过程的言语行为。说明性言语的行为方式一定会在语言使用方式上不同于其他言语行为，从而致使说明性言语本身呈现出某种格局的语言样式。完成说明性言语行为所需要的行为要素，也就是说明性言语行为的语体行为要素，分别为说明性行事意图、实施说明性行为的媒介、实施说明性行为的人际方式。说明性言语行为的顺利施行，定然是这三个维度上的语体特征彼此影响、共同合作的成果；这三个维度上的语体特征相互作用、相互配合，形成一种呈格局的话语模式。这种呈格局的话语模式经过一定时期的使用，固化在语篇中，便形成了说明性语体语篇。说明性言语行为的语体行为要素决定了说明性语体成分；说明性语体成分，又决定说明性语体的多维语体特征。说明性语篇的多维语体特征有：说明；书面语，话语现场；中等正式，有准备，虚拟交互，强知识权威，强识解度等。这些说明性语体的功能动因推动说明性语篇改变语言的运用方式，呈现出一定格局的语言样式。说明性言语行为方式的特点约定俗成地文本化为说明性语篇结构。

我们除了从言语行为理论视角探讨了说明性语篇的行为类型、语体分类、多维语体特征、语体结构潜势及其语篇结构之外，还探讨了中文化妆品说明书语篇的多维语体特征与语篇结构。

第五部分，交互性语篇的多维语体特征研究。

交互，就是发话者与受话者之间的互动。交互性主要体现在人际活动中，从属于人际功能，突出表现在“人际方式”这一语体成分上，是语体的基本变量，所以可以形成“交互性语体”。这是以“交互性”为基本特征概括出的上位语体，是种“理论性的存在”。其实，在现实的言语活动中，由单一变量形成的语体可以说几乎没有，基本上都是由多个变量组合而成的。交互性是语体语篇的基本特征，任何一个言语活动可以说都具有交互性，只是交互性有强有弱。由于言语活动的对象不同导致了交互性的隐、现不同，也就是说，有显性交互，也有隐性交互。根据显性/隐性、及时性/延时性、对等/不对等、有准备/无准备、正式/非正式、书面/口语这些“语体特征”，对交互性语体进行了下位分类。同时，分别探讨了交际对象、正式程度、亲近程度三个方面语体特征对语言要素的要求。

交互性语体是以“交互性”为基本特征概括出的高层语体。我们将探讨汉语以“交互性”变量为主体的语篇类型以及相关的多维语体特征，研究基于“交互性”变量的特定语篇：淘宝语篇的多维语体特征与语篇结构、高端访谈语篇的多维语体特征研究。

第六部分，汉语语篇多维语体特征研究的教学应用。汉语语篇多维语体特征研究的成果，可以应用于中小学语文的语体写作教学、大学某些专业的语体写作教学及留学生的语体写作教学；也可以为外族人提供汉语某类语体语篇的撰写规则，还可以为汉语某类语体语篇的写作教学提供理论参考。所以，我们梳理了语体教学理论及模式，分别探讨了指令性通知、消息（针对大学文秘专业的应用教学），议论文、通讯（针对中学语文的语体写作教学），家书、求职信、说明文（针对外国留学生的语体写作教学）的多维语体特征、语篇结构及相关语体写作教学，以期为不同的对象学习或书写这些语体语篇提供参考。

第七部分，结语。总结本研究的突出特色、不足之处及今后努力的方向。

3.4 研究方法

（1）文献研究法。进行文献调查，广泛涉猎当今国内外关于语篇多维语体特征研究的文献资料，关注本研究的发展动向，认真学习前辈们的研究成果，努力寻找本研究的理论支撑点，发现问题并探讨解决问题的方法。

（2）演绎推理法。从言语行为理论出发对“语体”进行重新界定，在重新界定的“语体”视野下，进行“自上而下”的推演。“从言语行为理论入手推断言语行为的行为要素以及这些行为要素在语言层面的表现，进而分析语篇的语体构成成分、多维语体特征及每一维度上可能呈现的语言形式。”①

（3）调查研究法。综合运用各种调查方法和手段，把语料库方法的定量分析与语体的定性分析相结合，为汉语语篇多维语体特征研究提供充足的事实依据。

（4）比较法。不同语体语篇之间的比较。如：将指令性语体语篇与报告类语体语篇进行比较，试图找出不同语体语篇的语言要素的组配关系。

① 许彩云，汉语指令性语体研究，上海外国语大学博士论文，2014：7。

第一章　言语行为视角下的语体构建与多维语体特征[①]

观察语言，选取的角度不同观察到的结果就会有所不同。从静态的角度来观察，语言体现为语言的单位和结构规则。若用动态的眼光来看语言，语言即以言行事的行为。因而言语就可以看成是在交际中被使用的过程，一个行为过程。言语行为就是通过言语实施某种行为，强调使用语言就是完成各种言语行为。言语行为是语言运用的基本形式和基本单位，它像人类许多别的社会活动一样是受规则制约的有意图的行为。每当我们进行语言交流时，就是在按照社会规则和语言规则实施着各种各样的言语行为。[②]

言语行为就是通过语言实施某种行为，它强调使用语言就是完成各种言语行为。言语行为是语言运用的基本形式和基本单位，它像人类许多别的社会活动一样是受规则制约的有意图的行为(Searle，1969)。每当我们进行语言交流时，就是在按照社会规则实施着各种各样的言语行为。[③]

以往言语行为理论的运用，大都是在句子层面，以言说动词

---

① 许彩云，汉语指令性语体研究，上海外国语大学博士论文，2014：第三章。

② 许彩云，言语行为类型及其原型变体初探，淮阴师范学院学报，2001(3)：415—417。

③ 许彩云，言语行为类型及其原型变体初探，淮阴师范学院学报，2001(3)：415—417。

为中心进行讨论的。其实,一个言语行为的实施可以用一句话,也可以用一个语篇来完成。

1.1 言语行为的构成

1.1.1 行为发出者的意图

行为是指“有意图的动作”[①],意图是行为的决定因素。当行为发出者产生要做某事的意图后,就必须选择某种动作(即手段)使意图实现为效应。若选取了言语行为为其手段,那么该行为就成了言语行为。其中意图产生于发话者而效应产生于受话者。发话者的意图是希望通过话语引起受话者的心理或行为上的某些变化。

1.1.2 言语行为的制约条件[②]

言语行为是一种受规则制约的有意图的社会行为,受到社会规则和话语规则的制约。这些规则体现为社会条件、场合条件和话语条件。言语行为的意图不同,实现意图所必须满足的条件就不同。例如,命令言语行为满足的条件:社会条件为发话者应该处于权势关系中支配受话者的位置上;话语条件是命令的表达,是企图让受话者照它去做,祈使句、无主语、副语言和体态语伴随于命令行为始终。处于紧急严肃的场合,比如战场、突发事件场所(火灾、水灾),如果在实施时不具备其中一些条件,便不能有效地发出命令,很可能是在提出请求或发出邀请或者在实施别的什么行为。

(1) 社会条件。即特定言语行为要求行为双方处于特定的社会关系中才能实现。社会条件不是指社会关系本身而是指言语

---

① [美]A. P. 马蒂尼奇,语言哲学,北京:商务印书馆,1998年版:229—248。

② 许彩云,言语行为类型及其原型变体初探,淮阴师范学院学报,2001(3):415—417。

行为对社会关系状态的要求。例如：讲课言语行为要求发话者的知识程度高于受话者。告诉言语行为则对发话者有信任度的要求。某一具体言语行为对社会关系的要求常常是复杂的，是多种关系的综合。如，致谢言语行为的发生一定是受话者做了有利于发话者的事，且发话者是真心诚意地感谢受话者的。

（2）场合条件。即特定言语行为对特定场合的要求。面对面的言语交流是在一定的场合中进行的。有的言语行为必须在具体场合中才能实施，而有的只需一定的抽象场合即可，还有的一定要在特定情境中才能完成。

具体场合是指具体的有物质属性的空间环境，即具备某些必要的物理设施条件。如：宣判言语行为只有在法庭上才会生效（除了为了某种目的需要而召开的宣判会）。法庭这一具体场合里设有审判席、被告席、原告席、证人席及旁听席，审判席的正上方必悬挂着一枚威严的国徽，审判席的位置高于被告席与原告席。抽象场合是指交际双方的空位置，包括双方的空间方位和空间距离。如，谈判言语行为要求双方处于 1 至 2 米的空间位置且面对面地进行。演讲言语行为要求双方保持公众距离，演讲者与听众面对面，演讲者的位置高于听众的位置。特定情境是指突发的紧急事件。这种特殊场合是千变万化、不可预测的。比如：着火、发洪水、出车祸等，命令言语行为大多数是在此种情境下施行的。

（3）话语条件。即特定言语行为要求特定话语结构、话语成分及相应体态语、副语言。询问言语行为的话语条件不同于请求言语行为的，也不同于威胁言语行为的，跟其他任何一种言语行为的话语条件都不相同。

话语结构是行为结构在语言层面的表现。发话者的意图有待于受话者来实现。要使意图实现为受话者的反应，就必须表明完成该行为所需要的要求，通过语言体现结构。如发话者意欲请求某人做某事，完成请求行为所需要求至少有：

希望对方做某事的愿望，

希望对方从事的行为，

该行为所涉及的对象与外部世界的关系，

……

这些在语言层面至少表现为：

表明发话者的意图(做某事)，

说明是什么事，

阐述如何来完成这件事以及做这件事所涉及的对象与外部世界的关系，

……

它们就构成了请求言语行为的话语结构。话语结构又可分为基本结构、外围结构和外部话语特征三个部分。基本结构是一行为区别于另一行为的基本构成，是行为结构的直接表现，由完成该意图所必需的要素构成。有时可因语境而采取零形态的方式。外围结构是完成该行为的非必要条件在话语层面的表现，起到调整双方人际关系、设置条件或强化趋向力的作用。外围结构本身可选择，据需要进行变化。外部话语特征是指贯穿于整个言语行为始终的副语言和体态语，它们既伴随着基本结构也伴随着外围结构，起着强化语力的作用。

1.2　言语行为类型

言语行为理论的创始人英国哲学家奥斯汀(J. Austin)不断对自己的理论进行修正。其后塞尔又进行了的修正、完善和发展。

1.2.1　奥斯汀的言语行为类型

奥斯汀认为，任一言语行为都由三个次行为构成，即言内行为(locutionary act)、言外行为(illocutionary act)、言后行为(perlocutionary act)。言内行为所表达的是字面意义；言外行为表达的是说话人的交际意图，也就是言外之意；言后行为指说话人的话语在听话人身上所带来的效果。

奥斯汀分出的三种言语行为不是孤立的，它们属于不同层面，其间有蕴涵关系。正如奥斯汀所解释的那样，发音行为未必就有表意行为，但是表意行为定会蕴涵有发音行为。道理相同，言内行为未必会有言外行为，然而言外行为一定蕴涵着言内行为；言外行为未必产生言后行为，但言后行为一定蕴涵着言外行为与言内行为。三种行为形成了递归结构。[①]

一个行为最简单的抽象结构是：

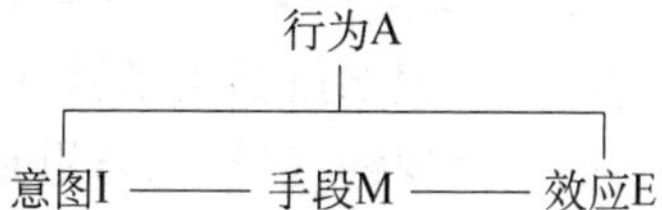

如果一个结构选择了另一个结构作为它的结构，则这两个结构处于递归关系中：

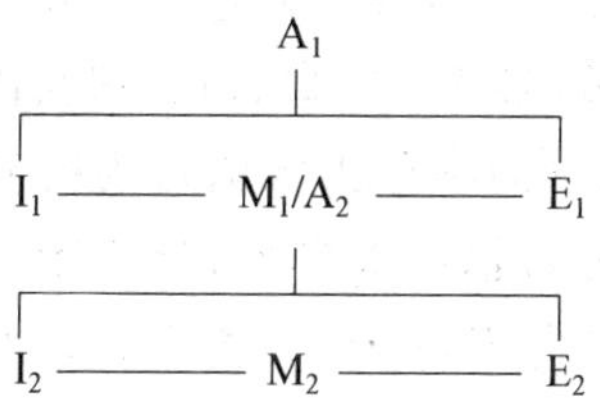

如"感谢"这一行为，可以选择设宴作为手段，设宴又可以选择举杯致辞以示感谢。奥斯汀将言外行为分为五类，即行使型(exercitives)、裁决型(verdictives)、行为型(behavitives)、承诺型(commissives)、阐述型(expositives)。

---

① 刘大为，言语行为与修辞学的体系构想，修辞学习，1992(1)：7—10。

1.2.2 塞尔的言语行为类型

塞尔将言内行为又分为“话语行为(utterance act)与命题行为(proposition act),话语行为是说出话语和句子,命题行为是指通过所指词语和谓词所实施的‘谈及’和‘描述’两种行为。”[①]

塞尔拟定了12条标准作为确定和划分言语行为的基本要素[②](Searle 1979: 1 - 7):(1)施事行为的要旨(illocutionary point);(2)话语和客观世界的适从方向;(3)说话人所表达的态度和心理状态;(4)施事行为要旨的力量或强度;(5)说、听者的身份地位与语力之间的关系;(6)与说话人和听话人的利益是否相关;“(7)施事话语与语篇之间的关系;(8)语力显示项决定命题内容的程度;(9)施事行为是否必须通过话语来做;(10)施事行为的实施是否依赖于超语言的社会规约;(11)语言里是否有施事句来实施该行为;(12)完成施事行为的风格差异。”[③]

这些确定和划分言语行为的基本要素,大致可以分为以下几类:第(1)、(2)、(3)、(4)项与说话人的行事意图有关,第(5)、(6)项与交际双方的人际关系有关,第(7)、(10)项与语境有关,第(8)项与表达的内容有关,第(9)、(11)、(12)项与语言表现方法有关。塞尔选取了(1)、(2)、(3)项作为言语行为的分类标准,也就说塞尔以行事意图来划分言语行为类型,分为阐述类言语行为、指令类言语行为、承诺类言语行为、表达类言语行为和宣告类言语行为。

阐述类言语行为:发话者对所表达内容的真实性做出允诺;其适从方向为由话语至客观世界;另外也表示出相信的心理样态。阐述类言外行为具备可验证性的特点,大致跟奥斯汀所说的

---

① 何兆熊,新编语用学概要,上海:上海教育出版社,2000年3月。

② John, R. Searle. (1979). *Expression and Meaning: Studies in the Theory of Speech Acts*. Cambridge University Press .

③ 顾曰国,John Searle 的言语行为理论与心智哲学,国外语言学,1994(2):1—8。

表述句相似。报告、陈述、断言、声称等均属阐述类言外行为。

指令类言语行为：发话者尝试让受话者去做某件事情；其适从方向为由客观世界至话语；另外也表示出发话者的某种愿望，期望受话者去做这件事情。建议、请求、命令、规谏等均属指令类言外行为。

承诺类言语行为：发话者对自身将要发生的行为做出允诺；其适从方向跟指令类相同，为由客观外界至话语；另外也表示出发话者打算去做某件事情的主观态度。发誓、允诺、谢绝、胁迫等均属承诺类言外行为。

表达类言语行为：发话者表现出自身的心理样态，比如兴奋、难过、欢喜或讨厌等。特别要关注的是，表达类言外行为无适从方向。道歉、斥责、道贺、赞扬、致谢等均属表达类言语行为。

宣告类言语行为：发话者能够在说出语句的同一时刻，让客观外界发生某种相应的改变；其适从方向为双向的，不仅让客观外界适应了言语，而且也让言语适应了客观外界。宣告类言语行为独特的地方在于，它的有效实施常常会关涉到某些言外的风俗习惯或者规则。解雇、命名、宣战、提名候选人等均为规范的宣告类言语行为。

1.3　言语行为类型与语体的关系

帕尔默(Palmer，1958)指出，语体“主要由说话人所从事的活动的类型决定。”刘大为(1994)提出“语体是言语行为的类型”，强调语体的行为性质，认为语体的本质属性就在于是一种言语行为的类型。他认为把语体定义为语言特点的集合是不全面的，要使语体具有可解释性，就必须包含三个层次：“(1)交际的需要；(2)由交际需要所选择的语言使用方式；(3)由特定语言使用方式所造成的话语或文本中的语言形式上的变异特征”[①]。刘大为提出“语体是言语行为的类型”的观念，使语体定义从语言特点的集合转变为言语行为的类型，这也是方法论上的一次转变。丁金国(2004)把言语行为和语体结合起来，从言语行为的哲学认识入手，讨论了人类的社会行为和语言功能范畴化，认为语言运用的核心是语体意识。他认为“人类的社会行为→言语行为→言语功能→言语类型→语体是一个连续体，连续体的各节点项的内部，又都是一个按阶列组成的层级体系，体系内横向是平行类别，纵向则是同一聚合类从宏观到微观的序列。”[②]刘大为和丁金国有关语体的研究都是在宏观上把言语行为和语体结合起来的。

言语行为是语言运用的基本形式和基本单位。在言语交际中，使用语言从根本上说是为了在受话者身上实现某种语言外的实际效果，如受话者知识或情绪的变化以及发出某种行为动作(即意志状态的变化)等。而语言外的实际效果只能通过语言所能完成的事情来实现，例如通过命令、报道、祝贺、答应等，这些事情的实施实际上就是发话者运用语言的直接意图，称为行事意图。不同的行事意图造成不同行为方式，从而形成不同的言语行为类型。有什么样的行事意图就有什么样的言语行为类型，言语行为类型是无限多样的，如：报告类言语行为、劝服类言语行为、告诉类言语行为、指令类言语行为等等。[③]

我们认为语体是语篇的类型，是实施某种类型言语行为时所形成的语篇格局，即实施某种类型言语行为时，语言在使用方式及语言形式上所形成的成格局的话语模式。[④] 许彩云(2002)认为

---

① 刘大为，语体是言语行为的类型，修辞学习，1994(3)：1—3。

② 丁金国，言语行为与语用类型，语文研究，2004(4)：24—31，P26。

③ 许彩云，言语行为类型及其原型变体初探，淮阴师范学院学报，2001(3)：415—417。

④ 许彩云，汉语指令性语体研究，上海外国语大学博士论文，2014：1。

“每个言语行为类型都有一个话语模式。话语模式是言语行为的构成成分在话语中的体现，是由完成某类言语行为的必不可少的要素构成的最典型、最简单的话语模式。各类言语行为话语模式由各类言语行为行事意图和完成该意图的必备要素构成。在言语交流中，只有双方把握了各类言语行为话语模式，受话者才会知道发话者施行的是何种类型言语行为，才能够正确地理解受话者的意图，使言语交际顺利地进行下去。”①这个话语模式就是语体。语体是由特定的行为主体、行为目的、行为方式、行为效果以及时空环境所构成的动态系统。

1.4　语体

1.4.1　语体定义

语体是语篇的类型，是实施某种类型言语行为时所形成的语篇格局，即实施某种类型言语行为时，语言在使用方式及语言形式上所形成的成格局的话语模式。

1.4.2　语体的构成准则

由一定类型的言语活动所决定的、对语言形式的制约因素的集合也就是一种语体制约因素的集合。任何一类言语行为的实施都具有行事意图、交际内容、交际对象、交际场合、媒介手段、表达方式、追求目标实现的效果，这些因素综合作用所形成的言语表达特征，成系统地长期固定下来，就形成了成格局的话语模式，即语体。

塞尔把言语行为视作一种社会性的规约行为，因此他把影响言语行为的规则分为调节性规则和构成性规则。塞尔区分这两

---

① 许彩云，言语行为类型及其话语模式变式探析，连云港职业技术学院学报，2002(4)：48—50。

类规则的目的是要说明运用语言这种社会活动所应该遵守的是构成性规则，也就是说，如果我们要通过语言来实施某种行为，比如“命令”，我们就必须遵循某些规则，倘若违反了其中某条规则，我们就不能有效地实施命令，就有可能是在发出邀请或者是提出请求，或者是实施别的什么行为了。

构成性规则归纳为命题内容规则、准备规则、诚意规则和根本规则。如果说话人想实施“请求”言语行为，其应该遵循以下规则：

1）命题内容规则

发话人言及一个受话人将要发出的动作

2）准备规则

a）发话人相信受话人有能力发出这个动作

b）发话人和受听话人双方都不认为这个动作是受话人通常所要做的

3）诚意规则

发话人真心想要受话人做这个动作

4）根本规则

发话人设法使受话人去做这个动作。[①]

徐默凡(2013)借鉴塞尔有关构成性规则的分析方法，用一套充分必要的构成性规则来界定它，又整合了陶红印(1999)、方梅(2007)、冯胜利(2010、2011)、刘大为(2012)等人的研究成果，草拟了一个语体言语行为构成性规则的框架：

① 何兆熊，新编语用学概要，上海：上海教育出版社，2000年版：102。

（一）语境准备规则

1. 人际关系

主要说明言语行为双方的关系，如数量上的一对多还是多对多，权势上的上对下还是下对上等。

2. 媒介形式

主要说明传播媒介的性质，如符号系统是口语还是文字，交谈方式是面对面还是远程沟通。

3. 表达方式

主要说明语体行为所选择的不同表达方式，如互动过程是允许反馈还是没有反馈，计划程度是有准备还是没有准备以及准备程度，语言表现是正式还是非正式，是典雅还是通俗等。

（二）行为构成规则

规定了语体行为的内部构成，即意图行为结构体的结构方式，主要包括：

1. 行为类型：构成语体行为的意图行为的必有类型、可选类型和必无类型。

2. 行为数量：各类意图行为的数量和比例

3. 行为序列：各类意图行为的实施次序

（三）交际意图规则

规定了语体行为的交际意图和期待获得的交际效应。①

我们认为，语体是语言处于使用过程中的动态系统，受到交际意图、交际内容、交际对象、交际场合、媒介手段、表达方式、追求目标实现的效果等诸多方面的制约，也就是说，由某类言语行为所决定的、对语言形式的制约因素的集合就是一种语体的制约因素，这些制约因素决定了语体的构成。因此我们对徐默凡构拟

① 徐默凡，论语体言语行为，当代修辞学，2013(2)：27—35。

的框架中的“行为构成规则”进行了如下的调整：

语体行为的构成规则：规定了语体行为的内部构成，即意图行为结构体的结构方式，由实施行为意图的基本结构和辅助意图实施的外围结构组成。

1. 基本结构　受行事意图制约的行为要素在语体上的表现。基本结构是一行为区别于另一行为的基本构成，是行为结构的直接投射，由完成该意图所必需的要素构成。有时可因语境而采取零形态的方式。[①]

2. 外围结构　外围结构是完成该行为的非必要条件在话语层面的投射，起到调节交际双方人际关系、设置条件或强化趋向力的作用。外围结构本身可选择，据需要进行变化。

语体就是由言语行为方式向语篇类型变迁的结果，是特定的社会行为方式的特征最终积淀到某类语篇形态之中，成为这类语篇形态的本质属性，而不能从其语篇方式中剥离出来。也就是说，言语行为得以成功实施的适切条件会随着言语行为的语篇化而语篇化。比如，公文的程式化体式即公文的语篇、结构要素在格式上的安排。正如 Langacker 所言：“为了使话语的说出能构成一个实际的以言行事行为，话语必须和认知域中的某一被指称的行为建立一致性。根据语境，这个行为被表征，这个域是一个理想的认知模型，由一系列社会的、心理的和交际情境构成……为了真正实施一个言语行为，说话者不仅说出一个适切的句子，而且必须特地想象他的话语是作为典型样本的一个实例与它所基于的认知模型相一致。句子的表述内容在情境中被语境定位从而定义了言语行为。”[②](Langacker，1991，2004：496 - 498)

---

① 许彩云，言语行为类型及其话语模式变式探析，连云港职业技术学院学报，2002(4)：48—50。

② 吴剑峰，从言语行为到文体类型——汉语言说动词转指现象的认知分析，外语学刊，2011(4)：15—18。

如行政公文“命令”语篇的固定形式上的特征就是成功实施该言语行为的适切条件语篇化的结果。当“命令”由最初的言说动词演化为一个公务文体的名称(名词)时,它是领导机关颁发的具有强制执行性质的指挥性公文,具有权威性、指挥性和强制性特点。因此,“命令”的体式和程序就必须符合特定的要求。其适用范围为:适用于依照有关法律规定发布行政法规和规章;宣布重大强制性行政措施;奖惩有关人员;撤销下级机关不适当的决定。其行为主体(行文单位)为:中华人民共和国主席,国务院,国务院所属各部、各委员会,县级以上各级人民政府,乡、民族乡、镇的人民政府。其语言要与其权威地位相适应,做到准确、凝炼、庄重、有力。①

1.5 语篇的多维语体特征

每一种言语交际活动的进行均由交际的目标、语境、内容、受众、媒介形式、表达方式及交际的效果等诸多方面共同作用完成。我们发现能够从中抽取出一个言语活动的完成所必须的三个基本维度:言语行为意图、行为媒介、人际方式,换句话说,每一个言语活动的实施一定要满足言语行为意图、人际交流方式、媒介方式这三个维度的需求。如图 1-1(语体建构图)所示:言语行为意图及主题(语场)、发话者和受话者之间的关系(语旨)、语言的使用方式(语式)共同影响语体的建构。

倘若语法研究是探寻一个句法结构之所以成立的必要条件与充分条件,那么语体研究所要探讨的是任何一个语篇类型与造成该语篇类型的言语交际行为之间的互动要求,这些要求是

---

① 吴剑峰,从言语行为到文体类型——汉语言说动词转指现象的认知分析,外语学刊,2011(4):15—18。

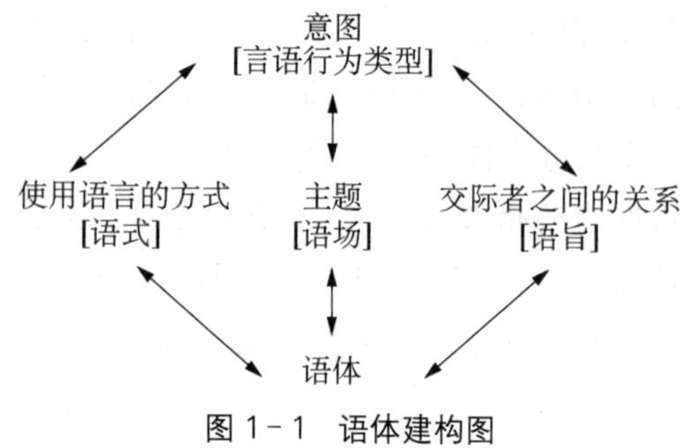

图 1-1 语体建构图

由组成该语篇类型的一系列语言要素组成的。众所周知,每一语篇均为某种言语活动呈现出的特定语篇类型之一,任何一种语篇类型都跟一定的言语活动相契合。语体就是语篇的类型,每一类语篇的语体构建都受到言语行为意图、交际双方的人际方式以及如何运用语言的影响。"有言语交际行为要素 E(elements)1 便有所对应的语体要素 R1,有言语交际行为要素 E2 同样有其对应的语体要素 R2,以此类推。"①实际上,言语交际活动跟语体之间存在着因变关系,语体最初的、根本的功能动因就是言语交际这个行为本身;而语体的因变量是语篇的语言变异,相异的语体功能动因,会引起相应语体语篇中的不同的语言要素变异。

语体的功能变量掌控着语篇的语体特征。语篇中,存在着怎样的语体功能变量,相应地就会出现怎样的语体特征,也会相应地呈现出怎样的语言成分。而语篇结构是由语体结构潜势造成的,有什么样的语体结构潜势就会呈现什么样的语篇结构,所以同一语体具有相同的语篇结构。而语体是语篇结构和语言变异的共同作用的结果。语篇结构是骨架,语体的功能变量带来的语

① 金立鑫、白水振,语体学在语言学中的地位及其研究方法,当代修辞学,2012(6):23—33。

言变异是血肉。同一类语体具有同样的功能、同样的意义（语体结构潜势）、同样的核心结构、一组语篇共有的语言特征。

1.5.1　语体本体的构成假设[①]

刘大为（2013）提出：言语活动为语体准备了两个相互关联的层面，一个是言语活动所要求的行为方式层面，一个是言语活动赖以完成必须进行的语言变异的操作层面。由于前者正是后者所要实现的功能，我们可以将这两个层面分别称为功能动因层面和语言变异层面。刘大为（2013）认为："Ⅰ语体很可能不像传统研究所认定的那样，是一个由语言运用特点组成的单层体系，而是一个由特定类型的言语活动对行为方式的要求（功能动因层），以及这些要求在实现的过程中所造成的成格局的语言变异（语体变异层），二者相互制约而形成的双层结构体。Ⅱ既然语体是这样一个双层结构体，对它的研究就不可能只是关注其中一个层面，而必然会将目标放在这两个层面之间相互制约、互为因果的关系上，而对这种关系的寻求，就是在进行解释，因而语体研究最合适的研究方法一定是解释的方法。"[②]

每一种类型的言语活动能够实施，均会对施行者的行为方式提出系统的要求。这些行为方式是多方面的，但概括起来不外乎是言语意图方面，或者是人际关系方面、行为媒介方面。任何一类言语行为的实施都是这三个维度的要求综合作用的结果，它们之间相互作用，一定会形成一种互相匹配的格局。这种格局成系统地长期固定下来，就形成了语体。

1.5.2　语体功能动因导致语篇的多维语体特征

言语活动各种行为方式的形成，均来自于语言之外的人类生活的不同要求（除了元言语活动），然而，它们的实施则必须通过

---

① 刘大为，论语体与语体变量，当代修辞学，2013(3)：1—22。

② 刘大为，论语体与语体变量，当代修辞学，2013(3)：1—22。

使用语言才有可能实现。行为方式不同，使用语言的方式也会不同，致使我们运用语言方式的改变，比如“虚构”和“纪实”这两种不一样的行为方式，就是以不同的方式运用相同的语言形式，也会导致语言形式的改变。又如“现场性”（电视中一位主持人播报正在进行的冬奥会滑冰比赛实况）和“叙事”（课堂上一位教师叙述化学实验中正在发生的变化）的行为方式如果同一时刻得到满足，话语中一定会使用动词的现在进行时——或者反过来说，现在进行时正是现场性和叙事这两种行为方式的要求造成的。再如从事签订合同的言语活动，其语言形式的变化还会体现在篇章稳定的格式上。

某类言语活动所需求的行为方式的实施，一定会造成语言的运用方式与语言本身形式的呈格局的变异。因为此类语言变异都是由于该类言语活动的有效实施而导致的，都是此种类型的言语活动所需要的各类行为方式综合作用的结果，它们之间相互作用，一定会形成一种互相匹配的格局。“这种格局，正体现了语体的‘体’的含义，按照‘体’的方式来使用语言，就意味着这一格局或模式、体式一定会在这一次使用所造成的语篇中再现，否则该语篇就无法顺利实现相应语体的功能要求。”①因此，语篇格局中的言语特征出现在语言的运用过程中定然会具备某种程度的强制性。语体已经不再是一份等待选择的列表，而是经过选择后形成的结果。

语体体现为一种格局关系。任何一类语体类型均能够被归纳为一个话语模式，每一个模式均是一系列语体特征共同参与完成的，参与的语体特征不一样就会形成不同的话语模式。某个语体特征并不是仅仅以唯一的方式参与某种话语模式的建构，一般来说，一个语体特征可以跟别的语体特征进行不同的匹配而形成

① 刘大为，论语体与语体变量，当代修辞学，2013(3)：1—22。

一种新的话语模式。因此，可以“通过数量有限的语体特征去发现、去描述、去构造数量无限的语体类型，也能够借助于参与组配的语体特征间的异同，去比较不同类型语体之间的关系；简单地说，控制一组语体特征就能控制一种语言中所有的语体类型。”[①]

语体是一个动态的形成过程，是在人们的使用过程中形成的。人们在实施言语行为时，行为要素（即语体行为要素）决定语体的构成成分，语体构成成分（包括：话语意图类型、话语功能类型；言语手段；人际方式）可以分解出多维语体特征（也就是，从言语行为意图、行为媒介、人际方式三个维度分析出来的语体特征），多维语体特征的综合作用决定语体的语言变异，而语体的语言变异只呈现在每一个语体的具体语篇文本之中。也就是说：语体构成的行为要素→语体的构成成分→语体特征→语言变异。见下页表1-1。

每个言语交际活动的进行都由交际的目的、语境、主题、对象、媒介形式、表达方式以及交际效果等诸多方面共同作用完成的。我们发现能够从中抽取出一个言语活动的完成所必须的三个基本维度，那就是：通过完成该言语活动要完成一件怎样的事情；该言语活动是通过怎样的媒介和传播方式来实现的；为了该言语活动的顺利完成，行为双方的角色关系是怎样的。换句话说，每一个言语活动的实施一定要满足言语行为意图、人际交流方式、媒介方式这三个维度的需求，这三个维度就是语体的行为要素。语体行为要素决定了语体成分，如，在特定行为意图指引下人们用话语做事，话语就具有了意图和功能，那么该类语体意图方面的语体成分就是“话语意图类型”[②]和“话语功能

① 刘大为，论语体与语体变量，当代修辞学，2013(3)：1—22。

② 话语意图是指发话人意欲使用话语来做某事，也就是说，发话人使用话语所要达到的目的。“指令”话语意图包括：操作指南、规约。

表 1-1 多维语体特征及语言要素表

<table>
<tr><td>语体行为要素</td><td>语体成分</td><td colspan="4">语体特征</td><td>语言要素</td></tr>
<tr><td rowspan="3">行为意图</td><td rowspan="2">话语意图类型</td><td colspan="3" rowspan="2">作报告、操作指南、劝服、行为言谈等</td><td>时间连续性(+,−)</td><td rowspan="3">语篇主题
论元结构
语篇结构</td></tr>
<tr><td>关注动作施事(+,−)</td></tr>
<tr><td>话语功能类型</td><td colspan="4">记叙、说明、论证、描写等</td></tr>
<tr><td rowspan="7">行为媒介</td><td rowspan="7">言语手段</td><td rowspan="7">口传/
书传/
其他</td><td rowspan="7">现
场
性</td><td rowspan="3">时空/现场</td><td>时空同场(统一现场)</td><td rowspan="7">口语/书面语/其他

时间的表达
空间的表达
指示的表达</td></tr>
<tr><td>时间现场(分裂现场)</td></tr>
<tr><td>局部空间现场</td></tr>
<tr><td rowspan="2">统一/分裂</td><td>统一现场</td></tr>
<tr><td>分裂现场</td></tr>
<tr><td rowspan="2">话语/情景</td><td>话语现场</td></tr>
<tr><td>情景现场</td></tr>
<tr><td rowspan="3">人际方式</td><td rowspan="3">人际方式</td><td colspan="4">正式程度(+正式,±正式,−正式)</td><td rowspan="3">书面词语、句式
书面词语、句式
句型的选择</td></tr>
<tr><td colspan="4">庄重程度(+庄重,±庄重,−庄重)</td></tr>
<tr><td colspan="4">准备程度(+有准备,±有准备,−有准备)</td></tr>
</table>

续 表

语体行为要素	语体成分	语体特征				语言要素
人际方式	人际方式	交互性	现实/虚拟	现实交互性	对话	语气、语调的选择 话语标记 指称的表达 称呼语的选择
					独白	
				虚拟交互性	独白	
			数量	一对一		
				一对多		
				多对多		
		亲近度	强关系/弱关系/±强关系			
		权势度	强关系/弱关系/±强关系			

类型[①]”；“行为媒介”决定了使用什么样的“言语手段”这一语体成分；其次，就是“人际方式”这一语体成分。每一个语体成分都可以分解出许多语体特征，如，“话语意图类型”就是用话语来做什么事，能够分析出：讲课、聊天、演讲、通知，等等语体特征；“话语功能类型”能够分析出：议论、陈述、描写、抒情、记叙，等等语体特征；“言语手段”能够分析出：口语、书面语、电话、多模态传播，等等语体特征；“人际方式”能够分析出：交互/独白、正式/非正式、个体/群体、强权势度/中等权势度/弱权势度、强亲近度/中等亲近度/弱亲近度、准备程度，等等语体特征。换句话说，从言语行为意图、行为媒介和人际方式三个维度分析出该类语体语篇的若干语体特征(即多维语体特征)。在具体语篇中，每一个语体特征都会带来相应的语言变异，但是，更多的语言变异是多维语体特征综合作用的结果，而且这种语言变异在语篇中是成格局呈现的。

一个语体语篇的形成是“言语行为意图、行为媒介和人际方式”三个维度的语体成分综合作用而导致的，不同维度的语体成分的语体特征体现在不同的语言变异上。在同一个语体内，三个维度语体成分同时起着作用，但在同一个语篇文本内，不同语言成分可能是由不同维度的语体特征造成的，也可能是由几个维度的语体特征共同作用而形成的。如：称呼语，在有些语体中使用，而在有些语体中不使用。称呼语的使用源于某些交互性语体的人际方式维度的特征要求，选取什么样的称呼语，取决于双方的亲近程度、权势程度如何，及发话者主动与受话者建立起良好的会话关系的交际策略。

① 话语功能是指发话人怎样使用话语来实现做某事，即发话人如何安排话语的结构来完成言语活动的，也就是说，选用什么样的语篇安排(或结构)。如：叙述、说明、论证、对话、描写等。话语意图与话语功能共同决定语篇结构。话语意图是指要做什么事，决定了语篇的内容；话语功能是指如何安排话语，决定了语篇内容是如何安排的。

实际上，语体规则每时每刻都在控制着书写者。每个人拿起笔着手书写任何一篇文章时，不管是词汇的选择还是组词成句，只要书写任何一句话，写作者都必将受到所要书写的语篇语体构成规则的制约，也就是说，当写作者确定要书写什么样的语体语篇时，该语篇的语体构成规则就开启了在线监控写作者的每一次选词及每一次组词成句的过程。有鉴于此，金立鑫(2012)提出的理论模型见图1-2：

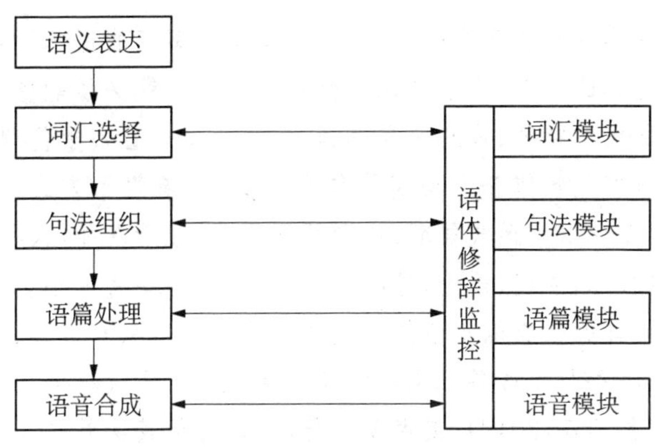

图1-2　语体修辞监控与新语言模型①

这个模型图告诉我们："当书写者在生成任何一个语篇、做每一步心理操作时都受到语体以及修辞规则模块的监控，监控模块相应地具有词汇、句法、语篇和语音模块，每个模块都对应于生成过程的具体操作。"②实际上，人类在使用语言时，就是在词汇的选择上都时刻受到语法、篇章、语音等系统的约束与调整；在组词成

① 金立鑫、白水振，语体学在语言学中的地位及其研究方法，当代修辞学，2012(6)：23—33。

② 金立鑫、白水振，语体学在语言学中的地位及其研究方法，当代修辞学，2012(6)：23—33。

句、组句成篇的时候，一样也得接受语法、篇章甚至是语音的约束与协调。

1.6 语体类型的确定

语法研究所关心的语体均能够分析出一系列语体特征。刘大为(2013)认为：

> 语法学家的实践证明了，用以解释语言事实的语体不能停留在混沌整体的状态，为了寻找解释的相关性它就必须能够分解为一系列的语体特征(或称为基本维度)。例如：着眼于传媒，这样的特征就有无媒体介入与有媒体介入之分；着眼于方式，则有即时性、交互性以及正式程度、计划程度等；着眼于功能，又有叙事、非叙事(程序、描述、评论)等(方梅，2007)。这些特征不但可以用来说明语体的构成以及语体之间的关系——口头与书面、庄重与非庄重、准备与无准备三对特征各自组合，就可以获得八种类型的语体(张伯江，2012)；更重要的是，这些特征其实就是不同言语活动得以实现的行为方式，抓住它们就能预言将会导致语言的哪些变化，也能将一定语言事实的发生置入它们各自的和整合后的解释范围中。①

某一语体是在某种言语行为意图下采取的特定行为方式，而特定的行为方式会产生特定的语体特征，即不同的语体是不同的语体特征互相选择、互相组配的成果。所以，任何语体语篇都由一组语体特征组配而成，任何语体分解下来都是一组语体特征。参与组配的语体特征不同，所构成的语体类型也

---

① 刘大为，论语体与语体变量，当代修辞学，2013(3)：1—22。

就不同。

1.7 语体结构潜势与语篇结构

1.7.1 语体结构潜势

同一类语体具有同样的功能、同样的意义、同样的核心结构、一组语篇共有的语言特征。这“同样的意义”就是指语体结构潜势,也就是说,任何语体都有一个语体结构潜势。

Hasan 可能是系统功能语言学家中较早研究语类的一位学者。1985 年 Hasan 在与 Halliday 合著的 *Language, Context and Text: Aspects of language in a Social-Semiotic Perspective* 一书中提出了 Generic Structure Potential(语体结构潜势,简称 GSP)理论。语体结构潜势理论主要探讨的是语篇信息形式的整体结构(the global structure of the message),即语篇结构的统一性。此理论的提出发展了 Van-Dijk 的语篇大顺序理论,而且在语体理论和语篇整体结构理论框架方面推动了语篇学说的发展。

方琰(1998)认为:“有三点值得注意:A. 语境配置 CC (Contextual Configuration),即实现语场、语旨、语式的值,可以预测语篇的结构成分、成分出现的次数与顺序;B. 每个语类都有语体结构潜势(generic structure potential),包含语篇的必要成分(obligatory elements)和非必要成分(optional elements),其结构遵循一定的次序,这就意味着 CC 的三个变量在很大程度上可以预测语体结构潜势;C. 语体是由语篇的必有成分来定义的,也就是说具有相同必有成分的语篇属于同一个语类。非必有成分决定同一语体内部语篇的不同。”[①]方琰(1998)用图 1-3(见下页)勾画出了

① 方琰、方艳华,以语类为基础的应用文英语写作教学模式,外语与外语教学,2002(1):33—36。

语境配置 CC、语体结构潜势 GSP 以及所形成的语篇之间的关系：

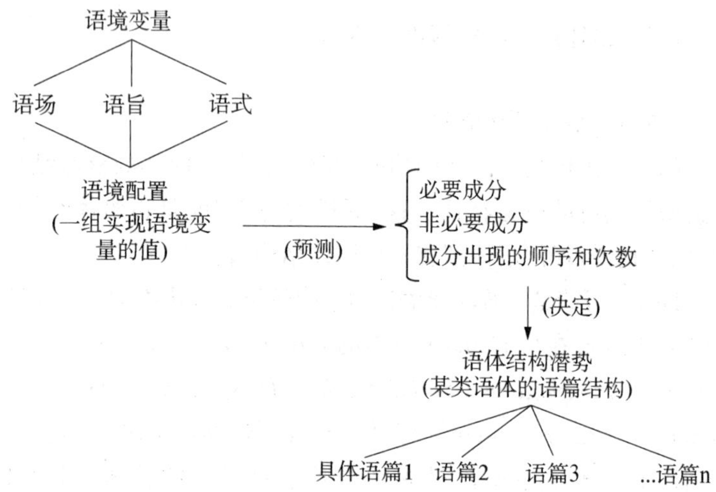

图 1－3　语境配置、语体结构潜势以及语篇之间的关系①

依据哈桑的语境配置理论，我们能够推测出语境配置可以估计出某种语体的必有成分与可选择成分，所以就可以推测出该语体的结构潜势。语场是指做什么事，以及该行为的目的，也就是某种语体效力于社会的什么样具体目标。语旨是指交际双方是什么样的关系。语式则是指交际中运用语言的手段，是采取口头传递还是采取文字传送，抑或是其他。比如，要写一篇产品说明书。其语场：对某产品进行相对详细的介绍，目的是使人们认识、了解某产品；其语旨：生产者与购买者，面向社会、购买者的教育程度不同，语言中等正式程度；其语式：以文本语篇的方式呈现出来。此三个成分的配置就可以明确说明书的语境配置为“用中等

① 方琰、方艳华，以语类为基础的应用文英语写作教学模式，外语与外语教学，2002(1)：33—36。

正式的书面语详细介绍产品”。依据 Hasan 的理论，如果分析出语境配置，就能够清楚某类语篇的交际目标，也就可以推测出语篇的必有成分及何种语体。上述的产品说明书，以其语境配置能够推测出产品说明书属于“说明”类语体，它的必有成分是“介绍产品名称、用途、性质、性能、构造、规格、使用方法、保养维护、注意事项”[①]、产地、厂家、生产日期及有效期，可选择成分有介绍产品原理、性质等。必有成分与可选择成分按一定次序排列的语篇结构就是语体结构潜势。所以产品说明书的语体结构潜势为“产品名称Λ用途Λ(原理)Λ(性质)Λ性能Λ构造Λ规格Λ使用方法Λ保养维护Λ注意事项Λ产地Λ厂家Λ生产日期Λ有效期”[②]。

1.7.2 语体语篇结构

Wodak & Reisigl(转自田海龙，2007)认为语体(genre)即做事的方式。刘大为(转自谭晓云，2011)也认为：“所谓语体，就是我们在进行某种类型的言语行为时必须遵循的行为规范以及这种规范对语言要素的选择倾向和使用要求，包括完成该类型行为所需的语篇整体建构方式。”[③]吴剑锋(2011)认为“一个言语行为就是一个认知模型，经由言语行为方式向文本方式乃至文体类型的演变，成功言语行为的适切条件通过文本的方式得以在语言层面固化。”[④]我们认为，语体就是由言语行为方式向语篇类型转变的结果，是某种社会行为方式的特征最后沉淀在某类语篇形态之中的结果，某种社会行为方式是语篇形态的本质属性。语体的结构潜势是语篇的意义结构，是形成某一语体语篇结构的意义潜势。因此，语体的语篇结构就是语体结构潜势文本化的结果，就

① 曹开英，应用文写作教程，北京：北京交通大学出版社，2013 年版：8。

② 注：括号内可选择成分。

③ 谭晓云，交互性：中学教案的语体学研究，当代修辞学，2011(2)：32—43。

④ 吴剑峰，从言语行为到文体类型——汉语言说动词转指现象的认知分析，外语学刊，2011(4)：15—18。

是用特定的语篇结构将其显示出来并得到语言形式的固定。

当某类语体的言语行为方式被历史约定俗成地文本化之后，与其相契合的语篇的文本方式也同时赋予了具备特殊形态特点的组成部分，因此形成特有的语体结构和语体文辞格式。这种特有的语体文辞格式就成了人们语篇分类的内在依据，进一步形成语篇系列，由是完成了由不同的言语行为方式至语体语篇类型的转化。语体结构潜势是某类语体中所有语篇产生的源泉，包括语义的必有成分、可选成分与可反复成分。必有成分及其次序确定语体语篇类型，而可选成分跟可反复成分则可以呈现同一类语体的语篇变异现象。因此，当某一语体约定俗成地文本化时，语体的结构潜势就文本化为该类语体的语篇结构。某类语体的具体语篇可以说是从该类语体结构潜势中经过选择而固定下来的结果。语体结构潜势中的语义必有成分就文本化为语体语篇结构的基本结构，语体结构潜势中语义的可选成分和可反复成分文本化为语体语篇结构的外围结构，它们的次序在格式上会相对固定，即格式化。

1.8 语体构建理论指导下的语篇分析

这一章，我们从言语行为理论出发对“语体”进行了重新界定，在重新界定的“语体”概念下，对“语体”进行“自上而下”的理论推演，即从动态的角度构建了语体的生成过程。我们的研究目标不仅仅限于探讨汉语语篇的语体所具有的语言形式上的特点，而是着重于寻找汉语语篇的多维语体特征，进而从言语行为的功能层来解释这些语体特征带来的语言变异。

但是“语体”不仅仅停留在理论的构建上，而是时时刻刻存活在人们的使用过程中。在日常的语言实践中，每一类语体都会落实在具体的语篇上。目前，我们还没有精力将众多的语篇逐一地进行探讨和研究。在后续的第二章、第三章和第四章中，我们将在本章语体构建理论的指导下分析研究由语体的基础变量形成的高层语体语篇——指令性语篇、说明性语篇、交互性语篇的多维语体特征。第二章，我们不仅从理论上探讨了指令性语篇的多维语体特征，而且还对具体的指令性语篇《中华人民共和国宪法》、具体的报告类语篇 2013 年中华人民共和国《政府工作报告》进行了多维语体特征的统计与对比分析，以期验证之前的理论构建。第三章和第四章，不仅从理论上讨论了说明性语篇、交互性语篇的多维语体特征，同时也分析了具体的说明性特定语篇（中文化妆品说明书）、交互性特定语篇（淘宝语篇、高端访谈语篇）的多维语体特征。我们的研究可以说是从语体理论的构建到高层语体语篇的探讨，再到具体的特定语篇的分析，是一个由抽象到具体的分层研究序列。

第二、三、四章中的高层语体研究与具体的特定语篇类型研究，也为第五章的语篇语体的教学应用研究提供一定的理论参考。

第二章　指令性语篇的多维语体特征[①]

指令行为是发话者要求受话者施行某种行为的言语行为，具有一定的指令语力。指令性语体是指实施以“指令”为功能类型的言语行为时，指令性言语的行为方式一定会在语言使用方式上不同于其他言语行为，从而致使指令性言语本身呈现出某种格局的语言样式。发号指令者通过规定、准许、委托等方式对受话者的行为给以明示，让受话者一看就明白做什么事情、如何执行。指令性语体语篇有法规、条例、合同、契约、菜谱，等等。运用演绎的方法推断出指令性言语行为的完成所需要的行为方式，运用归纳的方法分析指令性言语行为的完成所需要的行为方式对语言要素的要求，从指令性言语行为的意图、行为媒介、人际方式三个维度上分析汉语指令性语篇的语体特征，以及这些语体特征所要求的语言要素。

2.1　指令性言语行为

指令性(directives)言语行为是发话者要求受话者施行某种行为的言语行为，具有一定的指令语力。指令性言语行为的构成要素

---

① 许彩云，汉语指令性语体研究，上海外国语大学博士论文，2014：第四章。

主要有:"以言行事要旨(illocutionary point)为发话者努力在不同程度上让受话者要做某件事或者不要做某件事;适从方向(direction of fit)为让受话者的行为(客观现实)适从话语;所表达的心理状态(expressed psychological state)是表现出一种要求某人去做某件事的希望或者愿望。"[①]指令性言语行为的语力是有等级差别的,可以是"非常温柔的企图",也可以是"非常强烈的企图"。能够表现此种行为的动词有:请求、命令、指令、央求、乞求、恳求、哀求、邀请、允许、忠告等等。"塞尔用'!'表示指令性言语行为的以言行事要旨,用'↑'表示指令性言语行为的适从方向——受话者的行为适从于话语,用'W'表示指令性言语行为的诚实性条件——需要(愿望/希望),'(H does A)'表示命题内容始终为受话者 H 做出某个将来行动 A。"[②]因此,指令性言语行为的符号化形式为:!↑W(H does A)。

2.2　指令性语体

指令性语体是指实施以"指令"为功能类型的言语行为时,指令性言语的行为方式一定会在语言使用方式上不同于其他言语行为,从而致使指令性言语本身呈现出某种格局的语言样式。发话者对适用对象做出明确的规约、许可、授权等,给以明确的概念,可以使办事者一看/一听就知道什么事、怎么办。指令性语篇包括法律法规、条约、契约、合同、布告、公告、通报、通知、公报、警示语、指令性公示语,以及各行各业工作中的指令性言语、各种活动中的指令性言语、会话中的指令性言语,等等。但,我们研究的主要是已经文本化了的指令性语篇,也就是已经文本化了的指令性语体文本。非文本化的各行各业工作中的指令性言语、各种活动中

① 何兆熊,新编语用学概要,上海:上海教育出版社 2000 年版:105。
② 涂纪亮,英美语言哲学概论,北京:人民出版社 1988 年版:364。

的指令性言语、会话中的指令性言语,不在我们研究的范围之内。

2.3 指令性语体的下位类型

某一语体是在某种言语行为意图下采取的特定行为方式,而特定的行为方式会产生特定的语体特征,即不同的语体是不同的语体特征互相选择、互相组配的结果。所以,我们按照语体特征的选择与组配来对交互性语体进行下位类型的区分。

根据"文本化/非文本化"语体特征将指令性语体分为两类,一类是文本化指令性语体,即具有特定的篇章结构和文本形式;一类是非文本化的指令性语体,没有固定的文本形式。目前,我们只研究文本化了的指令性语体,后一类有待以后研究。在文本化了的指令性语体中,据"强制性/指导性/建言性"语体特征,再分出强制性指令性语体、指导性指令性语体、建言性指令性语体。据交际双方关系是否对等(对等/非对等),将强制性指令性语体区分出约定性指令性语体、规定性指令性语体。如果需要,可以根据文本在指令性上的特征对这些指令性语体进行下位类分。指令性语体分类可描述为图 2-1 的特征层次和语体类型:

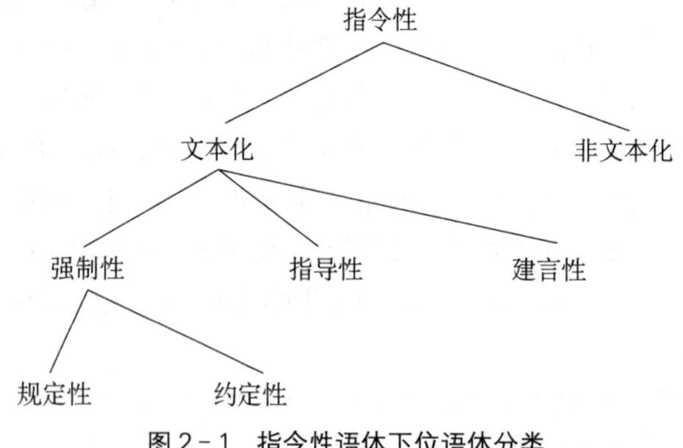

图 2-1 指令性语体下位语体分类

文本化了的指令性语体文本有：法律法规、命令（令/通缉令）、指示、决定等；判决书；各行各业制定的规章制度（规定、条例、章程、办法、细则等）；各种场合制定的规则、守则（考场规则等）；指导性公文（批示、意见等）；公告、布告、通知、通报、公报、建议报告；警示语、指令性公示语；条约、契约、合同、协议等；商洽性公文（函等）；各种操作指南（产品使用指南、使用手册、操作手册、安装指南等）。

非文本化的指令性语体话语有：各行各业工作中的指令性言语（课堂上老师的指令性言语、心理咨询师工作时的指令语——催眠语、训练语）；各种活动中的指令性言语——仪式活动（结婚、丧事、祭祖、祈福等）中的指令性言语、各种比赛中裁判员的指令性言语、主持人的指令性言语、各种体育活动中的指令性言语；各种游戏规则（成文的、不成文的）；会话中的指令性言语，等等。

具有强制性的指令性语体中，规定性指令性语体文本有：法律、法规、命令（令/通缉令）、指示、决定等；判决书；各行各业制定的规章制度（规定、条例、章程、办法、细则等）；各种场合制定的规则、守则（考场规则等）；指令性公告、指令性布告、指令性通知、指令性通报、指令性公报、指令性报告等；指令性公示语（指令性标志语、指令性标识语、指令性标示语、指令性标语等）。约定性指令性语体有：条约、契约、合同、协议（离婚协议等）；商洽性公文（函等）。

指导性指令性语体文本：指导性公文（指导性批示、指导性意见等）；各种操作指南（产品使用指南、使用手册、操作手册、安装指南等）；指导性公告、指导性布告、指导性通知、指导性通报、指导性公报、指导性报告等；指导性公示语（指导性标志语、指导性标识语、指导性标示语、指导性标语等）。

建言性指令性语体文本：警示语；建言性公告、建言性布告、建言性通知、建言性通报、建言性公报、建言性报告；建言性公示语(建言性标志语、建言性标识语、建言性标示语、建言性标语等)。

2.4 指令性语篇的多维语体特征

2.4.1 完成指令性言语行为的功能动因

言语活动各种行为方式的形成,均来自语言之外的人类生活的不同需求(除了元言语活动),而它们的实施,则必须通过使用语言才有可能实现。不同的行为方式以不同的方式使用语言,导致我们使用语言方式的改变。指令性言语行为的完成需要以下几个维度:

A. 指令性言语行为的行为意图:对适用对象制定某些条款来规定、制约适用对象的行为,要求适用对象哪些事能够做、哪些事禁止做,或者如何做。行为意图是"指令",但行为意图的强度并不是相同的,由强到弱可能呈现出这样的趋势:命令→指令→祈使→请求→……。

主题:何种条件下做某事,何种条件下不做某事,如何做某事。

B. 人际关系:发话者的地位高于受话者。发出指令的心理状态是表达了一种愿望或需要。发话者与受话者的关系正式,一般来说,双方地位不平等。

C. 交际场合:非情景现场性,话语现场。

D. 媒介手段:书传

E. 目标效果:改变受话者对于发话者所要求的相关行为的知识结构与行为意志,以便受话者实施发话者所要求的行为。

从上面探讨的五个维度,我们能够归纳出:完成指令性言语行为所需要的行为要素,也就是指令性言语行为的语体行为要素,分别为指令性行事意图、实施指令性行为的媒介、实施指令性行为的人际方式。指令性言语行为的顺利施行,定然是这三个维度上的语体特征彼此影响、共同合作的成果;这三个维度上的语体特征相互作用、相互配合,定然形成一种格局。这种呈格局的话语模式经过一定时期的使用,固化在语篇中,便形成了指令性语体语篇。指令性言语行为的语体行为要素决定了指令性语体成分。指令性语体成分包括:话语意图类型、话语功能类型、言语手段、人际方式。指令性语体成分,进一步决定指令性语篇的多维语体特征。指令性语篇的多维语体特征分别是:指令的话语意图,陈述、说明的话语功能;书传,现场性(话语现场);正式/中等正式,庄重/中等庄重,有准备,交互性(独白、虚拟交互性),强权势度/中等权势度;等等。这些指令性语体的功能动因推动指令性语篇改变语言的运用方式,呈现出一定格局的语言样式。

2.4.2　指令性语篇的多维语体特征

指令性言语活动的行为方式必将促使语言运用方式的改变,进而促使语言本身产生呈格局的语言变异。因为此类语言变异均是由于某种类型的言语活动的有效实施才导致的,都是此种类型的言语活动所需要的各类行为方式综合作用的结果,它们之间定然会互相匹配构成格局。语篇格局中的言语特征出现在语言的运用过程中定然会具备某种程度的强制性。指令性语体语篇已经不再是一份等待选择的列表,而是经过选择后形成的结果。指令性语体类型能够被归纳为一种话语模式,是由指令性语篇的多维语体特征一起介入、互相作用的结果。

人们在实施指令性言语行为时,指令性言语行为的行为要素(即语体行为要素)决定指令性语体语篇的构成成分,指令性语体语篇构成成分分解出指令性语体语篇的多维语体特征,指令性语体语篇的多维语体特征的综合作用决定指令性语体语篇的语言变异,而指令性语体语篇的语言变异只呈现在每一个具体的指令性语体语篇的文本之中。也就是说:指令性语体构成的行为要素→指令性语体的构成成分→指令性语体的多维语体特征→指令性的语言变异(见表 2-1)。

表 2－1　指令性语体的多维语体特征及语言要素表

<table>
<tr><th>语体行为要素</th><th>语体成分</th><th colspan="4">语体特征</th><th>语言要素</th></tr>
<tr><td rowspan="3">行为意图</td><td rowspan="2">话语意图类型</td><td rowspan="2">指令</td><td colspan="3">时间连续性(＋,－)</td><td rowspan="2">语篇主题：指令
论元结构</td></tr>
<tr><td colspan="3">关注动作施事(＋,－)</td></tr>
<tr><td>话语功能类型</td><td colspan="4">陈述、说明</td><td>语篇结构：程式性</td></tr>
<tr><td>行为媒介</td><td>言语手段</td><td>书传</td><td>现场性</td><td>话语/情景</td><td>话语现场</td><td>书面语</td></tr>
<tr><td rowspan="5">人际方式</td><td rowspan="5">人际方式</td><td colspan="4">正式程度(＋正式,±正式)</td><td rowspan="5">书面词语、句式
句型的选择
语气、语调的选择
话语标记
时间、空间的表达
指称、指示的表达
称呼语的选择</td></tr>
<tr><td colspan="4">庄重程度(＋庄重,±庄重)</td></tr>
<tr><td colspan="4">准备程度(＋有准备)</td></tr>
<tr><td>交互性</td><td colspan="2">独白</td><td>虚拟交互性</td></tr>
<tr><td>权势度</td><td colspan="2">强关系/弱关系</td><td>强关系、±强关系</td></tr>
</table>

2.5　指令性语篇的语体结构潜势

指令性语体是指实施以“指令”为功能类型的言语行为时，指令性言语的行为方式一定会在语言使用方式上有别于其他言语行为，从而致使指令性言语本身呈现出某种格局的语言样式。指令性语篇的语体结构潜势就是指令性语体的言语行为结构，指令性语体的行为结构在语言层面上的投射就形成了指令性语体的语篇结构。指令性语体结构潜势是形成指令性语体语篇的来源。

指令性语篇的语体结构潜势不是指一个具体指令性语篇的组成部分，而是指指令性语篇中固有的、稳定的结构组成成分，包括必有成分、可选择成分及可反复的成分。指令性语篇的语体结构潜势是指令性语体的语篇意义结构，是构成指令性语体的语篇结构的基础，即实施指令类言语行为时所形成的基本语篇结构。指令性语体的结构潜势的必有成分是完成指令类言语行为所必须的部分。可选择成分和可重复成分虽然不能影响指令的实施，却可以影响指令性语篇的适切性，从而影响到受话者接受指令的效果和程度。

2.5.1　指令性言语行为基本结构

指令性言语行为的基本结构(原型)是指令行为区别于其他行为的基本构成，是指令行为的直接投射，由完成指令意图所必需的要素构成。完成指令意图所必需的要素有：

表明指令者的态度，发话者企图在不同程度上让受话者将要做某件事或者不要做某件事。指令性言语行为的语力是有等级差别的，由强制性到非强制性。指令类的动词包括：“命令、指令、规定、要求、请求、央求、恳求、乞求、哀求、祷告、邀请、允许、忠告等等”[①]。

指明指令对象应趋向的行为或不应趋向的行为。

它们构成了指令性言语行为的基本结构。

2.5.2 指令性言语行为原型

指令性言语行为原型是由完成指令性言语行为的必不可少的要素构成的最典型、最简单的话语模式，也就是指令性言语行为基本结构中最完整、最稳定、最典型、最简单的那一个。它能够单独完成指令行为。最完整、最稳定、最典型、最简单的基本结构可以通过一句话来展现。[②] 如：

我规定你（A） 每晚必须早睡（G），21：00要上床睡觉（E）。

这句话是一个复句句式，它具备了完成指令性言语行为所必需的要素——指令者的行事意图、指明指令对象的行为趋向和如何做的行为说明，我们把它们分别称为：意向语(A)、目标语(G)、说明语(E)。这三部分构成了指令性言语行为原型，即指令性言语行为的话语模式。

意向语是指指令言语行为的意向表达，也就是指令者表明其正在实施的言语行为的行事意图为指令。目标语即指明指令对象所应趋向的行为。说明语即阐明如何完成指令行为。这三个指令性言语行为原型构成成分的话语方式都是最典型、最简单的。其话语分布应该是意向语在前、目标语居中、说明语在后——A＋G＋E。因此，指令性言语行为原型构成

① 涂纪亮，维特根斯坦后期哲学思想研究 英美语言哲学概论，武汉：武汉大学出版社2007年版：10。

② 许彩云，汉语劝服类言语行为话语模式变式探析之二，皖西学院学报，2002(5)：65—68。

如下：

意向语：发话者直接表达其指令意图。主语为第一人称单数，陈述语气，以现在进行时态作为指令性言说动词的时态，其动词谓语或句法结构必须是主动语态，宾语为第二人称。

目标语：以明确的谓词短语形式直接给指令对象指明行为的趋向或指明不应采取的行为趋向，促使受话者作出相应的行动。

说明语：进一步阐述怎样做才能完成目标行为，陈述行为的步骤、方法、方式、途径以及适用范围等。

如果我们用D(directive)表示指令性言语行为原型；

A(attitude)表示意向语，其中，第一人称单数主语用 I 表示，第二人称宾语用 Y(you)表示，指令性言说动词用 Dv(the speech verb of drection)；

G(goal)表示目标语；

E(explain)表示说明语；

那么，指令性言语行为原型可用公式表示为：

D：[A(I,Dv,Y)G]E

2.5.3 指令性言语行为的外围结构

外围结构是强化指令力的非必要条件的文本语言形式，用来协助基本结构的完成，增强指令话语的趋向力，以促进指令对象作出有效的行为反应，它是指令性言语行为的一个重要组成部分，起到重要的策略调节作用。

一个指令言语行为能够当作是一系列有先有后的过程，可化分为启始过程、进行过程和结束过程。启始过程往往凭助其他言语行为来辅助指令的发出，我们称为辅助成分，主要是发出指令者为了增强指令的力度而显示其权威性或陈述应趋向行为的理由、目的等。进行过程中，说明语可详可略，根据需要而定。在结束之时，又有后果陈述、时效陈述等外围结构以强化指令行为趋向力，促使指令对象采取有效的行为反应。

2.5.3.1　*启始过程*

启始过程是指令行为进入主题之前的准备过程。为了更有说服力地发出指令，指令者会在发出指令之前指明指令的目的、意义或依据等，甚至有时还需突出指令者的权威性，来辅助指令的发出。

(1) 显示权威性

为了加强指令的力度，指令者会有意无意地彰显其可以行使指令的权势地位，以促使指令对象能正常地按指令要求行事。例如：

我是你妈妈，我说话算话，你赶快把作业做完。

一位母亲为了督促孩子快点完成作业，用“我是你妈妈”申明发话者“我”在家中的地位，所以发话者“我”要求孩子“你”做的事，“你”要做好。

尤其是在具有强制性的指令性应用文中，都会标明发文单位的名称、文件号等，这些都突显了发文单位(指令者)的权势地位，敦促接文单位(指令对象)遵照执行。如：

国务院关于批转交通运输部等部门重大节假日免收小型客车通行费实施方案的通知

国发〔2012〕37号

各省、自治区、直辖市人民政府，国务院各部委、各直属机构：

国务院同意交通运输部、发展改革委、财政部、监察部、国务院纠风办制定的《重大节假日免收小型客车通行费实施方案》，现转发给你们，请认真贯彻执行。

国务院

2012年7月24日[①]

发文单位"国务院"是最高国家行政机关，文件号——国发〔2012〕37号，接文机关——各省、自治区、直辖市人民政府，国务院各部委、各直属机构，认真贯彻执行。

在具有强制性的指令性应用文中，发布指令者有意选用没有感情色彩的机关名称作为称呼语，而且是上级称呼下级，显得比较正式，来拉开双方的距离，以显示发布指令者的权势，使指令对象愿意采取相应的行为。

(2) 缘由陈述

即指令者发出指令的依据、目的或意义，以增加指令的力度。指令并不是"一厢情愿"的事，要使对象接受指令意图，就要有理由，有依据。例如：

国务院关于调整固定资产投资项目资本金比例的通知

国发〔2009〕27号

各省、自治区、直辖市人民政府，国务院各部委、各直属机构：

固定资产投资项目资本金制度既是宏观调控手段，也是风险约束机制。该制度自1996年建立以来，对改善宏观调控、促进结构调整、控制企业投资风险、保障金融机构稳健经营、防范金融风险发挥了积极作用。为应对国际金融危机，扩大国内需求，有保有压，促进结构调整，有效防范金融风险，保持国民经济平稳较

① 耿云巧、马俊霞主编，现代应用文写作(第三版)，北京：清华大学出版社2007年版：31。

快增长，国务院决定对固定资产投资项目资本金比例进行适当调整。现就有关事项通知如下：

一、各行业固定资产投资项目的最低资本金比例按以下规定执行：

钢铁、电解铝项目，最低资本金比例为40%。……

六、本通知自发布之日起执行。

国务院（印章）

二〇〇九年五月二十五日[①]

通知中对“固定资产投资项目资本金制度”作用的解释是这个“通知”的依据，“为……”是这个“通知”目的，以显示这个“通知”的正确性与重要性，强化了该通知的指令力度。

2.5.3.2 进行过程

进行过程实为指令行为的展开过程。指令者在决定实施指令之时就产生了指令意图，于是就有了指令意图的表达。而指令对象并不是一接到指令就知道应该怎么做，所以还需要对指令对象应趋向的行为做法进行说明与解释。意图表达部分既要表明指令者的态度又要指明行为的趋向，分别为意向语和目标语。而陈述说明指令对象应如何采取行动的话语就是说明语。意向语、目标语和说明语共同构成指令行为的基本结构。说明语可详可略，以指令对象在语境中能较为准确地理解为原则。

2.5.3.3 结束过程

表示一个指令行为已经结束，常常以强调指令、重审权威、标明执行指令的起始时间为其收尾语。有时也采取后果陈述等行为以达到更好的指令效果。有时还以零形态方式出现。

① 郭峰主编，应用文写作实训教程，北京：清华大学出版社2012年版：105—106。

例如：

国务院关于取消和下放一批行政许可事项的决定

国发〔2019〕6号

各省、自治区、直辖市人民政府，国务院各部委、各直属机构：

……

各地区、各有关部门要抓紧做好取消和下放行政许可事项的落实和衔接工作，制定完善事中事后监管措施，采取“双随机、一公开”监管、重点监管、信用监管、“互联网＋监管”等方式，确保放得开、接得住、管得好。自本决定发布之日起20个工作日内，各有关部门要按规定向社会公布事中事后监管细则，并加强宣传解读和督促落实。

附件：1. 国务院决定取消的行政许可事项目录(共25项)

2. 国务院决定下放管理层级的行政许可事项目录(共6项)

国务院

2019年2月27日①

该“决定”前一部分的文字陈述了指令对象(各地区、各有关部门)要采取的行为。结尾处“要抓紧做好……，制定完善……，采取……监管……。自本决定发布之日起20个工作日内，各有关部门要按规定……督促落实。”话语起强调指令的作用。落款的单位——国务院，重审指令者的权威性。落款时间(2019年2月27日)是指令发出的时间。

① http：//www.gov.cn/zhengce/content/2019-03/06/content_5371253.htm，中华人民共和国中央人民政府。

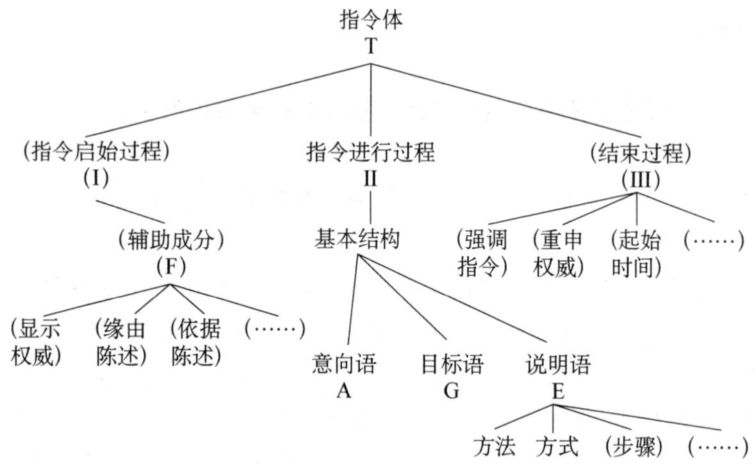

图 2-2 指令性语体结构潜势树形图①

2.5.4 指令性言语行为策略及其原型变体

在具体实施某一指令性言语行为时，由于指令目标、双方人际关系、传播媒介的不同以及事态发展的变化，指令者必须采取相应的策略，以达到最佳的指令效果。指令性言语行为话语策略的变化使指令性言语行为原型也随之发生变化，从而产生了指令性言语行为原型变体。指令性言语行为原型变体表现为：原型内部语言成分的变异——意向语的变式、目标语的变式、说明语的变式，原型构成成分的扩展——意向语的扩充式、目标语的扩充式、说明语的扩充式，原型构成部分间关系的变化——话语分布，原型对外围结构的选择。（由于此处与全书总体并非紧密相关，故本文不再赘述，另作他文论述）

---

① 指令性语体结构潜势树形图中，（ ）内为可选择部分。

语篇中各部分的顺序还是比较灵活的，根据语境而定。如官方（政府）指令性文件的执行起始时间一般会放在文件的开头，也就是出现在指令的起始过程中。

指令的起始时间、指令者的权威性显示，两者可反复出现以增强指令力度。如，起始过程、结束过程，有可能会同时出现。

2.6　指令性语体的语篇结构

“语言行为与社会行为是同构的。”[①]指令性语体也是由指令性言语行为方式向指令性语篇类型变迁的结果，是指令行为的社会行为方式的特征最终积淀到指令性语体语篇形态之中的。指令性语体的语篇结构就是指令性语体结构潜势转化为文本的结果，也就是用特定的语篇结构将指令行为显示出来，并在语言形式上得到固定，经过历史的约定俗成，进而形式程式化的语篇格式。指令性语体的不同下位类型，由于言语行为的适切条件的细微差别会文本化为不同的程式化语篇格式，比如公文中的“决定”与“通知(指令性)”的语篇格式就不一样。

“决定”的语篇格式如下：

××××关于××××的决定

目前……，(事实依据)。根据……，(理论依据)，为了……(目的主旨)，现研究决定……(意图主旨)。具体……如下：……(决定的内容)

以上决定，要求各地区、各部门认真贯彻执行(希望与要求)。

××××(发文单位)

×年×月×日(发文时间)

“决定”的语篇文本，例如：

中共××局党委关于开除张××党籍和公职的 决定

显示权威　目标语　意向语

① 钱冠连，语言：人类最后的家园——人类基本生存状态的哲学与语用学研究，北京：商务印书馆，2005 年版：82。

××局党委委员、××处处长张××，男，50 岁，××省××县人。现查实，该人自 2000 年任现职以来，贪污受贿 80 万元，挥霍公款 110 万元。（缘由陈述）经其所在支部和局党委讨论通过，（依据陈述）决定（意向语）开除其党籍和公职，送交司法机关法办。（目标语）

中共××局党委
重申权威
二〇〇五年十二月一日[①]
执行时间

在上例"决定"中，其程式化语篇格式为：基本结构（必有成分）是意向语和目标语，外围结构（可选成分）是缘由陈述、依据陈述、显示权威、重申权威、执行时间。标题是完全式标题，显示出权威与正式。

"通知（指令性）"的语篇格式如下：

关于××××的通知

××××：

为了……，（目的主旨）。经……批准（依据），现将……，具体规定通知（意图主旨）如下：……（具体事项）。

××××（发文单位）
×年月×日（发文时间）

指令性通知的语篇文本，例如：

① 《中共中央党校函授学院入学复习纲要》编写组，中共中央党校函授学院入学复习纲要，北京：当代世界出版社，2005 年版。

关于公布国家级、省级文物保护单位保护范围
和建设控制地带的通知

目标语　　意向语

各市、县、自治县人民政府，省府直属有关单位：

适用对象

根据《中华人民共和国文物保护法》有关规定，省人民政府同

依据陈述

意省文化厅、文物管理委员会办公室制定的《省国家级、省级文物保护单位保护范围和建设控制地带》(共 100 处)，现予公布，请

缘由陈述

认真贯彻执行。

目标语

附件：×省国家级、省级文物保护单位保护范围和建设控制地带

说明语

＊＊省人民政府

显示权威

×年×月×日[①]

起始时间

在上例“通知”中，其程式化语篇格式是：基本结构(必有成分)是意向语、目标语和说明语，外围结构(可选成分)是缘由陈述、依据陈述、显示权威、起始时间。标题为目标+通知，体现其正式性。

2.7 《宪法》与《2013 政府工作报告》多维语体特征与统计分析对比[②]

为了确保语料的典型、全面、真实、客观，我们选择以典型的

① 倪浓水、黄雅玲，应用文书写作(第 2 版)，北京：海洋出版社，2014 年版：7。

② 许彩云，汉语指令性语体研究，上海外国语大学博士论文，2014 年：第五章中的核心统计部分。

指令性语体文本《中华人民共和国宪法》与典型的报告语体文本《2013 政府工作报告》为例，运用定量、对比等方法通过对实际语料的全方位统计[①]，分析它们的语体成分、语体特征及语言要素，试图找出不同语体文本的组配关系。之所以选择指令体的《中华人民共和国宪法》与报告体的《2013 政府工作报告》来进行比较，是因为它们都属于公文这一类。通过汉语中这两种不同语体的文本间的对比分析，试图研究语篇的多维语体特征对语言使用情况的影响，找出语篇的多维语体特征与语言使用情况之间的关系。这两个真实语体语篇的语料统计与分析，也是对第一章"言语行为视角下的语体构建与多维语体特征"理论和本章"指令性语篇的多维语体特征"的分析进行语料上的验证。

语料来源：宪法选择的是 2004 年修订的《中华人民共和国宪法》版本，源自南京大学法学院，是第五届全国人民代表大会第五次会议（1982 年 12 月 4 日）通过，同日全国人民代表大会公告公布施行，根据第七届全国人民代表大会第一次会议通过的《中华人民共和国宪法修正案》（1988 年 4 月 12 日）、第八届全国人民代表大会第一次会议通过的《中华人民共和国宪法修正案》（1993 年 3 月 29 日）、第九届全国人民代表大会第二次会议通过的《中华人民共和国宪法修正案》（1999 年 3 月 15 日）和第十届全国人民代表大会第二次会议通过的《中华人民共和国宪法修正案》修正的《中华人民共和国宪法》（2004 年 3 月 14 日），以下简称《宪法》。

我们分析的政府工作报告的语料来自中华人民共和国中央政府门户网站[②]的国务院总理温家宝在第十二届全国人民代表大会第一次会议（2013 年 3 月 5 日）上作的政府工作报告，以下称为

---

① 在许彩云博士论文《汉语指令性语体研究》（2014）中进行了全方位的统计分析，在此我们只归纳了统计的核心部分。

② http://www.gov.cn/2013zfbgjjd/cont ent_2363807.htm，2013 年 03 月 18 日 13 时 13 分来源于新华社。

2013政府工作报告。

分词处理：我们采用北大语料库的ICTCLAS._Win MFC Application汉语词语分词和标注分析，并对其分词处理的结果进行了人工纠正：

(1) 专有名词，分词器对短语组成的专有名词进行了词语分割，我们作不分割处理。如将"中央/n 军事/n 委员会/n"作"中央军事委员会/n"处理。姓名也作不分割处理，如"毛/n 泽东/n"纠正为"毛泽东/n"。

(2) 术语的分词调整相对较多，如"我们/r 始终/d 注重/v 处理/v 好/a 保持/v 经济/n 平稳/a 较/d 快/a 发展/v、/w 调整/v 经济/n 结构/n 和/c 管理/v 通胀/v 预期/n 的/u 关系/n ，……"中"通胀预期"是经济学术语，故改为"通胀预期/n"。

(3) 复合词的分词调整，如"我们/r 坚持/v 在/p 工业化/v、/w 信息化/v、/w 城镇/n 化/k 深入/a 发展/v 中/f 同步/v 推进/v 农业/n 现代化/v"中的"城镇/n 化/k"纠正为"城镇化/v"；"资本/n 充足/a 率/n"纠正为"资本充足率/n"；又如"解决/v 了/u 3亿/m 多/m 农村/n 人口/n 的/u 饮水/n 安全/a 和/c 无/v 电/n 区/n 445万/m 人/n 的/u 用电/n 问题/n"中的"无/v 电/n 区/n"纠正为"无电区/n"。

(4) 对有些分词器没有分割开的词语进行了切分。如将"最高/a"分割为"最/d 高/a"。

(5) 兼类词词性的标注，根据这些词所处的当下语境来标注词性。如"保障"兼有名词和动词的功能。如"全面/a 推进/v 社会/n 保障/v 体系/n 建设/v"，此处应为名词，纠正为"保障/n"。"人民检察院/n 的/u 组织/n 由/p 法律/n 规定/n 。/w"中的"组织""规定"应为动词，即"组织/v""规定/v”。[①]

(6) 缩略词,如“三/m 是/v 毫不/d 放松/v 地/u 抓好/v ‘/w 三/m 农/n ’/w 工作/v ,/w 巩固/v 和/c 加强/v 农业/n 基础/n 地位/n 。”修改为“三农/j”;又如“化学/n 需/v 氧/n 量/n、/w 二氧化硫/n 排放/v 总量/n 分别/d 下降/v 15.7%/m 和/c 17.5%/m 。”修正为“需氧量/n”。

(7) 习用语,将分词器不应分割的习语合并起来,如将“在/p 马克思/n 列宁/n 主义/n、/w 毛泽东/n 思想/n 的/u 指引/v 下/f”中不应分割的词合并“马克思列宁主义/n、/w 毛泽东思想/n”。

词性确定的依据:大多数词语词性的确定是依据《现代汉语规范词典》[②],少量词语词性的确定依据的是吕叔湘《现代汉语八百词》[③]。

2.7.1 《宪法》语篇的多维语体特征与语篇结构

《宪法》是由国家最高权力机关制定的,由国家最高强制力机构保障其能得以顺利实施,是规范与制约社会基本法制的最高基本法则,具备至高的权威性,所以《宪法》的言语方式与语篇结构均是为了呈现“规定性”这一行事意图。

2.7.1.1 《宪法》语篇的多维语体特征

《宪法》是指令性语体的下位语体的语篇之一(见本章2.3指令性语体的下位类型),属于强制性指令语体中的规定性指令语体语篇。规定性指令语体是指实施以“规定”为功能类型的言语行为时,规定性言语的行为方式一定会在语言使用方式上不同于

① 许彩云,汉语指令性语体研究,上海外国语大学博士论文,2014:66、100.
② 现代汉语规范词典,北京:外语教学与研究出版社、语文出版社,2004年版。
③ 现代汉语八百词,北京:商务印书馆,1980年版。

其他言语行为，从而致使规定性语篇呈现出某种格局的语言样式。发号指令者通过规定、准许、委托等方式对受话者的行为给以明示，让受话者一看就明白做什么事情、如何执行。

人们在实施规定性指令言语行为时，规定性指令言语行为的行为要素(即语体行为要素)决定规定性指令语体语篇的构成成分，规定性指令语体语篇构成成分可以分解出规定性指令语体语篇的多维语体特征，规定性指令语体语篇的多维语体特征的综合作用决定规定性指令语体语篇的语言变异，而规定性指令语体语篇的语言变异只呈现在每一个具体的规定性指令语体的语篇文本之中。也就是说，《宪法》语篇中显现出的语言变异，是规定性指令语体语篇的多维语体特征的综合作用在具体语篇文本中的体现。经过对《宪法》语篇实际语料的统计，多维语体特征与语言变异如表 2-2(见下页)。

2.7.1.2 《宪法》语篇的语体构成规则

依据对《宪法》的统计与分析[①]，其语体构成规则归纳如下：

(1) 行事意图

《宪法》语篇的话语意图主要是定义国体和规定公民的权利和义务。《宪法》“规定国家的最根本的经济、政治和社会制度，中国公民的基本权利和义务，以及中国国家机构组织和活动的基本原则。”[②]所以其运用的语言方式与由此所组成的语篇是为了实现“规定”这一意图，所以体现“规定”意图的词语使用频繁，规定人们不能做某事的否定副词高频使用。《宪法》的行事意图是“指令”中的“规定”，所以《宪法》中的话语具有法律的强制性。《宪法》的语言是通过情态动词、评议句等来体现强制性的。

① 参见许彩云博士论文《汉语指令性语体研究》(2014)第五章“从《宪法》《2013 政府工作报告》看指令体与报告体”：65—98。

② 严存生，大学法律基础教程，西安：陕西人民出版社，2003 年版。

表 2-2 《宪法》的多维语体特征与语言要素表

<table>
<tr><th>语体行为要素</th><th>语体成分</th><th colspan="4">语体特征</th><th>语言要素</th></tr>
<tr><td rowspan="4">行为意图</td><td>话语意图类型</td><td colspan="4">指令中的规定</td><td>语篇主题：规定
主题词
高度概括性
语篇结构：程式性</td></tr>
<tr><td rowspan="3">话语功能类型</td><td colspan="2" rowspan="3">说明
陈述(序言)</td><td colspan="2">+关注动作主体</td><td rowspan="3">说明结构
论元结构</td></tr>
<tr><td colspan="2">+关注动作受事</td></tr>
<tr><td colspan="2">-关注时间连续性</td></tr>
<tr><td>行为媒介</td><td>言语手段</td><td>书传</td><td>现场性</td><td>话语/情景</td><td>话语现场</td><td>书面语</td></tr>
<tr><td rowspan="7">人际方式</td><td rowspan="7">人际方式</td><td colspan="4">正式程度(+正式)</td><td rowspan="7">书面词语
句式
句型的选择
语气的选择
语调的选择
话语标记
指称的表达</td></tr>
<tr><td colspan="4">庄重程度(±庄重)</td></tr>
<tr><td colspan="4">准备程度(+有准备)</td></tr>
<tr><td colspan="2" rowspan="2">交互性</td><td>独白</td><td>无需交互</td></tr>
<tr><td>数量</td><td>一对多</td></tr>
<tr><td colspan="2">权势度</td><td>强关系/弱关系</td><td>强关系</td></tr>
<tr><td colspan="2">识解度</td><td>强/弱</td><td>强识解度</td></tr>
</table>

《宪法》是一个国家的根本大法，其他的法律均是在它的基础上建立的，所以《宪法》在所有法律中的概括性是最强的。《宪法》的高度概括性导致了其包容性，同时也带来了它的抽象性，增加了宪法法规的普遍适用性。《宪法》语言的抽象性体现为类指句、代词、周遍句的使用频率较高。

《宪法》语篇要顺利地完成“规定”这一话语意图，主要选取说明话语功能和陈述话语功能。《宪法》语篇序言采取陈述的方法，主体法规部分均采用说明的方法，对适用对象展开细致的法规说明，并陈述适用对象所应采取的行为、如何采取行为。序言部分是我国《宪法》思想的集中体现，主要陈述了我国各民族的光荣革命传统，所以文中有时体标记；宪法中从总纲到分则的法规，通常情况下都是需要遵守的原则，即常识性规则，故没有时体标记。

《宪法》是对国家基本原则的规定，规定可以做什么、不能够做什么，法令性质决议，尽量规避歧解，努力使每项条例、每个小节、甚至每个分段都能独立地、准确清楚地加以解释。所以《宪法》的论元结构完整，小句几乎都是 AVO(及物施事＋及物动词＋及物受事)的论元格式。

(2) 行为媒介

《中华人民共和国宪法》的行为媒介为书传，以书面语的形式呈现。《中华人民共和国宪法》是中华人民共和国的基本法，是中华人民共和国治国安邦的总章程，拥有着至高无上的法律权威、法律地位与法律效力。《中华人民共和国宪法》必须经过全国人民代表大会通过，发布者是中华人民共和国，适用人群是中华人民共和国的全体公民。所以《宪法》语言具有严谨、庄重、规范、逻辑性强的特点。在《宪法》立法语言的逻辑结构表达上，“事实情景通常是用状语或条件从句来表达的，法律陈述则是通过主句表达的。”[1]并列

① 许彩云，汉语指令性语体研究，上海外国语大学博士论文，2014：84.

结构、定中结构的大量使用以及论元结构的完整性都体现了《宪法》语言的庄重与严谨。“《宪法》为了把事理客观地讲清楚，明确所说明的事物范围、明确何种条件下责任人的行为、明确行为的责任人，所以《宪法》中，表示范围的词语多、定语多、状语多、条件状语多、并列谓语多、并列主语多。”[①]

（3）人际方式

《宪法》的制定者是我国最高立法机关——全国人民代表大会及其常务委员会，立法语言的使用者是一个立法“群体”。《宪法》的适用对象是“全国各族人民、一切国家机关和武装力量、各政党和各社会团体、各企业事业组织”[②]。我们认为《宪法》的人际方式是一对多的关系，即最高立法机关对全国人民，《宪法》的解释权属于最高立法机关。因此，《宪法》具有极强的正式程度、庄重、强权势度、高识解度等语体特征。

经过统计分析考察，《宪法》的正式程度极高，《宪法》语篇通过使用单义词、特殊结构、多重限定成分、长句、复句、周遍句等来体现强正式程度和庄重特点。《宪法》的强权威性体现在“动词的施事（主语）的权势地位高于受事（宾语）”[③]、大量使用道义情态动词的评议句、命令式祈使句的运用、否定副词使用频繁、程式化的语篇结构，等等。“《宪法》是通过下定义、标明关系、多定语、多状语、多并列成分等手法，来提高文本的识解度的。”[④]

其实，《宪法》语篇是在行事意图、行为媒介和人际方式三个维度的语体特征的共同作用下而形成的。

---

① 许彩云，汉语指令性语体研究，上海外国语大学博士论文，2014：91.

② 国务院法制办公室，中华人民共和国常用法律法规全书（上）中英文版，北京：中国法制出版社，2011 年版。

③ 许彩云，汉语指令性语体研究，上海外国语大学博士论文，2014：95.

④ 许彩云，汉语指令性语体研究，上海外国语大学博士论文，2014：96.

2.7.1.3 《宪法》的语篇结构

《宪法》的话语意图是定义国体和规定公民的权利和义务，它沿袭了指令性语体的结构潜势，也就是说，指令性语体的结构潜势就是《宪法》的语篇结构意义潜势，随着历史的约定俗成进而固化为程式化条款式的语篇结构。

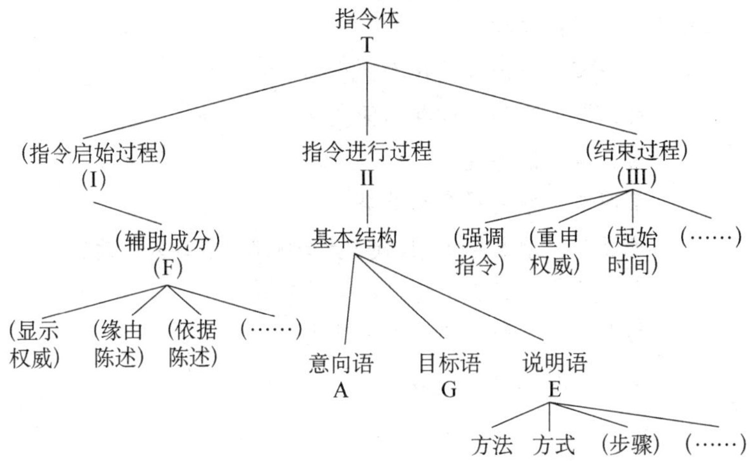

图2-3 《宪法》语篇结构潜势树形图[①]

在《宪法》中，指令的起始过程固化为"序言"，在"序言"中陈述理由、依据。基本结构中的意向语为零形式，目标语与说明语固化为《宪法》的具体条款——总则、分则；总则说明制定《宪法》的目的、根据、任务、原则和要求；分则规定《宪法》所规范的具体内容。标题，采用完全式标题，体现了《宪法》的主旨。标题下注明立法机关和颁布日期。"立法机关"在某种程度上体现了权威性。《宪法》的颁布时间和生效时间是一致的。

《宪法》是程式化条款式的语篇结构，格式为：

① 图中(　　)内为可选择部分。

中华人民共和国宪法

（立法机关、颁布日期）

目录

序言

第一章　总纲

第二章　公民的基本权利和义务

第三章　国家机构

　　第一节　全国人民代表大会

　　第二节　中华人民共和国主席

　　第三节　国务院

　　第四节　中央军事委员会

　　第五节　地方各级人民代表大会和地方各级人民政府

　　第六节　民族自治地方和自治机关

　　第七节　人民法院和人民检察院

第四章　国旗、国徽、首都

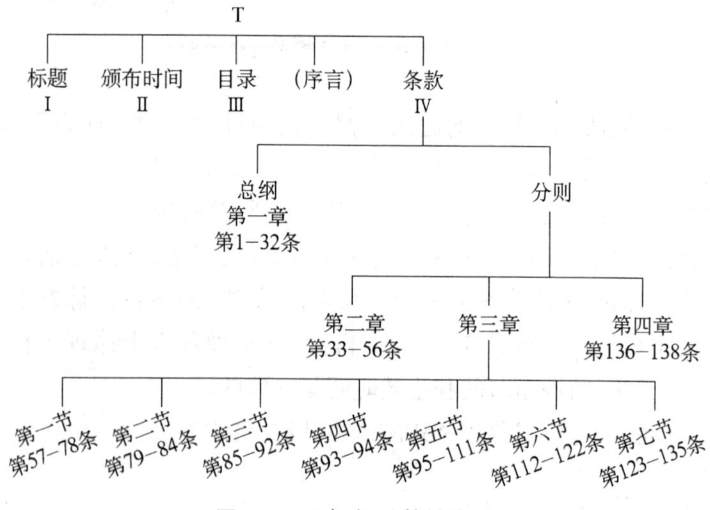

图2-4 《宪法》语篇结构图

《宪法》重在说明事理，其语篇结构的逻辑顺序是：由概括到具体，先总说再分说，由主要到次要。如：《宪法》的结构上先说总纲，再言细则；内容上，先阐述公民的基本权利和义务，再阐明国家机构、国旗、国徽、首都。

条款式语篇结构体现了《宪法》运作的特点。《宪法》之所以采用条款式表达方式，是基于如下几个原因：一是受《宪法》的语篇结构意义潜势的制约。二是受《宪法》内部逻辑结构的制约，用条款式语言形式，能准确、简明地陈述法律原则。三是传达法律信息、表述法律规则简洁、明快，便于人们理解和执行。《宪法》语篇结构以条款为基本单位，条以上有章、节；条以下有款、项。整个语篇结构以条款为关键点，构成一种全面而严谨的条款式表述方式。这种结构是一种典型的程式化的"稳态结构"。

2.7.2 《2013 政府工作报告》语篇的多维语体特征与语篇结构

政府工作报告是我国政府的一种公文样式，属于报告类语体。我国各级人民政府每年一定在相应级别的人民代表大会会议与政治协商会议上向大会主席团、与会代表发布政府工作报告。《2013 政府工作报告》是国务院总理温家宝在第十二届全国人民代表大会第一次会议(2013. 3. 5)上作的政府工作报告，是对过去五年的政府工作的总结与汇报。语言表达上具有突出重点、全面客观、文风朴实、力求新意。

2.7.2.1 《2013 政府工作报告》语篇的多维语体特征

《2013 政府工作报告》属于报告类语体。报告类语体是指实施以"报告"为功能类型的言语行为时，报告类言语的行为方式一定会在语言使用方式上不同于其他言语行为，从而致使报告类语篇呈现出某种格局的语言样式。发话者口头或者以书面语的形式将情况或意见向上级领导(或与会代表或广大民众)进行比较正式的陈述。报告类语体具有汇报性，发话者向受话者陈述在一定时间内做了些什么工作，或者如何展开的工作，有哪些经验、体会、情况，还存在着哪些问题，以后有何想法，以及对领导的建议等等。报告类语体使用的范围较广，从种类与内容方面可以细分为："汇报性报告、答复性报告、呈报性报告、例行工作报告"[①]。

《2013 政府工作报告》是汇报性报告。"国务院政府工作报告是国务院依据法律规定，由陈述主体（国务院总理）代表国务院在全国人民代表大会和政治协商会议上向大会主席团、与会人大代表或政协委员报告本届政府任职期间的工作情况。"[②]经过与会代表研讨、修改、表决后，再由大会审核批准后，作为国务院依法开展行政工作的法定性指导文件。《2013 政府工作报告》语篇的多维语体特征如表 2-3（见下页）。

2.7.2.2 《2013 政府工作报告》的语体构成规则

依据对《2013 政府工作报告》的统计与分析[③]，其语体构成规则归纳如下：

（1）行事意图

《2013 政府工作报告》语篇的话语意图是"报告"，报告过去五年来的政府工作情况，并汇报政府的未来规划。中华人民共和国是在中国共产党领导下的政体和国体。政体是人民代表大会制度，国体是人民民主专政，故每年一次的全国人民代表大会的"政府工作报告"的主旨思想均根据中国共产党不同历史阶段的全国代表大会和中央全体委员会的决定，并结合政府工作所面临的新问题、新形势、新经验而作出的汇报。所以《2013 政府工作报告》一开篇就用以言行事动词表明了其言语意图——"各位代表：现

---

① 杨春、秦其良，应用文写作教程，北京：机械工业出版社，2007 年版：9。

② 陈光金、谢尔盖·鲁德恩科，丝路发展与治理创新，北京：社会科学文献出版社，2017 年版：4。

③ 详见许彩云博士论文《汉语指令性语体研究》（2014）第五章"从《宪法》、《2013 政府工作报告》看指令体与报告体"：99—118。

表 2－3　《2013 政府工作报告》的多维语体特征及语言要素

语体行为要素	语体成分	语体特征				语言要素
行为意图	话语意图类型	报告				语篇主题：汇报 语篇结构：程式化
	话语功能类型	陈述		＋关注动作主体		陈述 论元结构
				＋关注动作受事		
				一关注时间连续性		
行为媒介	言语手段	书传/口传	现场性	时空/现场	时空同场	书面语/口语 时间的表达 空间的表达 指示的表达
					时间现场	
					局部空间现场	
				统一/分裂	统一现场	
					分裂现场	
				话语/情景	话语现场	
					情景现场	

续 表

语体行为要素	语体成分	语体特征			语言要素
人际方式	人际方式	正式程度		±正式	书面词语 句式、句型 称呼语 语气的选择 语调的选择 话语标记 指称的表达 排比修辞格
		庄重程度		±庄重	
		准备程度		+有准备	
		交互性	现实/虚拟	独白 虚拟交互性	
			数量	一对多	
		亲近度		中等亲近度	
		权势度		中等权势度	
		识解度		强识解度	修辞格

在，我代表国务院，向大会报告过去五年的政府工作，并对今年工作提出建议，请各位代表审议，并请全国政协委员提出意见。”①语言上体现为：A. 主观性表达：模糊词语与评注性副词高频使用、排比手法（谓语的排比、句子的排比、语篇的排比）使用频繁。B. 时效性：就报告这几年来做了哪些工作、取得了哪些成绩、未来的规划与目标。涌现的新鲜事物、公布的新政策，紧随其后的一批新词新语，就会带来许多具有时代特点的新观念、新术语。因此，政府工作报告中词语的选择与锤炼，不仅需要具备精准、规范的特征，而且还要彰显鲜明的时代特征。

《2013政府工作报告》是向全国人大代表、政协委员、全国人民汇报工作，报告之前的五年里的政府工作情况，并汇报政府的未来规划。为了完成“报告”意图，选取了“陈述”的话语功能类型，也就是陈述所要报告的内容。语言运用上突出陈述性，把情况讲清楚，充分显示内容的真实性和材料的客观性。② 突出的语言要素有：A. 政府工作报告中“是”字句、“要”字句两类句式高频使用。B. 政府工作报告主要是汇报五年来我国政府工作的情况，故陈述过程中必然有时体标记。体标记为表示完成语法意义的“了”，时体标记是“已经（已）”与“将”。C. 论元结构较为完整，几乎均为AVO的论元结构；主语成分从缺的子句特别多；中动句（是指形式上为主动，意义上却是被动的句子）使用也较多。

（2）言语手段

《2013政府工作报告》经过一个阶段调研、讨论后书写成稿，其后才在全国人民代表大会上宣读，因此其主体是书面语，其间又有口语的特点，句式、句型的选择上既要考虑到书面语言的严

① 《2013政府工作报告》http：//www. gov. cn/2013zfbgjjd/cont ent_2363807. htm，2013年03月18日13时13分来源于新华社。

② 许彩云，汉语指令性语体研究，上海外国语大学博士论文，2014：110—111。

谨、周密，又要照顾到口头语言的简洁易懂的特点。语言上多整句、长句、复句，论元结构完整，排比手法高频使用；口语词汇“V+好”经常出现，各种结构的缩略语使用频繁。

(3) 人际方式

《2013 政府工作报告》语篇的人际方式，形式上是一对多的关系，报告人是国务院总理，他在全国人民代表大会和政治协商会议上对各位代表作报告。其实，政府工作报告的写作者是一个群体，受话者是全国人民。

政府工作报告的起草“有着一套严格的程序和制度。国务院领导下的专门起草小组负责政府工作报告的起草工作。按惯例，先由报告人提出工作报告的理论指导和语篇框架，起草成员要认真学习党中央、国务院重要文件，领会中央领导在政治、经济、国防等工作会议上的重要讲话，深入基层，与干部群众进行密切交流，更会把关系到社会发展的重大问题和当年社会各界关心的热点问题作为调研的主要方面。文本初稿完成后，要组织多次讨论，听取意见，再进行深入地分析、核实，经历多次反复修改，形成正式汇报文本，向大会提交，然后再经过全体与会代表和社会各界讨论、提出意见和建议，修改后再次提交给大会，依照程序审核批准后，才能够作为最高政府对全国行政工作的法定性工作指导文件。”①

政府工作报告的受话者是分层次的。报告人在两会上正式地宣读政府工作报告，直接受话者为有决议权的各界代表，而间接受话者则是通过各种媒体来获取信息的社会广大民众。因为政府工作报告受众的复杂性，从而导致了政府工作报告的多个行文视角——上行文视角、下行文视角、平行行文视角。

政府工作报告具有正式、庄重、权威性的语体特征，语言体现

① 许彩云，汉语指令性语体研究，上海外国语大学博士论文，2014：113。

如下：A. 大量使用术语和简缩术语。《政府工作报告》报告的是政府部门五年来各方面的工作情况，因此政治、经济、教育、科技、环保等领域的术语使用频繁。B. 精准的语言。《2013 政府工作报告》关系到我国的民生大计与国家发展，每个字句均要不断地推敲、不断地斟酌、不断地修改之后才能把文本确定下来。《2013 政府工作报告》的主体部分连续运用数据说话，数词的使用频次排在词类使用频次的第五位，具有无可辩驳的说服力和可信度，成为政府工作报告的特色之一。C. 程式化句式。《2013 政府工作报告》中有些句子是具有“仪式感”的，如程式化的引导语，固定的部署句、总结句，命令句、要求句、希望句，号召句等。程式化的引导语的基本形式为“现在，我代表……，向大会作政府工作报告，请予审议，并请……提出意见。”①

《2013 政府工作报告》是国务院总理在全国人民代表大会和政治协商会议上对各位代表所进行的面对面的汇报，报告人与受众之间具有中等亲近度的语体特征。语言上体现为：A. 称呼语的使用，拉近了双方的距离，增加亲近感；B. 礼仪句的使用，包括感谢、慰问、祝贺等句子，经常使用的话语形式有：“我们取得的成就，是以……的结果，是……的结果。我代表……，向……，表示诚挚的感谢！向……，表示诚挚的感谢！向……，表示诚挚的感谢！”②

《2013 政府工作报告》的受众，除了全国人民代表和政治协商委员外，还有社会的广大民众，所以具有中等识解度这一语体特征。语言上体现为：A. 判断句使用频繁，增加对某些情况的理解；B. 使用修辞格来辅助民众理解。一是比拟修辞格，起到了借同解释的作用，通过拟人可以使受众形象地感受到我国经济、政

① 许彩云，汉语指令性语体研究，上海外国语大学博士论文，2014：116。

② 许彩云，汉语指令性语体研究，上海外国语大学博士论文，2014：118。

治、科技都方方面面的发展与进步。另一个是以“比”为标志的映衬，常见的搭配为：“比……提高……（数据）”“比……增加……（数据）”“比……翻……番”“比……降低……（数据）”“比……增长……（数据）”，紧跟“比”之后为比较对象①。

2.7.2.3 《2013政府工作报告》的语篇结构

政府工作报告是一种具有程式化语篇结构的语体，有着相对固定的话题内容、文体样式、句法结构和词汇等去反映政治、经济、农业、外交、教育、文化、卫生、体育等各个领域的大量信息，形成了独特的语篇特色。②《2013政府工作报告》程式化的语篇结构由标题、引言、主体、结尾几部分组成；标题通常会有背景注明，引言部分有称谓语、提请审议语；主体一般分为三个方面，采取总述或分述的方式客观地加以陈述，结尾之处多为鼓舞士气的话语，起号召与激励的作用。

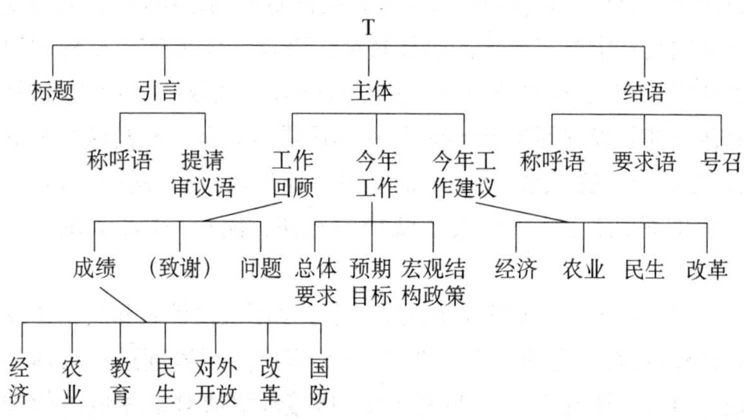

图2-5 2013政府工作报告语篇结构图

① 许彩云，汉语指令性语体研究，上海外国语大学博士论文，2014：118。

② 张振华，2002—2012年国务院政府工作报告语篇分析，东北师大硕士论文，2012：4。

国务院总理汇报的《2013 政府工作报告》的主体部分如下：

I. 工作回顾

总结近五年以来的政府工作状况，汇报政府这几年来获得的业绩以及国家基本经济指标完成情况，把政府所做的工作分为经济、教育、社会事业、外交和国际形势等方面，逐个详细地陈述所采取的工作措施与所取得的工作成绩。

II. 当年工作任务

《2013 政府工作报告》归纳了当年政府所要做的诸多工作，陈述这一年来政府工作的基本思路与主要任务；再从经济、教育、社会事业、外交和国际形势等方面认真陈述即将施行的工作计划与工作举措。

III. 政府工作建议

《2013 政府工作报告》细致地陈述了政府对经济、农业、民生、改革以及依法行政等诸多方面即将实施的行政措施与工作规划。

政府工作报告的主体部分，不论是工作回顾，还是当年工作或当年工作建议，每一个部分都是并列展开的，即经济、农业、教育、民生、对外开放、改革、国防各个方面平行展开陈述。[①] 总体上是先总述后分述。

2.7.3 《宪法》与《2013 政府工作报告》多维语体特征统计分析对比

在许彩云(2014)的博士论文《汉语指令性语体研究——基于文本数据分析方法》中《宪法》与《2013 政府工作报告》进行了全方位的统计对比分析，在此我们只就与语篇多维语体特征相关的部分进行统计对比分析。

① 许彩云，汉语指令性语体研究，上海外国语大学博士论文，2014：110。

2.7.3.1　行事意图的呈现不同

《宪法》与《2013 政府工作报告》体现语体行事意图的词语，出现的频次相差极大，《宪法》中体现语篇意图（“规定”意图）的词语高频出现，然而温总理《2013 政府工作报告》中体现语篇意图（“报告”意图）的词语却只出现 1 次。我们认为，体现语体行事意图的词语出现频次的多少，是由言语行为的行事意图本身造成的。

《宪法》的语篇意图是“规定”。《宪法》规定着中国国家的最根本的经济、政治和社会制度，中国公民的基本权利和义务，以及中国国家机构组织和活动的基本原则，还规定着中国的首都、国徽、国歌和国旗。《宪法》语篇从总纲开始，通篇体现着“规定”，具体落实到每一条每一款上，也就是说，每一条款都是宪法所规定的具体内容。可以说，《宪法》中自总纲始，每一句话都具有“规定”意义。所以，在《宪法》中体现“规定”意图的词语就必然会高频出现，体现“规定”意图的行事动词与体现规定权利和义务的动词共有 192 个，占《宪法》动词总数的 13.52%。然而，《2013 政府工作报告》的语篇意图是“报告”，不需要每一部分都说明是“报告”，只需在语篇的开头说明意图即可，如“各位代表：现在，我代表国务院，向大会报告过去五年的政府工作，并对今年工作提出建议，请各位代表审议，并请全国政协委员提出意见。”其后，语篇展开的就是所要报告的内容。所以《2013 政府工作报告》中体现“报告”语篇意图的词语出现一次即可。[①]

2.7.3.2　行文的不同视角

《宪法》是客观说明适用对象应该采取的行为趋向，排除主观性，坚持客观视角。然而，《2013 政府工作报告》是陈述，就带有了一定的主观性。另外，虽然《宪法》与《2013 政府工作报告》

---

① 许彩云，汉语指令性语体研究，上海外国语大学博士论文，2014：125—126。

在人际方式上都是一对多，但是《宪法》只有一种行文视角，是下行文；而《温总理 2013 政府工作报告》却有三种行文视角——上行方向、下行方向、平行方向。这是因为温总理《2013 政府工作报告》的受众是分层次的：汇报人代表最高行政机关（国务院）向最高权力机关（人民代表大会）郑重提请审议；政府工作报告的主体部分，是最高行政机关向下级机关和各部门发出行政指令；政府工作报告的结尾部分，向各位参会代表提出殷切的希望和号召。[①]

2.7.3.3 话语功能类型产生的语体特征

指令性语篇《宪法》的话语功能类型是“说明”和“陈述”，带来的语体特征有：＋关注动作受事，＋关注动作主体，－关注时间连续性。

报告类语篇《2013 政府工作报告》的话语功能类型是“陈述”，带来的语体特征为：＋关注动作受事，－关注动作主体，－关注时间连续性。

这些语体特征致使《宪法》与《2013 政府工作报告》在论元结构的实现上产生差异。《宪法》的论元结构是完整的，支配成分从缺现象只有 5 处（主语成分从缺）。而《2013 政府工作报告》的论元结构虽然也是完整的，但支配成分从缺现象却很多。报告中，主语成分从缺的现象特别多，子句共 1002 个，其中主语成分从缺的句子 415 个，占子句总数的 41.42％。[②]

2.7.3.4 多维语体特征与语言要素统计分析对比

A.《宪法》的多维语体特征与语言要素表（见表 2－4）。

B.《2013 政府工作报告》的多维语体特征及语言要素表（见表 2－5）。

---

① 许彩云，汉语指令性语体研究，上海外国语大学博士论文，2014：126。

② 许彩云，汉语指令性语体研究，上海外国语大学博士论文，2014：127。

表 2-4 《宪法》的多维语体特征与语言要素表

<table>
<tr><th>语体行为要素</th><th>语体成分</th><th>语体特征</th><th colspan="3">语言要素</th></tr>
<tr><td rowspan="12">行为意图</td><td rowspan="12">话语意图类型</td><td rowspan="12">指令中的规定</td><td rowspan="5">体现“规定”意图的词语高频使用</td><td colspan="2">“规定”意图的行事动词：147 个，占动词总数 10.35%</td></tr>
<tr><td colspan="2">规定权利和义务的动词：45 个，占动词总数 3.17%</td></tr>
<tr><td rowspan="2">与情态有关的表达</td><td>道义情态动词 68 个，占动词总数 4.79%</td></tr>
<tr><td>评议句 69 句，占子句总数的 8.66%</td></tr>
<tr><td>否定副词</td><td>“不”出现 20 次</td></tr>
<tr><td rowspan="3">高度概括性</td><td>类指句</td><td>33 个，占子句总数 4.14%</td></tr>
<tr><td>代词</td><td>260 次，其中 166 次是指示代词，都表示全量，占代词的 63.85%</td></tr>
<tr><td>周遍句</td><td>224 个，占子句总数的 28.07%</td></tr>
<tr><td colspan="3">主题词</td></tr>
<tr><td>术语</td><td colspan="2">政治、生产、法律、教育等方面的术语</td></tr>
<tr><td colspan="3">语域词</td></tr>
<tr><td>语篇结构</td><td colspan="2">程式化条款式的语篇结构</td></tr>
</table>

续　表

<table>
<tr><th>语体行为要素</th><th>语体成分</th><th colspan="2">语体特征</th><th colspan="9">语言要素</th></tr>
<tr><td rowspan="13">行为意图</td><td rowspan="13">话语功能类型</td><td rowspan="13">说明陈述</td><td rowspan="13">+逻辑性

+关注动作主体
+关注动作施事
-关注时间连续性</td><td rowspan="8">逻辑结构模式表达</td><td colspan="2" rowspan="2">禁止性</td><td colspan="2">不得　18</td><td colspan="2" rowspan="2">30</td><td colspan="2" rowspan="8">占子句总数 46.30%</td></tr>
<tr><td colspan="2">禁止　12</td></tr>
<tr><td colspan="2" rowspan="2">授权性</td><td colspan="2">可以　13</td><td colspan="2" rowspan="2">49</td></tr>
<tr><td colspan="2">有字句　36</td></tr>
<tr><td colspan="2" rowspan="4">义务性</td><td colspan="2">应字句　14</td><td colspan="2" rowspan="4">44</td></tr>
<tr><td colspan="2">须字句　18</td></tr>
<tr><td colspan="2">有字句　9</td></tr>
<tr><td colspan="2">是字句　3</td></tr>
<tr><td colspan="2">职权性</td><td colspan="2">动词　246</td><td colspan="2">246</td></tr>
<tr><td colspan="2">判断句</td><td colspan="7">是字句(45)、即(5)</td></tr>
<tr><td colspan="2" rowspan="4">逻辑模式带来的句法结构的特点</td><td colspan="2" rowspan="4">大量使用状语成分</td><td colspan="2">条件状语</td><td colspan="3">73</td></tr>
<tr><td colspan="2" rowspan="3">范围状语</td><td colspan="2">范围副词</td><td>29</td></tr>
<tr><td colspan="2">方位词表范围</td><td>28</td></tr>
<tr><td colspan="2">排除句</td><td>7</td></tr>
</table>

续 表

<table>
<tr><td>语体行为要素</td><td>语体成分</td><td colspan="2">语体特征</td><td colspan="4">语言要素</td></tr>
<tr><td rowspan="9"></td><td rowspan="9"></td><td rowspan="9"></td><td rowspan="9"></td><td rowspan="5"></td><td rowspan="2"></td><td>引进施事</td><td>“由”42，占介词 15.27%</td></tr>
<tr><td>引进对象</td><td>“对”、对于结构 34，占介词 12.36%</td></tr>
<tr><td rowspan="2">大量使用并列结构</td><td colspan="2">并列连词 345，占连词总数 85.61%</td></tr>
<tr><td colspan="2">以顿号表示的并列结构有 113 个，占顿号总数的 31%</td></tr>
<tr><td>定中结构</td><td>结构助词“的”586</td><td>占助词总数 92.72%</td></tr>
<tr><td rowspan="2">时体标记少</td><td>体标记</td><td colspan="2">词尾“了”有 21 个，均出现在“序言”中，法规中为 0 个；“着”0 个，“过”0 个。</td></tr>
<tr><td>时标记</td><td colspan="2">已经(7)、将(7)，均出现在“序言”中</td></tr>
<tr><td rowspan="2">论元结构</td><td colspan="3">论元结构完整，几乎都是 AVO 格式</td></tr>
<tr><td colspan="3">5 处主语成分从缺，占子句总数 0.6%</td></tr>
<tr><td>行为媒介</td><td>言语手段</td><td colspan="2">书传</td><td>书面语</td><td colspan="3">平均句长 46.17 个字，平均子句长 20.1 个字</td></tr>
</table>

续 表

语体行为要素	语体成分	语体特征			语言要素	
人际方式	人际方式	正式程度		＋正式	单义词的使用;术语的大量使用	
					长句 74 个,占句子总数的 21.33% 复句 39 个,占句子总数的 11.24% 平均句长 46.17 个字,平均子句长 20.1 个字 并列结构、多重限定成分(状语、定语)的使用率高 周遍句	
		交互性	独白	无需交互	一种行文视角,是下行文	
			数量	一对多		
		权势度	强/弱	强关系	动词的施事的权势地位高于受事	这样的动词出现 459 次,占动词总频次的 32.32%
					与情态有关的表达	道义情态动词 68 个,占动词总数 4.79%
						评议句 69 句,占子句总数的 8.66%
					命令祈使句	“禁止”构成的祈使句 12 个
					否定副词	“不”出现 20 次

续 表

语体行为要素	语体成分	语体特征			语言要素	
					语篇格式显示的权威性	全称式标题、立法机关、颁布时间(生效时间)、程式化的条款等
		识解度	强/弱	强识解度	解释句	判断句：50 个，占子句数的 6.27%
						领有句：属于(11)
					定语多、状语多、并列成分多	

表 2-5　《2013 政府工作报告》的多维语体特征及语言要素表

<table>
<tr><th>语体行为要素</th><th>语体成分</th><th colspan="2">语体特征</th><th colspan="3">语言要素</th></tr>
<tr><td rowspan="15">行为意图</td><td rowspan="9">话语意图类型</td><td colspan="2" rowspan="9">报告</td><td colspan="3">体现“报告”意图的词语:“报告”出现 1 次</td></tr>
<tr><td colspan="3">主题词</td></tr>
<tr><td rowspan="3">主观性</td><td>模糊词语</td><td>480 个,占总词频数的 6.52%</td></tr>
<tr><td>评注性副词</td><td>106 个,占副词频数的 42.91%</td></tr>
<tr><td colspan="2">排比句</td></tr>
<tr><td rowspan="3">时效性</td><td colspan="2">新术语 11 个</td></tr>
<tr><td>缩略语</td><td>75 个,占总词频数 1.01%</td></tr>
<tr><td>派生词</td><td>226 个,占总词频数 3.07%</td></tr>
<tr><td colspan="3">程式性语篇结构</td></tr>
<tr><td rowspan="6">话语功能类型</td><td rowspan="6">陈述</td><td rowspan="6">一关注时间连续性
一关注动作主体
+关注动作受事</td><td colspan="3">“是”字句 55 个、“要”字句 40 个占子句总数的 9.48%</td></tr>
<tr><td rowspan="2">时体标记</td><td>体标记</td><td>词尾“了”31;“着”0,“过”0</td></tr>
<tr><td>时标记</td><td>已经(3)、已(2),将(2)</td></tr>
<tr><td rowspan="2">论元结构</td><td colspan="2">完整,几乎都是 AVO 的论元格式</td></tr>
<tr><td colspan="2">主语成分从缺的子句 415 个,占子句总数的 41.42%</td></tr>
<tr><td>中动句</td><td colspan="2">52 个,占子句总数的 5.19%</td></tr>
</table>

续　表

<table>
<tr><td>语体行为要素</td><td>语体成分</td><td colspan="3">语体特征</td><td colspan="2">语言要素</td></tr>
<tr><td>行为媒介</td><td>言语手段</td><td colspan="3">＋书传＋口传</td><td>书面语与口语的综合体</td><td>“……好”15 个;缩略词</td></tr>
<tr><td rowspan="12">人际方式</td><td rowspan="12">人际方式</td><td colspan="2" rowspan="8">正式程度</td><td rowspan="8">±正式</td><td rowspan="2">大量使用术语</td><td>术语 274 个</td></tr>
<tr><td>简缩术语 52 个</td></tr>
<tr><td>准确性</td><td>数词 263,排在词类使用频次的第 5 位</td></tr>
<tr><td rowspan="4">程式化句式</td><td>程式化引导语</td></tr>
<tr><td>固定的总结句、部署句</td></tr>
<tr><td>命令句、要求句、希望句</td></tr>
<tr><td>号召句</td></tr>
<tr><td colspan="2">平均句长 48.35 个字,平均子句长 15.35 个字</td></tr>
<tr><td rowspan="4">交互性</td><td>现实/虚拟</td><td>现实</td><td colspan="2">报告之群体与受众之群体的复杂性</td></tr>
<tr><td rowspan="3">数量</td><td rowspan="3">一对多</td><td rowspan="3">多个行文视角</td><td>上行文</td></tr>
<tr><td>下行文</td></tr>
<tr><td>平行文</td></tr>
</table>

续 表

语体行为要素	语体成分	语体特征			语言要素
		亲近度	强/弱关系	±强	称呼语 6 次
					礼仪句(致谢 4 句)
		识解度	强/弱关系	±强	比拟
					以“比”为标志的映衬
					判断句“是”55 个,占子句总数的 5.49%

C.《宪法》语言要素表①(见表2－6)与《2013政府工作报告》语言要素表②(见表2－7):

表2－6 《宪法》语言要素表①

<table>
<tr><th></th><th colspan="3">句式</th><th>频次</th><th>百分比%</th><th>备注</th></tr>
<tr><td>1</td><td colspan="3">陈述句</td><td>347</td><td>100%</td><td>句子347个</td></tr>
<tr><td>2</td><td colspan="3">感叹句</td><td>0</td><td></td><td></td></tr>
<tr><td>3</td><td colspan="3">疑问句</td><td>0</td><td></td><td></td></tr>
<tr><td rowspan="9">4</td><td rowspan="9">逻辑结构模式表达</td><td rowspan="2">禁止性</td><td>不得　18</td><td rowspan="2">30</td><td rowspan="9">46.30%</td><td rowspan="9">占子句总数797</td></tr>
<tr><td>禁止　12</td></tr>
<tr><td rowspan="2">授权性</td><td>可以　13</td><td rowspan="2">49</td></tr>
<tr><td>有字句　36</td></tr>
<tr><td rowspan="4">义务性</td><td>应字句　14</td><td rowspan="4">44</td></tr>
<tr><td>须字句　18</td></tr>
<tr><td>有字句　9</td></tr>
<tr><td>是字句　3</td></tr>
<tr><td>职权性</td><td>动词　246</td><td>246</td></tr>
<tr><td>5</td><td colspan="3">周遍句</td><td>224</td><td>28.11%</td><td rowspan="10">占子句总数797</td></tr>
<tr><td>6</td><td colspan="3">类指句</td><td>33</td><td>4.14%</td></tr>
<tr><td>7</td><td colspan="3">评议句</td><td>69</td><td>8.66%</td></tr>
<tr><td>8</td><td colspan="3">解释句(是、即、属于)</td><td>61</td><td>7.65%</td></tr>
<tr><td>9</td><td colspan="3">祈使句(禁止)</td><td>11</td><td>1.38%</td></tr>
<tr><td>10</td><td colspan="3">被字句</td><td>2</td><td>0.25%</td></tr>
<tr><td>11</td><td colspan="3">把字句(序言中)</td><td>1</td><td>0.13%</td></tr>
<tr><td>12</td><td colspan="3">中动句</td><td>0</td><td></td></tr>
<tr><td>13</td><td colspan="3">支配成分从缺的子句</td><td>5</td><td>0.6%</td></tr>
<tr><td>14</td><td colspan="3">重动句</td><td>0</td><td></td></tr>
</table>

续　表

<table>
<tr><td></td><td colspan="2">句式</td><td>频次</td><td>百分比%</td><td>备注</td></tr>
<tr><td rowspan="5">15</td><td rowspan="5">时体标记</td><td>已经 7、将 7</td><td>14</td><td>1.03%</td><td rowspan="2">均出现在《序言》中，占总词数 1358</td></tr>
<tr><td>词尾“了”</td><td>21</td><td>1.54%</td></tr>
<tr><td>句尾“了”</td><td>0</td><td></td><td></td></tr>
<tr><td>着</td><td>0</td><td></td><td></td></tr>
<tr><td>过</td><td>0</td><td></td><td></td></tr>
</table>

表 2-7　《2013 政府工作报告》语言要素表①

<table>
<tr><td></td><td>句式</td><td>频次</td><td>百分比%</td><td>备注</td></tr>
<tr><td>1</td><td>陈述句</td><td>308</td><td>96.86%</td><td>句子 318 个</td></tr>
<tr><td>2</td><td>感叹句</td><td>10</td><td>3.15%</td><td>句子 318 个</td></tr>
<tr><td>3</td><td>疑问句</td><td>0</td><td></td><td></td></tr>
<tr><td rowspan="6">4</td><td>不得　0</td><td rowspan="2">0</td><td rowspan="6">1.60%</td><td rowspan="6">占子句总数 1002</td></tr>
<tr><td>禁止　0</td></tr>
<tr><td>可以　1</td><td rowspan="2">5</td></tr>
<tr><td>有字句　4</td></tr>
<tr><td>应字句　0</td><td rowspan="2">11</td></tr>
<tr><td>须字句　11</td></tr>
<tr><td>5</td><td>周遍句</td><td>2</td><td>0.2%</td><td rowspan="4">占子句总数 1002</td></tr>
<tr><td>6</td><td>类指句</td><td>0</td><td></td></tr>
<tr><td>7</td><td>评议句</td><td>11</td><td>1.10%</td></tr>
<tr><td>8</td><td>解释句(是 55、即 0、属于 0、比拟 1)</td><td>56</td><td>5.59%</td></tr>
</table>

续 表

	句式		频次	百分比%	备注
9	祈使句(禁止)		0		
10	被字句 0		0		
11	把字句 16,将 1		17	1.70%	
12	中动句		52	5.19%	
13	主语成分从缺的子句		415	41.42%	
14	重动句		0		
15	时体标记	已经 5、将 2	7	0.70%	占总词数 7465
		词尾“了”	31	0.42%	
		句尾“了”	0		
		着	0		
		过	0		

D.《宪法》语言要素表②(见表 2-8)与《2013 政府工作报告》语言要素表②(见表 2-9)

表 2-8 《宪法》语言要素表②

		频次	百分比%	备注
1	体现意图的行事动词	147	10.35%	占动词总数 1420
2	规定权利、义务的动词	45	3.17%	占动词总数 1420
3	要字句	2	0.25%	占子句总数 797
4	是字句	45	5.65%	占子句总数 797
5	表示条件的词或短语	60		
6	表示范围的词或短语	64		
7	“由”字句	42	15.27%	占介词总数 275

续　表

		频次	百分比%	备注
8	礼仪句	0		
9	称呼语	0		
10	缩略语	0		
11	对、对于结构	34	12.36%	占介词总数 275
12	并列连词	345	85.61%	占连词总数 403
13	定中结构(的)	586	92.72%	占助词总数 632
14	表全量指示代词	166	63.85%	占代词总数 260
15	人称代词	12	5.6%	占代词总数 260
16	修辞格	排比(序言中谓语排比 1 处)		
17	行文视角	下行文		

表 2-9　《2013 政府工作报告》语言要素表②

		频次	百分比%	备注
1	体现意图的行事动词	1	0.04%	占动词总数 2377
2	“坚持”字句	34	3.39%	占子句总数 1002
3	要字句	40	3.99%	占子句总数 1002
4	是字句	55	5.49%	占子句总数 1002
5	表示条件的词或短语			
6	表示范围的词或短语			
7	“由”字句	6	3.68%	占介词总数 163
8	礼仪句(致谢)	4	0.4%	占子句总数 1002

续 表

		频次	百分比%	备注
9	称呼语	6		
10	缩略语	75	1.01%	占总词频数 7365
11	对、对于结构	20	12.27%	占介词总数 163
12	并列连词	227	98.27%	占连词总数 231
13	定中结构(的)	255	75%	占助词总数 340
14	表全量指示代词	35	31.25%	占代词总数 112
15	人称代词	39	35%	占代词总数 112
16	修辞格	排比、比拟、映衬		
17	行文视角	上行文、下行文、平行文		

第三章　说明性语篇的多维语体特征

说明性言语行为是在一定的语境中，发话者解说事物、阐明事理或者指导某种动作过程的言语行为。说明性言语行为与人类的生活、生产活动休戚相关，应用范围广泛。可以说，殷商时期甲骨文的占卜辞就已经具有了说明的性质，它们是用来解释当时占卜的内容的。说明性言语行为依靠说明的实质能够划分出说明事物的、说明过程的与说明事理的。说明事物，重点介绍事物的结构、外形、质地、特点、作用等，意图是让受话者了解事物；说明事理，关键在于将空洞的道理、事物间的联系及其原理等阐释清楚，意图是让受话者不仅了解事物的状态，而且了解为什么是这样的状态；说明过程，说明对象是事物的制作过程或者事情的操作过程，目的是告诉受话者“怎么做”或“如何行动”。不论是说明事物，还是说明事理，还是说明操作过程，都要求发话者尽可能地进行真实的说明，不夸大，不缩小。

3.1　说明性语篇的语体研究综述

从中国知网我们看到目前关于说明文的研究是很丰富的，多数是对说明文教学的讨论。但是真正从语体学的角度研究说明性语篇的文章并不是太多，相关的主要研究综述如下：

(1) 汉语说明性语篇的语体研究

A. 说明性语篇与其他语篇的语体对比研究

郑磊刚(2016)从系统功能的三大元功能与语篇衔接出发对汉语说明性语篇和记叙性语篇展开了详细的语体对比分析，呈现了这两种语篇语体上的相同点与不同点，并从语体自身内容的特点及写作要求等方面对两种语篇语体的异同进行了合理的解释[①]。同时，基于两种语体的语篇分析，总结出了两种语体语篇的教学模式对留学生汉语教学的启示，试图将此项研究成果运用于留学生的汉语教学实践。

段娟(2014)从学报编辑的角度，"通过分析学术论文与说明文文体不辨的现象，讨论了易于把学术性论文写成说明性语篇的缘由，提出了应该采取的策略"[②]。

B. 说明语体下位类的语篇语法研究

操作类说明语体研究：

陶红印(2007)认为操作语体是着重针对怎样改变物体的状况，发话者给出动作的要领与步骤；"操作语体的基本论元结构特征为：1)以单论元((X)＋V)为主；2)抑制及物动词的施事(A)；3)突出及物动词的受事(O)"[③]。还强调了需要在语体中考察语法。高顺全(2012)"以'菜的做法介绍'为考察对象，发现过程语体具有多种成品形式。其中菜谱形式所包含的语体特征或变量最少，是单一型的过程语体；而文章、对话和独白形式所包含的语体变量则比较多，属于混合型的过程语体。不同成品形式在论元

---

① 郑磊刚，系统功能语言学理论视角下的汉语记叙文和说明文语篇对比分析，广西大学硕士学位论文，2016年。

② 段娟，浅析学术论文与说明文文体不辨的问题及对策，贵州广播电视大学学报，2014(1)：56—61。

③ 陶红印，操作语体中动词论元结构的实现及语用原则，中国语文，2007(1)：3—13。

结构'把/将'字句的使用等方面有不同的特点"[①]。刘林、陈振宇(2012)以时态助词"了、着、过"为参数,重点考察了操作语体与说明语体,发现"两类语体语篇有着细致的分类与交叉;但是具体语篇的语体特征还是有主、次之分的;某个语篇的语体特征主要在于程度的多少;不管是何种语体,都有极端语篇和一般的非极端语篇的区分"[②]。

说明性语体下位类语篇的语体研究:常聪(2016)以药品说明书、食品说明书、洗护用品的产品说明书为例,"研究产品说明书的事务性语体标记,发现产品说明书的语体标记可分为通用语体标记和特色语体标记两类,体现出使用消极修辞和过程语言的语体特色"[③]。并针对留学生的汉语产品说明书的教学进行了相关教学设计。贺剑瑜(2011)在探讨产品说明书的基础上,讨论"出口商品产品说明书的翻译方法及设计时应注意的事项。"[④]认为产品说明书具有专业性、简明性、名词化结构使用频繁;大量使用简单句、祈使句;相对固定的语篇结构等的语言特征。苟丽娟(2009)对科技说明语篇实际语料考察的结果是:除了没有"叙事模式"外,刘辰诞(1999)提到的"问题—解决模式、主张—反主张模式、提问—回答模式、概括—具体模式"[⑤]都有,其中"概括—具体"模式是科技说明语篇的典型语篇结构模式。

---

① 高顺全,过程语体的几种成品形式及其语体特点——以"菜的做法介绍"为例,当代修辞学,2012(6):61—70。

② 刘林、陈振宇,从"了、着、过"看操作和说明语体问题,当代修辞学,2012(6):71—82。

③ 常聪,事务性语体的语体标记及教学建议——以产品说明书为例,海外华文教育,2016(6):845—851。

④ 贺剑瑜,出口商品产品说明书设计探析,语文学刊,2011(7):33—34。

⑤ 苟丽娟,科技说明文语篇结构模式示例,语文学习,2009(11):69—71。

C. 说明性语篇的教学研究

民国时期,夏丏尊与叶圣陶两位先生把说明文引入国文课本中,说明性语篇才在语文教育中站了一席之地。2011 年版的《义务教育语文课程标准》中第四学段(7—9 年级)提出了说明文的教学目标及要求是“学生阅读新闻和说明性文章,能把握文章的基本观点,获取主要信息”[①]。《普通高中语文课程标准(2017 年版)》中两处提到“说明性表达”:一处在必修课程学习要求中的“自由写作,自由表达”中,要求“进一步提高记叙、说明、描写、议论、抒情等基本表达能力”[②];一处在命题指向中的“‘表达与交流’侧重考查叙述表现、陈述阐释、解释分析、介绍说明、应对交流等内容”[③]。可见说明性表达技巧的重要性。目前关于说明性语篇教学的文章很多,探讨最多的是如何进行说明文的教学,代表性的研究如下:

说明性语篇的性质与特点:吴昫瀚(1999)认为“说明是一种重要的语言表达方式”[④],详细地解释了什么样的文章才是说明文,将说明文与记叙文、议论文进行了细致地区分,分别从说明对象和说明的语言特点的角度进行了说明文的分类。

说明性语篇的阅读教学:叶黎明(2016)认为若想培养出中学生的说明文阅读能力[⑤],不能空洞地讲授说明文理论,而是要把说明文分类(如进一步区分出“过程说明文”与“资讯说明文”)后再

① 中华人民共和国教育部,义务教育语文课程标准(2011 年版),北京:北京师范大学出版社,2012 年版:15。

② 中华人民共和国教育部,普通高中语文课程标准(2017 年版),北京:人民教育出版社,2017 年版:33。

③ 中华人民共和国教育部,普通高中语文课程标准(2017 年版),北京:人民教育出版社,2017 年版:48。

④ 吴昫瀚,说明文的性质、特点及分类,高等函授学报,1999(5):56—60。

⑤ 叶黎明,基于文本类型与功能区分的说明文教学新探,语文教学通讯,2016(12):26—29。

施行教学。赵晓燕(2017)提出在教授科普说明文时要关注说明性科普语篇的语体特征,“通过抓住文题、枢纽和说明等途径,使学生掌握阅读说明文的具体写作方法,真正明白文章所说明事物的特点,提升学生阅读科普说明文能力。”[①]兰秋梅(2018)提出小学语文老师需要具备一定的语体知识,针对说明性语篇的语体特征精准把握说明语体的教学方法;在说明性语篇的阅读教学过程中努力“完善小学生的语体知识体系,提升小学生的语文素养和语言的综合运用能力”[②]。

说明性语篇教学方法的创新:李想(2017)努力探讨说明文课堂教学中适切的活动性策略,试图“从活动性策略的规定性定义入手,以学情分析、课程标准为基础,以独特的说明文文体特征为主线,设计思维导图策略、口头复述策略、文体练习策略,并探讨各活动性策略之间的层级关系。”[③]很有新意。

说明性语篇教学的价值:张传书(2000)[④]探讨了说明性语篇在作文训练中的重要作用及其地位。郑迎利(2015)[⑤]通过对说明性语篇的课程标准的阐释与教材中说明性语篇的分类与整理,探讨了初中说明性语篇的教学价值。张良田(2017)认为说明文教学的价值就是引导学生学习并掌握科学知识。[⑥]

对说明性语篇经典课例的分析:姜涛(2018)分析了钱梦龙先生执教的《中国石拱桥》经典课例,陈治勇(2014)分析了于漪先生执教的《晋祠》一课的经典课例;对说明性语篇的教学启示是应该

---

① 赵晓燕,浅谈科普说明文的教学策略,小学教学参考,2017(8):42。

② 兰秋梅,聚焦说明文体　精准阅读教法——以小学说明文《恐龙》《海底世界》教学为例,福建教育学院学报,2018(8):57—58。

③ 李想,说明文教学的活动性策略研究,语文教学通讯,2017(9):5—8。

④ 张传书,说明文在作文训练中的地位与作用探讨,重庆教育学院学报,2000(2):88—92。

⑤ 郑迎利,初中说明文的教学价值研究,南京师范大学硕士论文,2015年。

⑥ 张良田,重新审视说明文的教学价值,语文建设,2017(1):8—11。

综合说明性语篇的语体特点、语体特质、编纂意图、学生的基础情况等各方面因素，总体规划，有梯度地设计教学，有效培养学生的思维能力，提高学生的语言能力，提升学生的审美能力。

具体说明性篇目的教学：王科威（2015）探讨了说明性篇目《景泰蓝的制作》的语体教学，朱琳、叶黎明（2018）探讨了说明性篇目《苏州园林》的教学内容，发现每个老师对说明性语篇的教学呈现出不同内容的选择取向。教师可以对说明性语体再进行细致的分类，然后通过课堂的言语现场来设计如何讲授说明性语篇。

D. 说明语体具体篇目的研究

宋晓蓉（2014）“通过计量统计的方法，在篇章结构视域下，考察《大唐西域记》138 个国家总述高频名词、形容词和程式化结构形式等语言材料的运用情况，概括总述说明语体的语言特点。”①

（2）英语说明性语篇的语体研究

梁小卫（2002）认为说明性语篇重在告诉人们某种知识，运用说明手段解说或介绍事物。他通过对我国高等院校的英语课本中说明语体的分析，发现常见的思维模式是举例模式、时间顺序模式、因果模式、分类模式、对比对照模式、程序模式、定义模式。“每一种思维模式都能够形成一个完整的语篇，或者一个段落，甚至一个句子”②。在某一具体的说明性语篇中，语篇的基本思维模式是由说明性语篇的主旨决定的，发话者往往依据当时的交际意图把几种思维模式搭配使用，以某一种模式为主体，辅以其他，形成多层次的说明语篇结构。

二语学习者的说明性语篇研究：吴春明（2010）认为中国英语

① 宋晓蓉，语篇结构视域下的《大唐西域记》说明语体特点分析，喀什师范学院学报，2014(5)：60—64。

② 梁小卫，英语说明文语篇的思维模式及其运用规律，广西教育学院学报，2002(1)：43—46。

学习者的说明性语篇缺乏本族语(英语)说明性语篇的文体特征，“句子没有本族说明文句子长，句子结构远不如本族语说明文复杂，复合复杂句使用的频率比本族语说明文低很多，be 动词作谓语、被动语态、动名词的使用频率没有本族语说明文高，以主语开头的句子比本族语的少很多。”①齐放、王福琦(2005)“对中国高年级英语专业学习者的英语说明性语篇进行了调查，分析发现他们所采用的文体模式依次为归纳型、演绎型、准归纳型和无主题句型，而演绎型文体模式出现的百分比相对较低”②。席旭琳(2008)讨论了我国英语学习者英语阅读中叙述性语篇和推理心理模式的差异，认为“叙述性语篇更容易与读者的日常生活经验发生关联。说明性语篇远离人们的日常生活，逻辑性强，衔接的标记语较多，说明性语篇会因其局部语言特点引起理解的困难。”③

(3) 英汉说明性语篇的语体对比研究

席留生(2003)通过对比分析英、汉科技说明文，发现“微观结构方面，英语科技说明文重形合，多用从属结构，汉语科技说明文重意合，多用并列结构；宏观结构方面，二者均能够进行修辞结构分析；英、汉科技说明文遵循相似的语篇模式——总分与匹配相结合的模式”④。

综上所述，目前的说明性语篇的语体研究虽然范围很大，有英汉对比研究、说明性语篇与其他语体语篇的对比研究；有大类研究，也有具体下位类的研究；还有教学应用的研究。但是说明性语篇研究还是局限于语体特征、语言特点及语篇模式等方面，

---

① 吴春明，英语学习者说明文文体特征调查研究，长江大学学报，2010(1)：173—174。

② 齐放、王福琦，英语说明文文体模式的研究——对中国四所大学英语专业高年级写作的调查和分析，广东外语外贸大学学报，2005(1)：80—84。

③ 席旭琳，自我提问：衡量在线理解的工具——二语阅读中叙述文与说明文的语篇推理，外国语言文学，2008(2)：102—108。

④ 席留生，英汉科技说明文对比分析，河南大学硕士毕业论文，2003 年。

我们将从言语行为理论出发，深入探讨说明性语篇的言语行为类型、语体分类、多维语体特征、语体结构潜势及语篇结构。

3.2 说明性言语行为

说明，就是“解释明白”[①]。说明性言语行为是在一定的语境中，发话者解说事物或者阐明事理或者说明某种动作过程的言语行为。说明性言语行为的构成要素主要有：言外之意是传播知识，发话者以知识介绍为说明的最终目标；适从方向（指言语和客观世界之间的关系[②]）是从话语到客观现实，即发话者所作的说明应符合客观现实[③]；发话者在实施说明性言语行为时对说明的话语所表达的心理状态是相信自己客观地呈现了事物的特点或事理的逻辑。塞尔用“⊢”表示说明性言语行为的以言行事要旨，用“↓”表示说明性言语行为的适从方向——话语要符合客观现实[④]，说明性言语行为的诚实性条件——相信，“(S explain W)”表示命题内容始终是发话者说明某事物或某道理 W。因此，说明性言语行为的符号化形式为：⊢↓(S explain W)。

3.3 说明性语体及下位分类

3.3.1 说明性语体

说明性语体是指实施以“说明”为功能类型的言语行为时，说明性言语的行为方式一定会在语言使用方式上不同于其他言语

① 中国社会科学院语言研究所词典编辑室编，现代汉语词典（第六版），北京：商务印书馆，2014 年版：4226。
② 何兆熊，语用学概要，上海：上海外语教育出版社，1989 年版：90。
③ 何兆熊，语用学概要，上海：上海外语教育出版社，1989 年版：90。
④ 涂纪亮，英美语言哲学概论，北京：人民出版社，1988 年版：367。

行为，从而致使说明性语篇呈现出某种格局的语言样式。发话者解说事物的类型、结构、外形、质地、特点、作用等，解释清楚事物间的联系、变化以及相关原理等等，给予受话者知识。说明性语体应用范围广泛，它与人类的生活、工作和生产的关系十分紧密，包括说明书、辞典、菜谱、计划、操作手册、提要、策划书、教学讲稿、标书、解说词、科学小品文等等。但是，我们目前研究的主要是书面化了的说明性语体语篇，口语表达中的说明性言语，有待以后去研究。

3.3.2 说明性语体的下位分类

每一类语体均会由于某种言语目标而采取相应的行为方式，言语的不同行为方式将导致不一样的语体特征；每一种语体都是对语体特征进行选择、整合、组配的结果。我们将依据语体特征的组配对说明性语体进行其下位类型的划分。

按照语体特征“文本化/非文本化”将说明性语体分为两类，一类是文本化的说明性语体，即具有特定的篇章结构和文本形式；一类是非文本化的说明性语体，没有固定的文本形式。目前，我们只研究文本化的说明性语体，后一类有待以后再探讨。再依据“指导性”“释义性”“告知性”语体特征，将文本化了的说明性语体划分为指导性说明语体、释义性说明语体、告知性说明语体。又依据“主观性”与“客观性”，将告知性说明语体划分出主观性说明语体、客观性说明语体。主观性说明语体的写作者一般为自然科学领域的学者或专家，拥有一定的专业知识，作品所传递的基本信息是以客观规律、客观事实、客观原理、客观构造、客观过程等为主导。客观性说明语体的写作者主要来自社会科学领域的学者与专家，作品中常常带有作者的感性认识，是写作者自己对自然、对人生或对社会的看法与观点，带有一定的个人经验。根据需要，可以依据文本在说明性上的特征对这些说明性语体再进一步划分出它们的下位类型。说明性语体的分类可描述为下面的特征层次和语体类型：

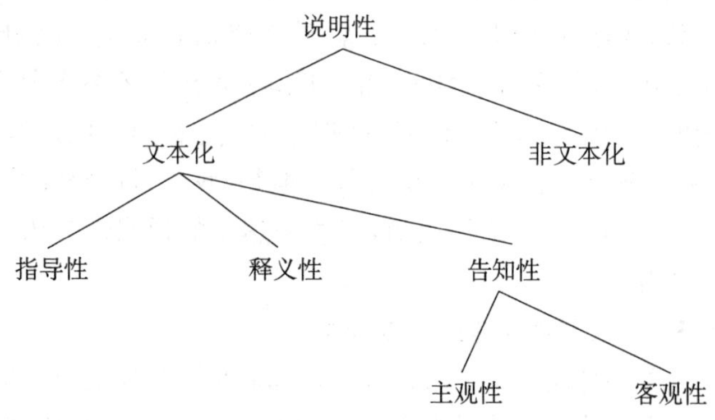

图 3－1 说明性语体下位语体分类

文本化了的说明性语体文本有：说明书、广告、解说词、科学小品文；辞典、字典、词典、辞海；计划书、策划书、标书、提要；菜谱、操作手册、操作指南、产品使用说明、使用手册、安装说明①、体育运动图解等；教学讲稿、实验案例、病例等等。

非文本化的说明性话语包括：各种行业工作语言中的说明性言语（教师课堂上的说明性言语、生产过程中的说明性言语、社会工作中的说明性言语、科学实验过程中的说明性言语，等）；各种活动中的说明性言语——会议、庆典、庆祝、比赛、宴请、各种游戏活动中的说明性言语、主持人宣布的说明性言语、各种体育活动中的说明性话语；对话中的说明性言语，等等。

指导性说明语体文本包括：操作手册、使用手册、操作指南、菜谱、安装说明、各种使用说明（产品、药品、食品、化妆品等使用说明）、体育运动图解或动作分解教程（二十四式太极拳分

① 菜谱、操作手册、操作指南、产品使用说明、使用手册、安装说明等语篇，既具有指令性，又具有说明性，是一种说明某种操作过程如何进行的语篇。

解教程、广播体操动作分解教程、双截棍动作分解教程等)，等等。

释义性说明语体文本包括：词典、辞典、字典，等等，着重于意义的阐释。

具有告知性的说明性语体中，带有主观性色彩的说明语体文本包括：解说词、导游词、科学小品文(知识小品文、文物小品文、建筑小品文)、教学讲稿、广告、旅游攻略(旅游指导)，等等。本着客观性说明的语体包括：说明书(产品说明书、药品说明书)，计划书、策划书、标书，提要，实验报告(实验案例)、病例，序、跋，墓志铭，电影简介，等等。

3.4 说明性语篇的多维语体特征

3.4.1 完成说明性言语行为的功能动因

无论是生活中，还是生产活动中，人们经常需要说明事物或者阐明道理，而这些说明活动都必须通过言语来实现。说明性言语行为以它特有的使用语言的方式来完成说明任务。说明性言语行为的完成需要以下几个维度：

A. 说明性言语行为的行为意图：行为意图是"说明"，说明事物的情况、阐释事情的道理或讲清楚操作的过程；语篇传递的是"什么东西是什么"、"什么具有怎样的功能或性质"、"什么对什么是否有影响""怎么做""为什么"等。主题为：说明事物，或者说明事理，或者对操作过程的说明。

B. 说明性言语行为的人际关系：发话者即说明者，受话者是适用对象。发话者某方面的知识量多于受话者，发话者具有某一知识的权威性。说明者的心理状态是相信自己客观地呈现了事物的特点或事理的逻辑。双方关系中等正式程度，说明者关于说明对象的知识高于受话者。

C. 说明性言语行为的交际场合：非情景现场性，话语现场。

D. 说明性言语行为的媒介手段：书传（书面语）。

E. 说明性言语行为的目的：发话者以知识介绍为说明的最终目标，为了改变受话者有关说明者所说明的事物或事理的知识结构。

从上面讨论的五个维度，我们能够归纳出完成说明性言语行为所需要的行为要素，也就是说明性言语行为的语体行为要素，分别为说明性行事意图、实施说明性行为的媒介、实施说明性行为的人际方式。说明性言语行为的顺利施行，定然是这三个维度上的语体特征彼此影响、共同合作的成果；这三个维度上的语体特征相互作用、相互配合，形成一种呈格局的话语模式。这种呈格局的话语模式经过一定时期的使用，固化在语篇中，便形成了说明性语体语篇。说明性言语行为的语体行为要素决定了说明性语体成分；说明性语体成分，又决定说明性语体的多维语体特征。说明性语体的多维语体特征有：说明；书面语，话语现场；中等正式，有准备，虚拟交互，强知识权威，强识解度等。这些说明性语体的功能动因推动说明性语篇改变语言的运用方式，呈现出一定格局的语言样式。

3.4.2 说明性语篇的多维语体特征

说明性言语行为是在特定的语境中，发话者解说事物或者阐明事理或者说明某种动作过程的言语行为。说明性言语活动的行为方式必将促使语言运用方式的改变，进而促使语言本身产生呈格局的语言变异。因为“这些变异都是围绕着说明性言语活动的有效实施而产生的，是说明性言语活动所要求的各种行为方式一起作用的结果，它们之间定然会互相匹配构成格局。格局中的言语特征出现在使用过程中定然会具有不同程度的强制性。说明性语体语篇不是一张有待选择的清单，它已经是选择的结果。说明性语体类型可以被概括为一个模型，是由若干说明性语体特征共同参与的结果。”①

人们在实施说明性言语行为时，说明性言语行为的行为要素（即语体行为要素）决定说明性语体的构成成分，说明性语体构成成分（包括：话语意图类型、话语功能类型；言语手段；人际方式）可以分解出说明性语体的多维语体特征（也就是，从言语行为意图、行为媒介、人际方式三个维度分析出来的语体特征），说明性语体特征的共同作用决定说明性语体的语言变异（见表 3－1），而说明性语体的语言变异只呈现在每一个具体的说明性语体的语篇之中。

3.5　说明性语篇的语体结构潜势与语篇结构

“语体是由言语行为方式向语篇类型变迁的结果，是特定社会行为方式的特征最终积淀在某类语篇形态中的结果”②。说明性语体是指实施以“说明”为功能类型的言语行为时，说明性言语的行为方式一定会在语言使用方式上不同于其他言语行为，从而致使说明性言语本身呈现出某种格局的语言样式。说明性语篇的语体结构潜势就是说明性语体的言语行为结构，说明性语体的行为结构在语言层面上的投射就形成了说明性语体的语篇结构。说明性语体结构潜势是形成说明性语体语篇的来源。

说明性语篇的语体结构潜势不是指一个具体说明性语篇的组成部分，而是指说明性语篇中固有的、稳定的结构组成成分，包括必有成分、可选择成分及可反复的成分。说明性语篇的语体结构潜势是指说明性语体的语篇意义结构，是构成说明性语体的语篇结构的基础，即实施说明类言语行为时所形成的基本语篇结构。说明性语体的结构潜势的必有成分是完成说明类言语行为的

---

① 许彩云，汉语指令性语体研究，上海外国语大学版，2014 年版：55。

② 许彩云，汉语指令性语体研究，上海外国语大学版，2014 年版：51。

表 3－1　说明性语体的多维语体特征及语言要素表

语体行为要素	语体成分	语体特征			语言要素
行为意图	话语意图类型	说明		一时间连续性 一关注动作施事	语篇主题：说明 论元结构
	话语功能类型	说明；描述、陈述			语篇结构：程式性/非程式性
行为媒介	言语手段	书传		话语现场	书面语
人际方式	人际方式	正式程度（＋正式，±正式）			书面词语、句式 句型的选择 语气、语调的选择 话语标记 时间、空间的表达 指称、指示的表达
		准备程度（＋有准备）			
		交互性	独白	虚拟交互性	
			数量	一对多	
		知识权威性	强/弱关系	强关系	
		识解度	强/弱关系	强关系	

必备部分。不影响说明功能的可选择成分与可反复成分，却能够影响到说明性语篇的质量高低，从而影响到受话者获取相应知识的效果和程度。

在说明性言语行为的行事意图、行为媒介、人际方式的共同作用下，说明性语篇语体结构潜势如下：

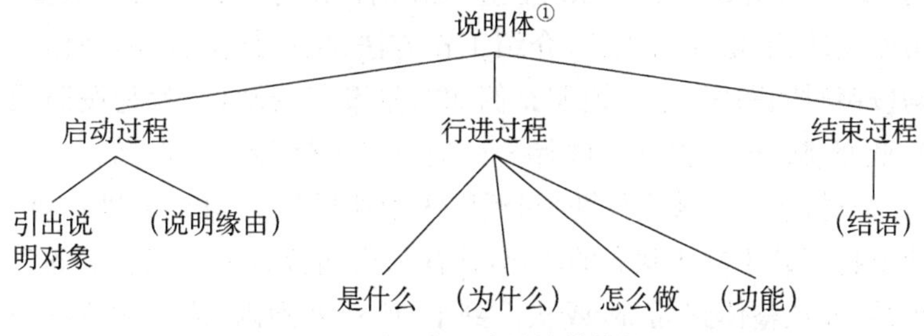

图3－2　说明体语体结构潜势树形图

说明性语体语篇是说明性言语行为方式向说明性语篇转变的结果，是“说明”这一社会行为方式的特点积淀在说明性语篇形态中的产物。说明性语体的结构潜势约定俗成地文本化为说明性语篇结构，但说明的对象不同，语篇的结构内容会有所取舍。“说明”言语行为的实施过程经过启动过程、行进过程与结束过程。说明的启动过程是引出说明对象，有的需要说明缘由，有的不需要，直接开门见山地进行说明。说明的行进过程就是完整的一个“说明”过程。如果说明的是人物或事物，“是什么”或“怎么样”为必须阐释的部分；至于“为什么”“功能（说明人物时，为贡献）”为可选择部分。如果说明的是事理，“是什么”与“为什么”就成了说明的重心。如果说明的是动作或操作过程，则“怎么做”为阐述的重点。说明结束过程的结语为可选择部分，因为只要将事物或事理说清楚，就行了。

---

① 说明性语体，简称为说明体，（　　）内为可选成分，其余为必有成分。

每一个说明语篇的具体结构会根据说明对象的性质和特点来安排。首先,可以根据说明对象本身的条理来谋篇布局。每一事物自身都有其条理规律,掌握了它们的内在规律,按照规律来调整说明结构,可以让说明内容层次分明,有条不紊。对于运动、发展、变化的事物,可以按照时间的顺序安排说明结构,因为运动、发展、变化的事物的条理性呈现出时间顺序。说明文字演变、历史变迁、动植物的生长,介绍工作方法、生产技术、产品制作等均按照时间顺序,逐一说明。例如"《景泰蓝的制作》就是按照景泰蓝的制作过程中'做胎——掐丝——烧制——点蓝——烧蓝——打磨——镀金'的时间顺序来说明的"[①]。对于名胜古迹、建筑物等处于静止状态的事物,往往从空间位置上呈现它们的条理性,或从整体到局部,或从上到下,或从外到内,依照建筑物的空间结构的顺序来说明,有利于全面说明建筑物各个方面的特征。例如《故宫博物馆》"先概括说明故宫建筑物的总体特征,然后再具体介绍太和门、太和殿、中和殿、保和殿、乾清宫……御花园,而在介绍每一座建筑物的时候,则又按照先外后内、先上后下的顺序"[②]。比如依据空间结构,首先书写外面的城门,再书写城内的其他建筑;先书写主要的,然后再书写次要的;整篇文章层次井然有序。其次,还可以根据人们对说明对象的认识规律来安排说明的结构。在说明受话者熟悉的事理或事物时,可以先说一般现象,再说个别现象,先提出事物或事理的总体认识,然后再具体解释。如《苏州园林》,大多数人知道园林是什么,但是不知道苏州园林与其他园林的特点。所以书写者先区分了苏州园林与其他园林的不同,然后再具体介绍它的形态。这样安排说明结构,有利

① 教师资格考试研究中心,综合素质　小学部分,北京:北京师范大学出版社,2014年版:7。

② 国家教师资格考试培训系列教材编写组,综合素质　适用于中学教师资格考试,上海:华东师范大学出版社,2013年版:12。

于受话者快速了解苏州园林的特点。在介绍受话者不熟悉或者不容易理解的说明对象时，常常需要从外在表现再到内部事理，先具体再抽象，由个别推及一般，最后揭示本质特征。例如，“事理说明文《死海不死》，先讲述了一个古老的神话故事：传说约两千年前，罗马统帅狄杜把俘虏的奴隶投在死海里，但奴隶却安然无恙地浮上来”①。从自然现象着手说明原由——原来是死海水质的含盐浓度比较大，然后再说明死海含盐浓度大的原因——自然界的变化所导致。按照这样的次序来说明，受话者比较容易接受。

3.6 说明性特定语篇的多维语体特征研究

说明性语篇是以说明性为基本特征概括出的高层语体语篇，是以说明性语体特征为主体的语篇类型。汉语中，说明性语篇大多以书面语的形式出现，口语形式不太多见。我们只探讨中文化妆品说明书语篇的多维语体特征、语言特点及语篇结构。

3.6.1 中文化妆品说明书语篇的多维语体特征

化妆品说明书是化妆品生产厂家为了推介产品，激起消费者的购买欲而书写的产品介绍，包括化妆品外包装和另外附带的详细说明书上的所有文字、图案及符号。化妆品的说明行为投射到语言层面，就表现为化妆品说明书的语体特征。从说明性言语行为行事意图、媒介手段及人际方式三个维度可以分析出化妆品说明书的多维语体特征。化妆品说明言语行为的多维语体特征投射在语篇上，就转化为化妆品说明书的语言要素的特点。我们将在这部分探讨中文化妆品说明书的多维语体特征以及由多维语体特征共同协作而产生的语言要素和语篇结构。

① 国家教师资格考试命题研究中心，国家教师资格考试权威教材 综合素质 小学 2015 最新版，西安：西安交通大学出版社，2015 年版：3。

3.6.1.1　化妆品说明书语篇语体研究综述

就中国知网上的论文，关于化妆品说明书的语篇方面的相关论文约有120篇，但关于化妆品说明书语篇的语体研究仅有18篇左右。纵观120篇研究论文，讨论的主要问题聚焦在三个方面：

（1）不同语言化妆品说明书的语篇对比研究：英汉、中俄等语言；对比的角度分别为整体、文化伴随义、责任型情态的人际意义、系统功能语法、态度资源、人际功能、体裁、文体特征，等等。

（2）化妆品说明书语篇翻译方面的研究居多，约占化妆品说明书总研究的70%。一类是不同理论下的化妆品说明书的翻译研究，此类主要研究化妆品说明书的汉语翻译或者英语翻译；不同的理论分别为目的论、顺应论、功能翻译理论、文体学理论、接受理论等。另一类是化妆品说明书的汉语翻译或英语翻译实践报告。

（3）化妆品说明书语篇的语体研究，代表观点如下：

A. 中文化妆品说明书、英文化妆品说明书的文体研究

中文、英文化妆品说明书的文体对比：刘坚、莫群俐(2008)研究发现：由于使用的目的与环境相一致，英汉化妆品说明书在文体特征上具有许多相同点——内容、体例、用词、修辞方法等一致；但是由于中英思维方式、语言表达及东西文化的差异，英汉化妆品说明书在句子的时态、结构等具体的言语形式上存在着明显的异同。[①] 陈玮婷(2017)运用定性分析法比较分析了具有代表性的132份中外化妆品说明书，对比分析了中外化妆品说明书的文本功能、语言特点与格式成分。目的是帮助翻译的人掌握"英语国家同类文本的特点、格式和措辞，避免和减少汉译英中可能出

---

① 刘坚、莫群俐，汉英化妆品说明书文体特征对比研究，宁波工程学院学报，2008(1)：83—86。

现的语言、语用或文化错误"[①]。邓小玲(2006)发现"英、汉化妆品说明书均具有清楚可识别的体裁结构,均具有"化妆品身份识别—化妆品产品描述—化妆品用法指南—化妆品生产信息"四个语步,且为化妆品说明书体裁结构中的必备成分"[②]。

英文化妆品说明书的文体研究:王露露(2016)对30篇英文化妆品说明书,从发音、字位、语法、语篇角度进行文体特征的分析,发现英文化妆品说明书具有独特的体裁特征:头韵的运用,使语音朗朗上口。常常使用大写字母、特殊符号、数字,从书写上来突出重点。词汇上,经常使用复合词、第二人称代词,评价性形容词与形容词的比较级,专业术语和缩略语,动词使用比较单调;时态上,动词多使用一般现在时;句子结构上,广泛使用简单句、省略句、陈述句和祈使句。英文化妆品说明书的语篇结构格式相对固定,"一般由产品名称、主要成分、主要功效、使用方法、注意事项等部分组成"[③]。

B. 化妆品说明书的语言特色

石爱(2009)认为化妆品说明书是科技性说明文,"用以传递产品信息,提高化妆品的接受率"[④]。所以化妆品说明书的语言特色呈现出:大量使用温和、赞美、褒义性评价词;词语多为语音轻扬、抑扬顿挫四字格;还常常创新组合、超常搭配,如:"自造词语、动词与名词超常搭配、形容词与名词个性搭配、词类活用"[⑤]。郑丽芳(2014)认为化妆品说明书应是实用性科技文体的一类,拥有这类文体的共有特征——语言准确、规范,正式的语气,讲究用词、讲究语法。但是也具有化妆品说明书的自身特点:篇幅短小

---

① 陈玮婷,中外化妆品说明书的对比分析,读与写杂志,2017(8):24。

② 邓小玲,英汉化妆品说明书的体裁对比分析,湖南大学硕士学位论文,2006年。

③ 王露露,英文化妆品说明书的文体特征研究,怀化学院学报,2016(6):113—118。

④ 石爱,谈化妆品说明书的语言特色,语文学刊,2009(5):94—96。

⑤ 石爱,谈化妆品说明书的语言特色,语文学刊,2009(5):94—96。

精干，具有艺术性，即通过言语的艺术性给受众以美的享受，继而引发受众购买此类化妆品的欲望。所以化妆品说明书“具有三种功能：A. 信息功能：传达信息；B. 美感功能：使感观愉悦；C. 祈使功能：使消费者做出文本所期望的反应”①。杨华(2008)对化妆品说明书中的模糊语言，进行了使用情况及其在说明书中的作用的分析，“揭示模糊语言在化妆品说明书中的特点”②，提出可以运用模糊语言来得体、简明、灵活地介绍化妆品。

孟晶(2010)、李晓芸(2005)分别探讨了英文化妆品说明书的语言特点。孟晶(2010)发现英文化妆品说明书“大量使用专业术语且相对固定、简明；还有部分长词、生僻词显得庄重、正式、专业；使用特殊的符号与数字；使用很多意义美好的词语。”③李晓芸(2005)发现“化妆品产品说明书在语言的运用上与众不同，其特征有：普遍采用现在时、简单句、祈使句、省略句、复合词，大量使用评价性形容词和非谓语结构”④。

纵观化妆品说明书语篇的语体研究，到目前为止，几乎都是关于英文化妆品说明书的研究成果，关于中文化妆品说明书的研究微乎其微，而且这些研究仅限于归纳与描写，解释性的研究较少。我们将基于言语行为理论探讨中文化妆品说明书语篇的多维语体特征，解释这些语体特征形成的原因。我们将动态地考察化妆品的说明过程，从说明性言语行为意图、化妆品说明活动的行为媒介、化妆品说明活动的人际方式方面分析中文化妆品说明书的多维语体特征及其语体结构潜势，归纳中文化妆品说明书的

---

① 郑丽芳，化妆品种类和说明书的语言特点及翻译，齐齐哈尔师范高等专科学校学报，2014(5)：78—81。

② 杨华，化妆品说明书中模糊语言的运用，社会纵横，2008(6)：190—191。

③ 孟晶，浅析化妆品说明书词汇的文体特征，山西广播电视大学学报，2010(1)：65—66。

④ 李晓芸，化妆品英语说明书的语言特征，高等函授学报，2005(4)：63—64。

篇章结构模式，探求中文化妆品说明书语体构成要素的规则，试图较为全面地认识中文化妆品说明书语篇。

3.6.1.2 中文化妆品说明书语篇多维语体特征

化妆品说明书是说明性语体的一个小类，实施的是说明性言语行为。说明性言语行为是在一定的语境中，发话者解说事物或者阐明事理或者说明某种动作过程的言语行为。说明性语体是指实施以“说明”为功能类型的言语行为时，说明性言语的行为方式一定会在语言使用方式上不同于其他言语行为，从而致使说明性言语本身呈现出某种格局的语言样式。化妆品的说明活动的实现具有三个必要条件：说明性言语行为意图、说明性言语行为媒介、化妆品说明活动的人际方式；这三个维度也是化妆品说明书语体的行为的必备构成要素。化妆品的说明活动的实施是这三个必要条件共同作用的结果。这三者共同作用就形成了化妆品说明书的话语模式格局。我们将努力从这三个方面分析化妆品说明书语篇，分析其每一个必要条件上的语体特征。

依据《现代汉语词典(第 6 版)》(2014 年)，化妆品是指“具有清洁、护肤、美容和修饰作用的日化用品，如粉底霜、唇膏、香水等”[①]。依据 2007 年 8 月 27 日国家质检总局发布的《化妆品标识管理规定(国家质量监督检验检疫总局令第 100 号)》第一章总则的第三条，“本规定所称化妆品是指以涂抹、喷、洒或者其他类似方法，施于人体(皮肤、毛发、指趾甲、口唇齿等)，以达到清洁、保养、美化、修饰和改变外观，或者修正人体气味，保持良好状态为目的的产品。”[②]说明书是指“关于物品的用途、规格、性能和使用

① 中国社会科学院语言研究所词典编纂室，现代汉语词典(第 6 版)，北京：商务印书馆，2014 年版：560。

② http://www.aqsiq.gov.cn/xxgk_13386/jlgg_12538/zjl/20072008/200708/t20070831_239313.htm，国家质量监督检验检疫总局信息公开目录。

方法等的使用说明。”[①]化妆品说明书就是以说明为主要表达手段，对化妆品的主要成分、特定效果、使用方法及注意事项等，进行较为全面的介绍与宣传的书面语篇。《化妆品标识管理规定》第一章总则第三条对化妆品说明书的规定是“用以表示化妆品名称、品质、功效、使用方法、生产和销售者信息等有关文字、符号、数字、图案以及其他说明。”[②]化妆品说明书是化妆品生产厂家为了推介产品，激起消费者的购买欲而书写的产品介绍，包括化妆品外包装和另外附带的详细说明书上的所有文字、图案及符号，但不包含条形码、插图和广告标语。化妆品说明书的基本内容有：商标、化妆品名称；产品成分、产品效果、使用方法、净含量（容量或重量）；生产单位名称与地址、产地；化妆品生产许可证编号与执行标准；生产批号与限期使用日期、生产日期与保质期；防伪标识；注意事项等。化妆品说明书的书写者是化妆品的生产者，其实施说明性言语行为的话语意图类型为“说明”——说明产品是什么样的化妆品，这种化妆品的作用如何；其话语功能类型也是“说明”，即化妆品的生产者选用说明的表达方式来完成“某种化妆品的说明”这一言语行为。话语意图类型决定了化妆品说明书的内容，话语功能类型决定了化妆品说明书的话语安排；话语意图类型与话语功能类型共同决定了化妆品说明书的主题和语篇结构；化妆品说明书呈现出程式化的语篇结构。化妆品的说明内容主要呈现在化妆品外包装和另外附予的说明书上，所以“化妆品的说明”这一言语行为是通过书面语言来传递信息的。偶尔在说明化妆品的使用方法时，会附有解释性的图片，以帮助消费者掌握正确的使用方法。实施化妆品说明言语行为者为化妆品

---

① 中国社会科学院语言研究所词典编纂室，现代汉语词典（第 6 版），北京：商务印书馆，2014 年版：1226。

② http://www.aqsiq.gov.cn/xxgk_13386/jlgg_12538/zjl/20072008/200708/t20070831_239313.htm，国家质量监督检验检疫总局信息公开目录。

的生产厂家，其对化妆品的成分、性能、功效等知识了如指掌，所以化妆品说明书书写者（即化妆品说明者）的相关化妆品的专业知识高于消费者，具有化妆品知识的专业性与权威性，行文正式，且准备充分；化妆品说明书的写作者和消费者是一对多的关系，看似独白，实际上具有隐性交互的特点。化妆品说明言语行为的这些语体特征投射在语篇上，就转化为化妆品说明书中的语言要素的特点。化妆品说明书的多维语体特征及语言要素见表 3-2（见下页。）

下面我们将通过语体的三个行为要素及相关语体理论，进一步分析化妆品说明书语篇的语体特征。就我们目前在超市、洗化用品商店所调查的化妆品来看，化妆品说明只印刷在外包装的盒子上面，大多数化妆品的包装盒里已经不再有另外附带的说明书了。只是美容院、洗化用品商店，会有某品牌化妆品的某一系列产品的说明书，内容只有简单版的产品成分、产品功效、使用方法、注意事项等，目的是为了推介该系列的化妆产品。所以，我们的注意力将主要关注化妆品外包装盒子上的说明书，探讨其多维语体特征以及由多维语体特征共同协作而导致的语言特征。

（一）言语行为意图

语体行为必备要素之一的言语行事意图，可以分解为话语意图类型与话语功能类型。话语意图是指发话者打算通过话语来做什么事以及所要达到的目标；话语功能是指发话者怎样用话语来完成其话语意图。化妆品说明书的话语意图是“说明”。话语功能主要是“说明”，也选用了描写与叙述；只是在说明产品的效果时用了描写手法，在说明产品的使用方法时采取了叙述手法。也就是说，化妆品说明书选用了说明性的言语表达方式来完成“说明”这一目的，使消费者能一目了然地了解清楚其意欲购买的化妆品是什么样的产品；为了突出产品的效果，激起消费者的购买行为，采用了具有形象、生动、鲜明的描写性言语表达方式；为了

表 3-2 化妆品说明书的多维语体特征及语言要素表

语体行为要素	语体成分	语体特征			语言要素
行为意图	话语意图类型	说明		一关注动作施事	语篇主题：说明 词语要求 论元结构
				+时间连续性	
	话语功能类型	说明、描写、叙述			程式化语篇结构：条目式
行为媒介	言语手段	书传			书面语
人际方式	人际方式	正式程度(+正式)			书面语(专业术语、行业语等) 省略句式 句型的选择 语气、语调的选择 话语标记 时间的表达 空间的表达 指称的表达 指示的表达
		准备程度(+有准备)			
		现场性	时空/现场	时间现场	
			统一/分裂	分裂现场	
			话语/情景	话语现场	
				情景现场	
		交互性	独白	虚拟交互性	
			数量	一对多	
		权威性	强关系/弱关系	强关系	
		识解度	强关系/弱关系	±识解度	

具体地说明产品的使用方法或步骤，而选取叙述性言语表达方式。要达到“说明”这样的目的，化妆品说明书必须把消费者希望了解的所有信息呈现出来，只有分条目呈现才是最清楚的，于是形成了条状信息模块，信息内容分条目说明。化妆品说明书的主要内容由主及次的顺序（消费者关注的顺序）是：品牌、商标、品名、容量或重量；产品成分、产品效果、使用方法、注意事项；生产厂名称与地址、产地；生产批号与限期使用日期、生产日期与保质期；防伪标识；化妆品生产许可证编号与执行标准等条目。化妆品说明书的语篇结构可以说是程式化的块状分条说明结构，具有显豁、醒目、条理性强的特点，有利于消费者寻找到最感兴趣的要点。[①] 例如，馥田诗美肌精华眼霜外包装（2017 年）上的说明[②]：

NO1 系列产品名与产品英文名
（馥田诗美肌精华眼霜包装盒顶面和一侧面[③]）

① 唐余俊、王军元，商品说明书语言. 上海：汉语大词典出版社，2006 年版：9。

② 作者手录馥田诗美肌精华眼霜外包装（2017 年）上的说明（所有说明都在外包装上，没有附带说明书）。化妆品的外包装经常随着产品的升级换代而更新，所以时间不同，包装信息会更换。

③ 馥田诗美肌精华眼霜包装盒是个长方体，四个侧面我们分别称为一侧面、再侧面、三侧面、四侧面。

成分[①]：水、1.3－丙二醇、甘油、环五聚二甲基硅氧烷、甜菜碱、氢化聚癸烯鲸蜡醇乙基己酸酯、环己硅氧烷、丙烯酸（酯）类/C10－30烷醇丙烯酸酯交联聚合物、鲸蜡硬脂醇、聚二甲基硅氧烷醇、精氨酸/赖氨酸多肽、乳酸杆菌发酵产物、嗜酸菌/葡萄发酵产物、乳酸菌发酵产物、酵母菌多肽类、葡萄（TITIS VINIFERA）果提取物、葡萄（VITIS VINIFERA）籽提取物、葡萄（VITIS VINIFERA）皮提取物、蜗牛分泌物滤液、透明质酸钠、莲（NELUMBO NUCIFERA）花提取物、海藻糖、姜黄（CURCUMA LONGA）根水、对羟基苯乙酮、1.2－己二醇、PEG－40硬脂酸酯、聚丙烯酸钠、硬脂酸、氢化卵磷脂、甘油硬脂酸酯、丙二醇硬脂酸酯SE、牛油果树（BUTYROSPERMUM PARKII）果脂、红茶（CAMELLIA SINENS1S）提取物、香精、EDTA二钠、棕榈酰五肽－4、鱼腥草（HOUTTUYNIA CORDATA）提取物、异戊二醇、乙酰基六肽－8、亚麻（LINUM USITATISSIMUM）籽提取物、母菊（CHAMOMILLA RECUTITA）花提取物、玫瑰茄（HIBISCUS SABDARIFFA）花提取物、马齿苋（PORTULACA OLERACEA）提取物、罗勒（OCIMUM BASILICUM）花/叶/茎提取物、库拉索芦荟（ALOE BARBADENSIS）叶提取物、积雪草（CENTELLA ASIATICA）提取物、光果甘草（GLYCYRRHIZA GLABRA）根提取物、乙酰丙酸钠、p－茴香酸、丁二醇、棕榈酰四肽－7、棕榈酰寡肽、卡波姆、聚山梨醇酯－20、银杏（GINKG0 BILOBA）叶提取物、洋常春藤（HEDERA HELIX）提取物、矿盐类、卵磷脂、油橄榄（OLEA EUROPAEA）果油。

（书写于包装盒上的再侧面）

馥田诗美肌精华眼霜

① 为了能明显分辨出各条目，粗体字是作者使然的；原文非粗体字。

富含进口发酵成分，及深海的精氨酸/赖氨酸多肽的天然成分和生育酚，有助于修护眼部弹力，紧致提拉眼部肌肤，让肌肤自然紧实。富含蜗牛浓缩粘液等提取物，深层滋润，细致毛孔，打造柔软光滑的肌肤。

新升级配方 不另添加防腐剂 无添加酒精

成分中不含：三氯生、硫酸盐、矿物油、滑石粉、甲基氯异唑酮、甲基异唑酮、人工色素、苯乙酮。

（书写于包装盒上的三侧面，
实为较通俗的成分介绍和产品功效）

使用方法：用指尖把眼霜涂抹于眼睛周边位置，轻轻按摩直至完全吸收，每日使用 2 次。

注意事项：1. 使用本产品时，出现以下情况请停止使用，并咨询皮肤科医生。①使用时出现红斑、红肿、瘙痒、刺激等异常情况；②使用部位在阳光直射后出现上述情况。2. 禁止在伤口、湿疹及炎症等有异常情况的皮肤部位使用本品。

储存注意事项：1. 请勿置于婴幼儿可触及的地方；2. 请勿置于高温、低温及阳光直射的地方。

委托商：上海馥田诗网络科技有限公司

地址：上海市长宁区广顺路 33 号 7 幢 6 楼 615 室

被委托商：斯美（广东）化妆品有限公司

地址：广东省江门市建设三路篁庄沙冲围工业城 K 幢

产地：广东江门

卫生许可证号：GD. FDA(2006)

卫妆准字 29 - XK - 2800 号

生产许可证号：XK16 - 1086918

执行标准号：QB/T 1857

限时使用日期（年/月/日）及**生产批号**：见包装(20180726L9007160)

净含量：15 g

防伪标识（条形码或二维码）

（书写于包装盒上的四侧面）

馥田诗品牌名称、商标、热线电话等

（馥田诗美肌精华眼霜包装盒的底面）

化妆品说明书的目的是介绍产品及产品能够达到的效果。但是，化妆品说明书同时也受到市场监督管理局[①]的监督。所以化妆品说明书书写的内容，一方面取决于消费者的需求，另一方面取决于《化妆品标识管理规定（国家质量监督检验检疫总局令第 100 号）》（2007 年）、《GB5296.3—2008 消费品使用说明：化妆品通用标签》（2008 年）等法律条文的规定。在馥田诗美肌精华眼霜的说明中，品牌、商标、品名、较通俗的成分介绍和产品功效（书写于包装盒上的再一侧）、使用方法、注意事项、生产者、产地、生产日期与保质期限、重量等，这些条目是消费者关心的内容。尤其是化妆品功效，一般置于最显眼位置，排版也比较特

① 将国家工商总局、国家质检总局、食品药品监管局食品监管部分、国务院食品安全办公室、商务部市场秩序管理、反垄断职能合并组建到国家市场监督管理总局。2018 年 4 月 10 日国家市场监督管理总局正式挂牌。

别，比如字号较大、加粗，以引起消费者的注意。如果消费者对这些信息感觉满意的话，就会购买该产品。至于化妆品的产品成分全表[①]（一连串的专业术语、英文标识、符号等）、生产批号、防伪标识、化妆品生产许可证编号与执行标准等，这些条目是化妆品质量检验部门关注的内容，以备检查之用。一般来说，化妆品生产厂家越正规，化妆品说明书的内容越规范，条目越多，说明越详尽，同时防伪标识可以识别。既然化妆品说明书的目的是说明产品，同时还要受到市场监督管理部门的监管，那么化妆品说明书的语言就得准确、规范，正式的语气，讲究用词、讲究语法。

在化妆品说明书显性“说明”意图的背后还隐藏着一个隐性意图，就是唤起消费者的购买欲，我们姑且称其为“呼唤”意图。化妆品的消费者大多是女性，而女性比较感性，常常是跟着感觉走的，会根据对某品牌化妆品的感觉与产品的介绍来选择购买。所以化妆品说明书在详细介绍产品时还运用了描写手法，生动形象地把化妆品的使用效果描述出来，在女性消费者的脑海里构建出立体可感的产品效果，如馥田诗美肌精华眼霜的功效描写：“富含进口发酵成分，及深海的精氨酸/赖氨酸多肽的天然成分和生育酚，有助于修护眼部弹力，紧致提拉眼部肌肤，让肌肤自然紧实。富含蜗牛浓缩粘液等提取物，深层滋润，细致毛孔，打造柔软光滑的肌肤。”描绘地形象、生动，且褒义词居多，给人带来美的感受，使女性消费者身心愉悦，进而购买该产品。同时，化妆品说明书为了具体地说明产品的使用方法或步骤，而选取叙述的语言表达方式。如馥田诗品牌的美肌精华眼霜中使用方法的叙述——“使用方法：用指尖把眼霜涂抹于眼睛周边位置，轻轻按摩直至完

① 《化妆品标识管理规定（总局令第100号）》（2007年）第二章第十二条“化妆品标识应当标注成分全表。标注方法及要求应当符合相应的标准规定。”

全吸收，每日使用 2 次。”按照眼霜的使用顺序，告诉消费者先做什么、再做什么，怎么做，如何使用等等，使消费者易于操作。有些化妆品为了唤起并促成消费者的购买行为，在化妆品说明书中会强调品牌的发展历史与文化理念，以突出本化妆产品的质量和信誉。如，雅霜品牌的润肤霜说明书中的陈述：“1912 年雅霜在上海诞生。《诗经》有云，‘雅者，正也’。‘雅’是中国文人对女性美的审美境界：外表雅致大方，内在高雅有涵养。”

（二）行为媒介

化妆品说明书是说明性语体的一个小类，即化妆品说明书语体。行为媒介既是语体行为要素，也是语体成分。化妆品说明书是化妆品生产厂家为了推介产品，激起消费者的购买欲而书写在化妆品外包装盒子上的产品介绍。化妆品说明言语行为实施的媒介是书传。传递化妆产品说明内容的介质是书面语，也就是说，是通过印刷在化妆品包装盒子上面的书面语来传播化妆品的产品信息的。

化妆品的包装盒有正方体和长方体两种。长方体形状的居多，共六个面，大多是顶面和底面为正方形，四个侧面是长方形，因此，化妆品外包装盒上的说明书呈块状分布在六个面上，顶面是要突出的信息，四个侧面呈现的是主要信息，而底面是相对客观的信息。一般来说，化妆品包装盒的顶面是品牌名称、商标及产品名称，如果面积大的话，还会有经过高度概括的由只言片语凸显的产品成分与产品效果表达；底面是生产单位名称与地址、产地，化妆品生产许可证编号与执行标准，生产批号与限期使用日期、生产日期与保质期等；四个侧面会将产品成分、产品效果、使用方法、注意事项、容量或重量等信息，根据内容的多少分布在两或三个侧面上，有些品牌会留一个侧面给英文说明。这样的安排并不是千篇一律的，而是每个化妆品的品牌会依据包装盒的形状、面积的大小及需要凸显的信息进行调整。如前面提到的馥田

诗美肌精华眼霜外包装的说明分块就有所不同。又如森田胶原蛋白复合原液面膜的外包装(2018年)上的说明内容只分为两大块:

森田胶原蛋白复合原液面膜外包装盒正面信息[①]:

Dr Morita 森田

台湾原装进口(标识)

森田膠原蛋白複合原液面膜[②]

【美容液面膜】

水解膠原蛋白(水解膠原)+玻尿酸(透明質酸鈉)+

角鯊烷膠原胜肽何(可溶性膠原)+ATELO膠原(缺端膠原)

滋潤、聚緻、柔嫩

10枚入 合滋成分膠原蛋白

台灣製造

森田胶原蛋白复合原液面膜外包装盒反面信息:

森田胶原蛋白复合原液面膜[③]【美容液面膜】

净含量:10片 原产地:中国台湾

成分[④]:水、双丙甘醇、黄原胶、糖基海藻糖、羟苯甲酯、苯氧乙醇、氯化淀粉水解物、泛醇、PEG-40氢化麻油、水解胶原、透明质酸钠、(日用)香精、DNA钾盐、角鲨烷。可溶性胶原、缺端胶原、水解透明质酸

制造商:森田生医股份有限公司 **进口商**:上海伸庭生物科技有限公司

① 作者手录森田胶原蛋白复合原液面膜外包装(2018年)上的说明。

② 森田为台湾品牌,为品牌原有的说明,是繁体字。

③ 为大陆贴上去的符合引进品牌要求的简体字详细说明。

④ 为了能明显分辨出各条目,粗体字是作者使然的;原文非粗体字。

地址：中国台湾彰化层鹿港镇鹿工南二路 21 号　**地址**：上海市浦东新区浦东大道 2123 号 3 层 3E－1080 室

产品服务专线：4009－209－258　**生产批号**：见包装背面(HY161124084)

备案文号：国妆备进字 J20158109　**限时使用日期**：见包装背面(EXP20200308)

使用方法：洗脸后将面膜敷盖于脸上 10—15 分钟后取下，轻轻拍打按摩肌肤，使精华液全部吸收，无需洗去。天天使用，效果更佳。

注意事项：现代人很多都有过敏体质，故使用前务必于手臂内侧测试 10 分钟后，于隔日无过敏现象再行使用；敏感性肌肤，请先咨询医师后使用，使用时肌肤若有不适，请立即停止使用，并请教医师；请勿长时间将面膜覆盖于脸上；当肌肤有伤口、红肿、晒伤、湿疹等情形发生时，请勿使用；请勿触碰到眼睛，万一不幸碰到眼睛，请立即用清水冲洗；为确保品质，铝袋开封后请立即使用毕；使用过的面膜，请勿二度使用；请置于幼儿无法取得之处。

贮存条件：避免阳光直射，并置于阴凉处或冰箱内。

森田胶原蛋白复合原液面膜的外包装上，正面与反面的面积较大，成为说明内容的主要承载体；剩余四面，其中三面只有品牌“森田”二字，一面空白无字。

化妆品说明书使用的语言是书面语。在森田胶原蛋白复合原液面膜的说明书中，不论是简体字还是繁体字，语言上使用的都是书面语。例如，森田胶原蛋白复合原液面膜的成分部分——“……糖基海藻糖、羟苯甲酯、苯氧乙醇、氯化淀粉水解物、泛醇、PEG－40 氢化麻油……”，使用的几乎都是专业术语；大量使用行业用语——“生产批号、产品服务专线、备案文号、制造商、进口商”，“过敏体质”，“当肌肤有伤口、红肿、晒伤、湿疹等情形发生时，请勿使用；"等等；常常使用专有名词——"森田生医股份有限公司"，"上海伸庭生物科技有限公司"等公司、单位或者地点名称；讲究词语的使用，有明显的文言表达倾向——"故使用前务必于手臂内侧测试 10 分钟后，于隔日无过敏现象再行使用""请勿长时间将面膜覆盖于脸上"，"肌肤、二度使用、用毕（为文言词语）"等等；大量使用敬辞"请"，主要用于"注意事项/温馨提示"部分，希望消费者做或者不做某事，表达对消费者的尊重。森田胶原蛋白复合原液面膜的"注意事项"部分，由 8 个分句构成，"请"字使用了 10 次之多。

化妆品说明书是印刷在化妆品外包装盒上的，面积有限，所以字数不能太多，要求其书面语言必须简洁，努力做到准确规范、用词考究、语法简单，化妆品说明书可以说是实践合作原则的代表之作。首先，符合数量准则。化妆品说明书所提供的信息应该是适量的，能够说清楚化妆品的成分、作用及功效或者能够满足消费者所需要的信息量即可。其次，符合质量准则。由于化妆品是使用广泛的日用品，直接接触人的身体，如果使用不当或者保存不当的话，可能会危及到人体的健康及人身安全，所以化妆品说明书所提供的信息应该是真实的。依据《化妆品标识管理规定》（2007 年）第二章化妆品标识的标注内容第五条"化妆品标识应当真实、准确、科学、合法。"[①]第十六条"化妆品标识不得标注下列内容：（一）夸大功能、虚假宣传、贬低同类产品的内容；……（三）容易给消费者造成误解或者混淆的产品名称；"[②]化妆品说明书必须如实介绍产品成分，不进行夸大和虚假的宣传，尤其是功效部分。所以，在展示化妆品成分全

---

① http: //www. aqsiq. gov. cn/xxgk _ 13386/jlgg _ 12538/zjl/20072008/200708/t20070831_239313. htm，国家质量监督检验检疫总局信息公开目录。

② http: //www. aqsiq. gov. cn/xxgk _ 13386/jlgg _ 12538/zjl/20072008/200708/t20070831_239313. htm，国家质量监督检验检疫总局信息公开目录。

表时，化妆品说明书使用的是列举法，将产品的所有成分一一列举出来。再次，符合关联准则。化妆品说明书的各条目都是与化妆产品相关联的，说明得越清楚，消费者才会越了解，购买的可能性才会越大。最后，符合方式准则。化妆品说明书是书写在包装盒上的，然而小小的化妆品包装盒的面积一般在 300 cm^2 左右，可用面积相对有限，因此要求化妆品说明书的语言必须简洁、清楚、有条理、无歧义。如美容院使用的蒂曼莱儿品牌的玻尿酸原液中的使用方法说明语——“早晚洁肤后，取适量本品涂抹于脸部，轻拍至吸收即可。”此例句就是一个省略了主语（无需说出主语）的连谓句，一个动作动词接着一个动作动词，突出地说明了使用玻尿酸原液的动作行为；时间状语“早晚洁肤后”说明了使用时间；描写性状语“均匀”“轻”说明了使用的细节；地点补语“于脸部”说明了使用的部位。整个句子既符合数量准则与质量准则，又符合关联准则与质量准则，不多一个字，不少一个字，准确，简洁，明了。

（三）人际方式

人际方式不仅是语体行为要素，也是一个非常重要的语体成分。化妆品说明书是由化妆品生产厂家委派的产品研发部门的科技人员（以下称为技术员）书写的，化妆品说明书的阅读者是打算购买化妆品的消费者群体，化妆品说明书的书写者与化妆品的消费者群体的关系方式就是化妆品说明书语体的人际方式。化妆品说明书语体的人际方式是：正式；有准备；双方处于分裂现场、话语现场、情景现场（在美容院或商场化妆品柜台时，偶尔伴随着情景现场）；看似独白，实为虚拟交互；一对多；强权威性；中等识解度等。

化妆品说明书是化妆品生产厂家为了推介产品，激起消费者的购买欲而书写的产品介绍。虽然化妆品说明书是由产品研发的技术员们书写的，但是数量上，我们还是把他们认定为“一”，因为他们书写说明书时经过了集体的共同商讨，目的、要求及利益是一致的。而消费者群体人数众多，他们各有各的想法；同时化妆品说明书还要受到市场监督管理部门的监管。所以从数量上来说，化妆品说明书的人际方式是一对多。

化妆品生产厂家是产品的生产者，从产品的研发到研制直至推广，技术员对产品的成分、性能、功效都有着全面、深入的了解。所以，化妆品生产厂家的技术员关于化妆品的专业知识及其性能的了解远远高于消费者，他们对化妆产品的解读具有权威性，他们既是产品的研发者也是产品的研制者。另一方面，化妆品生产厂家书写的说明书必须接受市场监督管理部门的监管。在这两方面的作用下，化妆品说明书的书写需要认真准备，进过一番酝酿才能成稿。既要突出专业性又要突出权威性，还要接受监管，所以化妆品说明书呈现出“正式”的语体特征，如前文探讨过的：大量使用书面化词语（专业术语、行业用语、专有名词），有明显的文言表达倾向，多处使用敬辞“请”，等等。

化妆品说明书目前几乎都是印刷在化妆品的外包装盒上的，“独立”呈现所要说明的内容，说明的内容自然按条目依次展开，信息的流向是由书写者传到阅读者，单向进行的，看似是“独白”；实际上，化妆品说明书具有虚拟交互性，是一种隐含着的虚拟对话，是由化妆品说明书的书写者完成的其与所想象的受众对象之间的对话。化妆品说明书最关心的受众是意欲购买化妆品的消费者。那么所想象的受众对象就是化妆品说明书写者想象出来的意欲购买化妆品的消费对象，但并不是凭空捏造出来的，而是指向现实生活中的消费大众，只不过是化妆品说明书的书写者对现实生活中实际的消费大众的有关化妆产品的知识状况进行了归纳与评价而产生的普遍的、典型的代表，也就是说，对现实生活中的化妆品消费者的化妆品的知识状况、理解程度、接受程度等情况进行了综合地考量，而想象出的可以与其对话的消费对象。

虽然化妆品说明书的书写者与消费者的交流处于时间现场，且为分裂现场，即不同时出现在一个现实现场中，然而当消费者意欲购买某个化妆产品，阅读产品外包装上的说明时，化妆品说明书的书写者才与消费者“面对面”。其实，书写者在书写化妆品说明时，消费大众就以假想受众的身份出现在了书写者的眼前，书写者就在自己的大脑中与这些假想的受众相沟通，进而努力提高化妆品说明书的识解度，写出能够让消费大众清楚明白且满意的说明书。正是因为这一点，有些品牌的化妆品说明书，除了有产品的成分全表外，还会给出一份通俗版的产品成分介绍。如馥田诗美肌精华眼霜“富含进口发酵成分，及深海的精氨酸/赖氨酸多肽的天然成分和生育酚，有助于修护眼部弹力，紧致提拉眼部肌肤，让肌肤自然紧实。富含蜗牛浓缩粘液等提取物，深层滋润，细致毛孔，打造柔软光滑的肌肤。”“新升级配方不另添加防腐剂　无添加酒精”“成分中不含：三氯生、硫酸盐、矿物油、滑石粉、甲基氯异唑酮、甲基异唑酮、人工色素、苯乙酮。”又如，相宜本草品牌的“红景天莹透幼白精华乳”的化妆品说明书中，为了提高消费者对该产品的认识及理解程度，特地对“道地川藏红景天”进行了介绍：“红景天，选自海拔 4200 米以上、高寒缺氧的川藏地区，4—5 年方可采收。相宜本草为了研究、保护红景天，在西藏建立了两处种植基地。红景天根中富含红景天苷，具有强大抗氧化活性。”也对红景天的功效以及红景天功效的功效，进行了进一步补充说明“【抗氧化】减少暗黄，幼嫩肤质【抑制黑色素】美白肤色，淡化色斑【修复肌底[1]】增强肌肤弹性”“1. 指肌肤表皮层底层”。相信经过这样的层层解释和说明，消费者对化妆产品的认识就非常地清楚明白了，也就可以放心地购买该产品了。

另外，化妆品说明书还有一类需要考虑的对象，但他们不是受众，而是监督者，他们就是市场监督管理部门的工作人员。所以化妆品说明书除了需要认真斟酌受众对象（消费大众）的需求外，还得仔细考虑市场监督管理部门的要求，他们会定期按照法律法规的要求来检查化妆品外包装上的说明内容。由此，化妆品说明书还必须按照现行的《化妆品标识管理规定(国家质量监督检验检疫总局令第 100 号)》(2007 年)、《GB5296.3—2008 消费品使用说明：化妆品通用标签》(2008 年)、《化妆品命名规定》(2010 年)、《化妆品命名指南》(2010 年)等法律法规的相关要求来书写。所以，每份化妆品说明书都有一份化妆产品的成分全表，成分全且由专业术语或专业符号组成。譬如，玉兰油水养防晒美白霜的成分全表为："成分：水、胡莫柳酯、甘油、烟酰胺、丁基甲氧基二苯甲酰基甲烷、月桂酰肌氨酸异丙酯、奥克立林、苯基苯并咪唑磺酸、聚二甲基硅氧烷、异硬脂酸异丙酯、三乙醇胺、丙烯酸钠/丙烯酰二甲基牛磺酸钠共聚物、硬脂醇、异十六烷、鲸蜡醇、泛醇、二氧化钛、1,2 -己二醇、山嵛醇、辛甘醇、山梨坦硬脂酸酯、苯氧乙醇、卡波姆、生育酚乙酸酯、聚二甲基硅氧烷醇、香精、PEG - 100 硬脂酸酯、聚山梨醇酯- 80、鲸鱼硬脂醇、鲸蜡硬脂基葡糖苷、抗坏血酸磷酸酯钠、苯甲酸钠、EDTA 二钠、丁羟甲苯、棕榈酸、硬脂酸、丁二醇、丙二醇、库拉索芦荟叶提取物、CI19140、桑根提取物、川谷籽提取物"。便于市场监督管理部门的查验。

化妆品说明书的书写者与现实生活中的实际消费者，不是处于同一个时空现场，而是处于分裂现场。化妆品说明书的书写者，在书写说明书时面对的不是现实的实际消费者，而是从实际生活中的消费者概括总结出的"假想消费者"，根据"假想消费者"购买化妆品的共同特点来书写化妆品说明书。然而，现实生活中实际化妆品消费者在意欲购买化妆品时才开始阅读化妆品说明书。所以，化妆品说明书的书写者与现实生活中的实际消费者，共同拥有的是话语现场。化妆品说明书已经成稿并印刷在化妆品的外包装上了，实际消费者就化妆品外包装上的言语来了解产品，之后决定买还是不买。只是在店铺的化妆品柜台上或者美容院里，会伴随有情景现场，即售货员或者美容师会打开产品的试用装，一边观察产品，一边讲解，一边示范，让消费者在现实的产品使用中理解产品的说明内容、感受产品的实际效果，进而促成化妆品的购买行为。

经过上述讨论，化妆品说明书的语体构成原则可以归纳为：

1. 化妆品说明书的行事意图：

化妆品说明书的话语意图：显性“说明”意图，隐性“呼唤”意图，致使化妆品说明书频繁使用专业术语与褒义词。化妆品说明书的话语功能主要是“说明”，有时也选用描写与叙述来帮助说明。

2. 媒介方式：

书面化的口头表达，包括大量使用书面化词语——专业术语、行业用语、专有名词；有明显的文言表达倾向；敬辞“请”的运用。化妆品说明书的书面语言具有简洁、准确、规范、用词考究、语法简单等特点。

3. 化妆品说明书的人际方式：正式；有准备；双方处于分裂现场、话语现场、情景现场（在美容院或商场化妆品柜台时，伴随着情景现场）；看似独白，实为虚拟交互；一对多；强权威性；中等识解度等。

3.6.1.3 中文化妆品说明书的语言特点

许彩云（2014）认为“一个语体的形成是由言语行为意图、行为媒介和人际方式这三个维度的语体成分综合作用的结果，不同维度的语体成分的语体特征体现在不同的语言变异上；在同一个语体内，三个维度成分同时起作用，但在同一次言语活动中，不同语言成分可能是由不同维度的语体特征造成的，也可能是由几个维度的语体特征共同作用而形成的。”[①]化妆品说明书的语言特点

① 许彩云，汉语指令性语体研究，上海外国语大学博士论文，2014 年：47。

就是由说明性言语行为意图、行为媒介及人际方式三个维度的语体成分的语体特征相互作用而形成的，具有专业、准确、规范、简洁及美感体验等书面表达的特点。

A. 科学、专业、规范、准确

化妆品说明书的行事意图、媒介方式、人际方式三个维度的语体特征都要求化妆品说明书的用语要专业、规范、准确[①]，因此化妆品说明书大量使用了专业术语、行业用语和专有名词，处处体现了化妆品说明书的正式、专业、科学、权威。同时，法律的约束也在起作用。当今社会，法律的约束作用有时占有主导地位，常常超过了言语行为自身的要求。在化妆品说明书中，化妆品成分名称的书写方式依据的就是《GB5296.3—2008 消费品使用说明：化妆品通用标签》中的规定："标注的成分名称应采用《化妆品成分国际命名（INCI）中文译名》中的成分名称。如果该成分为《化妆品成分国际命名（INCI）中文译名》中没有覆盖的名称，可依次采用中华人民共和国药典的名称。"[②]例如，大宝 SOD 滋润霜的成分说明："成分：水、甘油、矿油、聚二甲基硅氧烷、矿脂、聚山梨醇酯-60、山梨坦硬脂酸酯、油橄榄果油（橄榄油）**、脱脂干牛奶（牛奶精华）**、超氧化物歧化酶（SOD）*、蜂蜜提取物**、1,2-戊醇、十三烷醇聚醚-9、鲸蜡醇、PEG-100 硬脂酸酯、PEG-40 氢化蓖麻油、DMDM 乙内酰脲、硬脂醇、卡波姆、羟苯甲酯、羟苯丙酯、香精、氢氧化钠、黄原胶、EDTA 二钠、丙烯酸（酯）类/C10-30 烷醇丙烯酸酯交联聚合物、丁羟甲苯、CI77891"。不管是产品成分名称、符号，还是排序都是按照规定书写的。法律的规定更体现了化妆品说明书语言的科学、专业、规范、准确的特点，同时

① 参见前文"5.6.1.2 化妆品说明书语篇多维语体特征"的论述。

② 中国国家标准化管理委员会，GB5296.3—2008 消费品使用说明：化妆品通用标签，北京：中国标准出版社年版，2008：3。

也增强了化妆品说明书信息的客观性与有效性。

B. 简洁性

化妆品说明书语言表达的简洁性主要由媒介方式这一语体特征决定的。化妆品说明书是通过印刷在化妆品包装盒上的书面语来传递产品信息的。化妆品包装盒面积有限,字数不能太多,要求其书面语言必须简洁,努力做到准确、规范。所以,化妆品说明书的语言普遍运用现在时、复合词、述宾结构,使用简单句、省略句、祈使句,有明显的文言表达倾向。如,大宝 SOD 滋润霜的部分说明内容:"使用方法:洁面后,取适量本品涂于面部和颈部轻轻按摩,帮助肌肤更充分吸收。保存方法:干燥处常温保存,避免强光直射。大宝关爱小贴士:由于每个人的肌肤特性各异,使用后如有不适,请暂停使用。"雅霜面霜的说明更是干脆简洁:"注意事项:仅供外用,如遇不适,请暂停使用。使用方法:早晚清洁皮肤后,取适量均匀涂于面部、颈部,按摩直至吸收。"在使用方法、保存方法的叙述中,不关注动作施事,关注时间连续性。

C. 美感体验

化妆品说明书显性"说明"意图的背后,还隐藏着一个隐性意图——"呼唤"意图,就是努力唤起消费者对化妆品的购买欲。化妆品说明书的效果说明部分,为了能够抓住潜在消费者对化妆产品功效的预期心理,赢得潜在消费大众的青睐,化妆品说明书常常会大量使用传达着强烈个人态度倾向的评价性词语,包括褒义词、评价性形容词等。尤其是,经常利用女性消费者对完美肌肤的期盼,在化妆品说明书中形象地勾勒出女性消费者向往的肌肤状态,紧紧抓住这些潜在消费者的心理。如,美加净品牌,白睡莲系列的水嫩美白霜的功效说明:

- 碧波睡莲养颜:白睡莲富含的黄酮、多酚等活性成分具有令肌肤水嫩盈泽的功效。

● 盈泽水嫩·美白亮颜：通过蒸馏净萃技术，提取白睡莲精华，充分保留其活性，为肌肤源源补充所需养分，迅速帮助缓解干燥、粗糙，令肌肤水嫩、通透。更添加白薇精华，能有效减少肌肤表面黑色素形成，减缓黯沉产生；同时赶走暗黄，提亮肤色，焕发自然白皙光彩。

● 亲肤配方·温润养肤：亲肤配方和柔润的乳霜质地，令营养成分更有效的被肌肤吸收。轻轻一抹，瓷白莹亮！

（美加净品牌，白睡莲系列的水嫩美白霜外包装）

化妆品说明书在介绍产品的功能时还会采取夹叙夹议的手段，来增强其说服力，广泛运用渗透着美好意义的性质形容词、动词、名词或祈使句等，以实现语言带来的美感体验及祈使功能，激发潜在的消费者采取相应的行动来选择和购买化妆品。如，大宝SOD滋润霜的产品功能介绍："SOD(超氧化物歧化酶)是人体内天然存在的抗氧化物质，具有优异的滋润、滋养、保湿等护肤功效，是健康肌肤不可缺少的成分。大宝系列护肤品所含SOD源自现代生物科技，具有温和亲肤等特点，帮助改善肌肤状态，让肌肤焕发健康光彩。"

3.6.1.4 中文化妆品说明书的语篇结构

化妆品说明书的语篇结构可以说是程式化的块状分条说明结构。化妆品说明书语篇结构不是一天两天形成的，而是一个历史的发展过程。

首先，化妆品说明书实施的是说明性言语行为，需要遵循说明性言语行为自身的发生过程及其要求。化妆品说明书的话语意图是"说明"，话语功能也是"说明"，要有效地实现"说明"这一言语行为意图，化妆品说明书必须把消费者希望了解的所有信息呈现出来，只有分条目呈现才是最清楚的，于是形成了条状信息模块,信息内容分条目说明。

其次,化妆品说明书还必须遵循《化妆品标识管理规定(国家质量监督检验检疫总局令第 100 号)》(2007 年)、《GB5296.3—2008 消费品使用说明:化妆品通用标签》(2008 年)等国家法律法规的规定,化妆品说明书写在哪里、写什么内容、怎么写、以什么样的言语形式进行表达,经过不断实践与完善,相关法规给出了程式化的规定。以前,化妆品说明不仅外包装上要有,还需在包装盒里附带一份《化妆品使用说明书》。自从上述两部法规都强调化妆品必须在外包装的展示面或可视面上强制性标注说明内容以后,化妆品说明书就以标识或标签的形式印刷或黏贴在产品的外包装上。这样,消费者在选购化妆产品时,不需要拆开外包装就可以获取,把产品信息了解清楚了。在内容的书写上,《GB5296.3—2008 消费品使用说明:化妆品通用标签》(2008 年)中对化妆品成分全表如何表达的规定如下:

化妆品成分表

6.4.1 在化妆品销售包装的可视面上应真实地标注化妆品全部成分的名称。

6.4.2 成分表应以"成分:"的引导语引出。

6.4.3 成分名称的标注顺序

6.4.3.1 成分表中成分名称应按加入量的降序列出。如果成分表中同一行标注两种或两种以上的成分名称时,在各个成分名称之间用"、"予以分开。

6.4.3.2 如果成分的加入量小于和等于 1%时,可以在加入量大于 1%的成分后面按任意顺序排列成分。

6.4.3.3 多色号的化妆品在标注着色剂时,应在成分表的结尾插入"可能含有的着色剂:"作为引导语,然后可以按任意顺序排列所有颜色范围的着色剂。”①

规定了必须将化妆品的所有成分名称都要列出；规定了格式——以条目“成分:”开始一段内容；规定了成分名称的书写排列顺序等程式化的要求。

化妆品外包装上的说明书语篇格式一般如下：

品牌与化妆品名称
净含量：……

产品成分：……
产品效果：……
使用方法：……
注意事项：……

生产单位名称与地址、产地：……
化妆品生产许可证编号与执行标准：……
生产批号与限期使用日期：……
防伪标识

根据化妆品外包装盒的大小，美观地分布在包装盒的不同的面上。②

① 中国国家标准化管理委员会，GB5296.3—2008 消费品使用说明：化妆品通用标签，北京：中国标准出版社，2008 年版：2。

② 可参见 4.6.1.2 中文化妆品说明书语篇多维语体特征的(二)行为媒介部分。

第四章　交互性语篇的多维语体特征

语体功能变量控制着语体类型。每一个语体功能变量都会对语体类型的形成产生一定的影响。刘大为(2013)认为“任何语体都是出于一定言语目的而对不同的行为方式,也就是不同的语体变量加以选择、组配和整合的结果。”[①]“语体的任何基础变量都能独自实现为一种抽象层次最高的语体——高层语体。”[②]对这种概括性较高的语体探讨,便于把一些语体类型集中起来讨论,并予以一定的理论分析与解释。交互性语篇是以交互性为基本特征概括出的高层语体语篇。我们将探讨汉语以交互性变量为主体的语篇类型以及相关的多维语体特征;还将研究基于交互性变量的特定语篇:淘宝语篇的多维语体特征与语篇结构、高端访谈语篇的多维语体特征与语篇结构。

交互,即说话人与听话人之间的互动。交互功能主要体现在人际活动中,从属于人际功能,突出表现在交际双方的“人际方式”这一语体成分上,是语体的基本变量,所以可以形成“交互性语体”。这是以“交互性”为基本特征概括出的上位语体,是种“理

① 刘大为,论语体与语体变量,当代修辞学,2013(3):1—22,第13页。

② 刘大为,论语体与语体变量,当代修辞学,2013(3):1—22,第14页。

论性的存在”。其实，在现实的言语活动中，由单一的变量形成的语体可以说几乎没有，基本上都是由多个变量组合而成的。“人际方式”这一语体成分大致可以分解出的语体特征为：现实交互/虚拟交互、正式/中等正式/非正式、庄重/中等庄重/非庄重、有准备/稍有准备/无准备、强亲近度/中等亲近度/弱亲近度、强权势度/中等权势度/弱权势度，等等；“交互性”可进一步分出：对话/独白。任一语体特征都可能会带来相应的语言变异，但是，较多的语言变异是众多语体特征的综合作用而导致的，而且这种语言变异在一种语体中是成格局的。

4.1　交互性语篇的语体研究综述

基于“交互性”变量的语体语篇研究，目前可以说是少之又少。根据关键词语“交互性语体语篇”，搜寻中国知网，显示的结果是：(1)纯粹从交互性变量角度研究语体语篇的，可以说是几乎没有。(2)从交互性及其他变量的角度，研究语体语法的有方梅、朱军、李秀明等。方梅(2013)经过大量的语体语篇的对比分析，发现：在不同的语体语篇中语法特征不同、语法的限制也不相同，对语法形式的解释亦不相同；语体特征可以主导一个语篇话语的语气种类与功能类型。“叙事语体里，体现事件过程的前景信息与体现时间、处所、方式和状态等内容的背景信息要采用不同的编码方式；而疑问、命令等出现于互动交际模式的语句，则有其相应的焦点和语气、情态要求。”[①]一些语法限制在某些语体中具有适应性，在另一些语体中不适应，但是有些语法限制则具有绝对适应性。语体相异，语法特征的分布相异，是受到了语气与情态在语法组合中的制约。语法形式的语义解释依靠语篇的语体特

① 方梅，谈语体特征的句法表现，当代修辞学，2013(2)：9—16。

征，例如，在交互性的言语表达中，“言域义”会经常出现。李秀明(2011)认为汉语的语法形式是受语体制约的，传介手段、交互、施为力是约束汉语语法形式的语用要素，“受事主语句、特殊的判断句、非主谓句型等有标记的句型、句式”①均是为了适应语体的需要，在具体语篇的语用要素敦促下做出的语法选择。朱军主要从事语体语法研究，近年来书写了十几篇相关论文，他与卢芸蓉合作先后发表了五篇语体语法的相关论文。朱军与卢芸蓉(2013、2014)的主要观点是：汉语语法在具体语篇中受到语体的制约，即使是常见的语法形式，在不同的语体中出现的频率也不尽相同。语体对语法的制约作用主要“表现为语体具有调适语法的作用、语体因素对语法具有锻造作用，制约形式则表现为语法现象的语体适应性变量、语法规律的语体解释力变量”②。(3)以交互性为变量研究语体的学者是谭晓云(2011)，她的主要观点是：形成语体的行事意图、媒介手段、行为方式这三个维度，决定了某类语体具体语篇的语言面貌。其中行为方式的交互变量，在语篇形成过程中对语言形式与语言要素的选择起至关重要的作用。“基于三个维度对学校教案进行语体学研究，发现教案作为一种微观语体，其交互性深刻地影响着它的语言方式，赋予教案语体以动态呈现，从而造成教案写作中的详本和简本、共性和个性。”③(4)研究某一语体中因“交互性”变量而产生的相关语言现象，这类论文大致有十几篇。其中最有代表性的论文是刘娅琼的《电视现场报道的语体特征浅析》和徐默凡的《网聊语体示情手段研究——兼论传介方式对不同语体示情手段的制约作用》。

① 李秀明，媒介·互动·施为力——从语用因素分析语体特征和句法结构的一种思路，绍兴文理学院学报，2011(1)：62—67。

② 朱军、卢芸蓉，语体与语法关系：制约与变量，云南师范大学学报，2013(4)：42—48。

③ 谭晓云，交互性：中学教案的语体学研究，修辞学习 2011(2)：32—43。

刘娅琼"以电视现场报道为研究对象，通过对比同一事件的电视现场报道与综合报道，发现：现场性、交互性、体验性等分别采用不同的语言手段来表现；指示成分与实据性成分的多少分别与报道的现场性成正、负相关关系；新闻报道的篇章推进方式受事态影响，通常情况下，现场报道多以空间关系来组织话语，而综合报道多以时间关系/事件相关信息来维系语篇；现场报道中叙事与描写的糅合，是报道者身兼多职的结果。文章从宏观和微观两个角度总结了电视现场报道的语体特征并证明了把语言特征与分类维度结合起来研究汉语语体的可行性。"①

(5)借助互动语言学的理论思想与分析框架，以现实生活中自然的真实会话语料为研究对象，来考察现代汉语语法在交互过程中的各种功能。虽然文章中没有直接出现"语体"这个术语，但都是对"交互性"这个变量下的语法现象进行的探讨和分析，代表学者有廖美珍和乐耀。廖美珍(2003、2004、2006、2009、2012)与他的学生罗桂花(2012)谢群(2013)的研究成果颇丰。廖美珍认为：人生活在互动关系中，语言只是人与人互动的形式(即互动的媒介)。人与人之所以互动是为了某种目的，"真正的互动是目的互动"②。目的存在于语言交流的各个层面；交际目的不同，在人际互动时会采取不同的策略、选择不同的结构。乐耀从互动交际的视角探讨了让步类同语式、"不是我说你"、北京口语中的引述类传信标记"人说"等语言现象，理清了在人际语言互动过程中作为"行为"的对话与以语言方式呈现出来的对话之间的联系。

综上所述，目前汉语语体语法研究尚处于探索阶段，基于交

① 刘娅琼，电视现场报道的语体特征浅析，当代修辞学，2012(6)：40—49。

② 廖美珍，目的原则和言语行为互动研究，外语学刊，2012(5)：23—30。

互性变量的语体语法研究更是刚刚开始。我们将从语体的概念入手，分别对传统语体概念基础上的语法研究，以及对语体进行重新界定或分类后的语法研究进行归纳、总结，努力尝试着寻找交互性语篇的语体要素，研究交互性语篇中语体要素对语言形式的制约，试图找出语体要素与语法使用之间的关系。

4.2 交互性语篇的语体分类

据《现代汉语词典(第六版)》，“交互”一词有三个义项[①]：(1)互相；(2)替换着，交替；(3)互相联系交流。我们在此使用的“交互”是第三个义项，交互，即交流互动。

4.2.1 交互性

前苏联著名哲学家巴赫金的“对话理论”认为：任何语体语篇均具备对话性，任何言语表达中均充斥着他人言语的回音；不仅言语具备对话性，而且在整个社会的文化层面均具备对话性。[②] “对话是语篇的实现过程和结果”[③]，是两个人或者很多人在言语交际过程中形成的连续言语片段。“对话性是语篇的本质特征，是实现语言功能的根本形式，可以说，一切语篇都具有对话性。”[④]人是生活在语言世界中的，也就是说，人类的许多活动都是靠说或者写来进行的。显性的对话是说话人与听话人的交流与沟通，可能是面对面的，也可能是分属于不同空间的通话、视频等，或者是分属在不同时间与空间的书信、短信、微信留言等。而写文章、写材料或者阅读文章、阅读材料时，看似是书写者/阅读者独立完成；其实，书写者下笔时会斟酌阅读对象的情况与需求，

---

① 现代汉语词典(第六版)，北京：商务印书馆，2014.5：646。

② 辛斌、赖彦，语篇互文性分析的理论与方法，当代修辞学，2010(3)：32—39。

③ 丁金国，语篇特征探析，当代修辞学，2014(1)：55—64。

④ 丁金国，语篇特征探析，当代修辞学，2014(1)：55—64。

阅读者阅读时也会关注书写背景与书写者的目的，这样的写与读可以说是隐性的对话。时间、空间同场与交互性是对话的基本条件，交互性受到时间与空间条件的限制。交互，肯定发生在交际双方处在相同的时间与空间之中；但是，如果双方处于同一个时间与空间中，交互却并不一定会发生，双方可能会交互，也可能没有交互，由此可以分出显性交互和隐性交互。显性交互是说话人与听话人面对面，你一言我一语地对话。由于文字的产生，对话的方式发生了变化，对话的形式也越来越丰富了。在书面语篇中，因为时间现场与空间现场的不同，交互性随之弱化为隐性交互。此类跨越时间与空间的语篇，似乎是“独白”，实为隐性的一人对多人的交互性对话。

交互主要体现在人际活动中，是说话人与听话人之间的互动（对话）。说话人说的任何一句话都要考虑到听话人的存在，话语的形成过程和意义的建构过程是在交际双方的共同努力下完成的。要完成这样的目标，就会需要各种各样的语体成分。贝尔（Bell，1984）提出了“受众设计”理论。该理论认为：针对不同的受众，说话人会选择不同的语音、不同的词汇、不同的语法等手段来传递信息；语体，实际上，就是说话人根据受众的不同对语言手段进行选择的结果。

交互性是语体语篇的基本特征，任何一个言语活动可以说都具有交互性，只是交互性的程度不同，有的强，有的弱。言语活动中“有一些不可忽视的条件决定着”[①]交互性是强还是弱（谭晓云，2011）：

A. 某个言语活动的进行是否要求有对话者。有的言语活动一定要有对话者才可以完成，而有的言语活动则不需要对话者，发话者就能独立完成。需要对话者的言语活动，交互性强；无需

① 谭晓云，交互性：中学教案的语体学研究，修辞学习，2011(2)：32—43。

对话者的言语活动，交互性弱，甚至为零。

B. 对话者的参与程度。对话者在言语活动中的参与有两种，一为交际双方同处于一个情景现场和话语现场中，双方全程积极主动地参与，对话者能够用语言直接给出反馈信息，也可以运用体态语给出一定的反应。例如，在课堂教学中，教师讲课，学生积极主动地参与其中。这种情况的言语活动，交互性极强。另一种情况是交际双方不处在同一个情景现场中，只处在同一个话语现场中，依靠文字、电话、视频等手段来传递信息。电话、视频、微信语音等，虽然说话人与听话人分出异地，但双方积极参与，互动频繁，交互性强。依靠文字来传递信息的言语活动，书写者"会根据读者的情况和他们可能会有的反应来选择与调节自己的语言表达，只不过这种反馈信息的获得是一种推断的结果，它所带来的交互性当然就比较弱了"①。

C. 对话者身份是否明确。在需要对话者积极参加的言语活动中，对话者身份的确定性会影响到交互性的强弱。对话者身份的确定性也是有程度差异的，一般来说，书信的接受者就是书信的对话者，其身份是明确的，确定性强；授课对象是一群学生或者学员，是授课的对话者，但他们的身份只有一个明确的范围，故授课的对话者的确定性弱于书信的对话者；社会讲座的受众（即对话者）的人员构成比较复杂，尽管有某些身份的约束，但是社会讲座受众的确定性还是比较低的。"确定性越强，发话者与受话者之间就越容易达到知识的共享——发话者就容易利用受话者的知识实现一些话语策略，受话者也容易利用发话者的知识更轻松地达到理解，交互性就会得到相应地加强"②。

D. 发话者与对话者倘若在一个情景现场中出现，双方的身

---

① 谭晓云，交互性：中学教案的语体学研究，修辞学习，2011(2)：32—43。

② 谭晓云，交互性：中学教案的语体学研究，修辞学习，2011(2)：32—43。

份是否可以互换，也就是发话者与对话者是否可以不断地由“我说你听”，变换为“你说我听”。双方的身份需要变换的言语活动，即你一言我一语的对话，交互性强；双方的身份无需变换的言语活动，交互性弱。

综上所述，可以归纳如下：

“A. 没有受话者的参与，交互性为零。B. 有受话者参与的情况下，现场性由外到内越强，交互性越强。C. 有受话者参与的情况下，确定性由泛指到确指越强，交互性越强。D. 受话者在现场内的情况下，发话者对他的话语越是依赖，交互性越强。E. 交互性有外在的交互性与内在的交互性的区别。”①

心理学与神经学已经证明：人有两个自我——自我$_1$ 和自我$_2$。当人自言自语或者写作的时候，就是自我$_1$ 在与自我$_2$ 进行对话。这时，自我$_1$ 一边思考着问题，一边探究着解决问题，努力用话语或者文字把思考的过程和结果固定下来。同时，自我$_2$ 参与着自我$_1$ 的整个言语活动过程，一边聆听着或者阅读着，一边提出反馈意见，致使自我$_1$ 不断修改和完善，从而自我$_1$ 的思路越来越明确和清晰。由是观之，在没有对话者的语体语篇中，交互性以这种特殊的方式存在着，我们认为两个自我的交互是自身交互，而跟自身之外的其他人的交互是外在交互。

另外，“交互性的强弱与语篇言语的完备性相关。”②某类语体的语篇具有怎样的言语特点，是由言语行为意图、传介手段和人际方式三个维度的语体行为要素综合作用的结果，但是人际方式

① 谭晓云，交互性：中学教案的语体学研究，修辞学习，2011(2)：32—43。
② 谭晓云，交互性：中学教案的语体学研究，修辞学习，2011(2)：32—43。

的交互性却非常重要。大致来说,交互性比较强的话,语篇言语的完备性弱;交互性比较弱的话,语篇言语的完备性强。语篇言语的完备性主要指“语篇的结构完整性、话语描述和背景交代的详尽性、句子在语言结构和语义表述上的严谨性、词语选择的准确性等特征”①。交互性强的话,受话者一方可以从现场的情景语境、非语言手段中捕捉到某些发话者的交际信息;通过话语语境,受话者可以与发话者建立共同的相关知识信息,受话者还可以从交流的话语中取得某种暗示,等等。那么言语的完备性就弱了。交互性弱的话,受话者只有从发话者语篇的话语、语篇的结构中推测出发话者所要表达的信息,就没有了情景语境、非语言手段等途径来获取更多的交流信息,这就要求发话者一定要保证传递信息的完全性、话语表述的准确性与清晰性、语篇结构的完整性等言语的完备性特点。

4.2.2 基于“交互性”变量的语体分类

某一语体是在某种言语行为意图下采取的特定行为方式,而特定的行为方式会产生特定的语体特征,即不同的语体是不同的语体特征互相选择、互相组配的结果。所以,我们按照语体特征的选择与组配来对交互性语体进行下位类型的区分。

交互性是语体的基本特征,任何一个言语活动可以说都具有交互性,由于言语活动的对象不同导致了交互性的隐、现不同,也就是说,有显性交互,也有隐性交互。显性交互是指说话人明确知道自己在跟谁说话,说话人与听话人可以在一个统一的现场中(如:人物访谈、各种面谈等),也可以在分裂现场(如:以文字传递的家信等等),还可以是局部现场(如:视频通话等)。隐性交互是指存在一种说话者与假想听众之间的虚拟对话。隐性交互中,说话人与听话人可以在统一现场(如:演讲、日记等),也可

---

① 谭晓云,交互性:中学教案的语体学研究,修辞学习,2011(2):32—43。

以在分裂现场(如：书写各种书籍、编写段子等)。言语活动中的交互性从时间上可以分出即时交互与延时交互。即时交互，是指说话人和听话人都在言说现场，并且有即时的话轮转换，但是电话、网络(QQ、MSN)等工具可以让不在现场的双方完成即时交互的言语交流。即时交互的说话人与听话人都在现场，这里的现场可以是时空同场，也可以是时间同场，或局部同场(电视转播)。

正如刘大为(2013)说得那样："最值得关注的人际关系是交互性与非交互性。有的言语活动没有直接的交互对象(但是并不妨碍言者可以交互性为话语策略而假设一个或一些交互对象)，有的有直接的交互对象但交互是不对等的，如演讲者与听讲者之间，前者可以用各种手段引导后者对话语的理解以至注意力的方向，也可从后者获得各种反馈信息以调整下一步的话语活动，而后者只是简单地配合前者完成言语活动，一般不会互换说和讲的角色关系；而必须互换角色关系才能将言语活动进行下去的就是对等的了，如争吵和协商中的双方。有了直接的交互对象，就有了交互的数量关系，例如一对一、一对多、多对一，甚至是多对多。交互场合的正式性也是人际关系的一种体现。从正式度很高的场合到正式度极低的场合是一个连续统，反映了人际之间从严肃、庄重到随意、轻松的关系变化，言者会选择不同的言语方式加以适应。与正式程度密切相关的是准备程度，它体现为言者对将要发生的言语活动的掌控欲望和计划水平。通常情况下准备程度与正式程度成正比。"①

上面的分类可描述为下面的特征层次和语体类型：

---

① 刘大为，论语体与语体变量，当代修辞学，2013(3)：1—22。

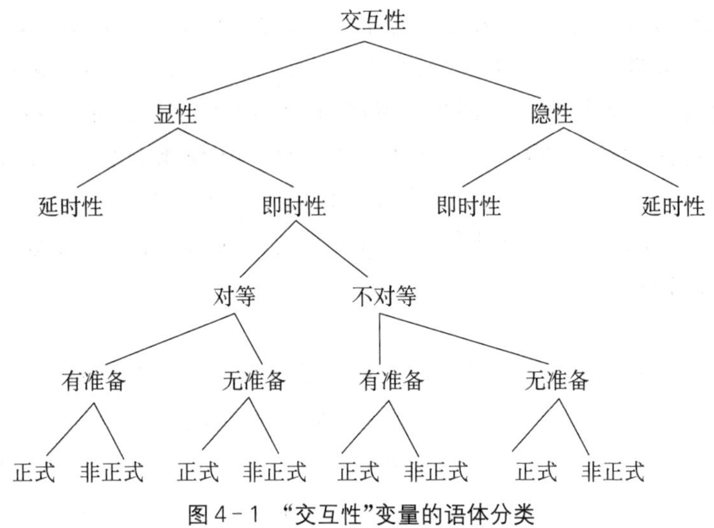

图 4－1 “交互性”变量的语体分类

我们根据显性/隐性、及时性/延时性、对等/不对等、有准备/无准备、正式/非正式、书面/口语这些“语体特征”，对交互性语体进行下位区分，将它们排列组合可得出交互性语体的下位语体类型。我们按照分析出来的语体特征进行组配，可以得到下列一些语体类型：

Ⅰ交互＋口头＋显性＋及时性＋对等＋有准备＋正式：谈判、赛场辩论

Ⅱ交互＋口头＋显性＋及时性＋对等＋有准备＋非正式：相声

Ⅲ交互＋口头＋显性＋及时性＋对等＋无准备＋非正式：随意的口语

Ⅳ交互＋口头＋显性＋及时性＋不对等＋有准备＋正式：演讲、讲座、报告、授课

Ⅴ交互＋口头＋显性＋延时性＋不对等＋有准备＋正式：电话会议、视频会议

Ⅵ交互＋口头＋隐性＋不对等＋无准备＋非正式：自言自语

Ⅶ交互＋书面＋显性＋及时性＋对等＋无准备＋非正式：网络文字聊天

Ⅷ交互＋书面＋显性＋延时性＋不对等＋有准备＋非正式：家信

Ⅸ交互＋书面＋隐性＋不对等＋有准备＋正式：博客、日志、著作、论文

Ⅹ交互＋书面＋隐性＋不对等＋有准备＋非正式：日记

不同研究者在研究语体时所选择的语体特征会有所不同。如：刘大为（2013）认为："电视现场报道所属的语体就必须起码是：

{叙事叙实、高识解度、强/弱有生性/描写}功能

{社会权位平等、知识权位顺向、正式、交互不对等、一对多}人际

{口说、传媒电视、现场情景现场}传介①

不管是研究还是应用，我们都能够分析研究任何数目的语体子变量与语体变量组合配置起来的语体。

人们在语言习得过程中，也习得了语体特征，逐渐建立起了不同类型的语体框架。语体一直在监控着人们的言语表达。语体的监控作用，主要是在人们进行言语活动时语体控制着人们的言语表达方式，致使语篇的话语不偏离某类语体的框架。语体的监控作用，可以说，跟言语行为意图一起开始。"表达伊始语体模型就不由自主地'冒'了出来，提示语体所属类型，甚至还提示言语的正式程度和风格的典雅程度等；语体作为语言运用中的语义

① 刘大为，论语体与语体变量，当代修辞学，2013(3)：1—22。

结构潜势,在言语事件中始终以交际‘语标’的身份,指引交际者进入话语场,引导言语行为的进行,并随时对话语的体式与格调进行调节。”[①]譬如,同一主题的文学作品,采取不同的体式来书写,风格是不同的,因为语体在背后起着监控作用。网上曾流行过将英文诗“You say that you love rain”翻译成汉语的自由诗、格律诗、甚至诗经体等等,同一个内容,但汉语诗歌下的小类的体式不同,呈现出的诗风迥异。请看英文诗原文:

You say that you love rain,
but you open your umbrella when it rains.
You say that you love the sun,
but you find a shadow spot when the sun shines.
You say that you love the wind,
But you close your windows when wind blows.
This is why I am afraid,
You say that you love me too. [②]

翻译成汉语,自由诗为:

你说你喜欢雨,但是下雨的时候你却撑开了伞;
你说你喜欢阳光,但当阳光播撒的时候,你却躲在阴凉之地;
你说你喜欢风,但清风扑面的时候,你却关上了窗户。
我害怕你对我也是如此之爱。[③]

---

① 丁金国,语篇特征探析,当代修辞学,2014(1):55—64。

② http://www.sohu.com/a/235129966_100024828.

③ http://www.sohu.com/a/235129966_100024828.

七言诗为：

恋雨却怕绣衣湿，喜日偏向树下倚。
欲风总把绮窗关，叫奴如何心付伊。[①]

诗经体为：

子言慕雨，启伞避之。子言好阳，寻荫拒之。
子言喜风，阖户离之。子言偕老，吾所畏之。[②]

虽然自由诗、格律诗、诗经都属于诗歌，主要意图是抒发作者的思想感情，媒介方式都是书面语，但是在当今时代这三种体式的人际方式是不同的。自由诗的人际方式具有中等正式程度、非庄重的语体特征；格律诗的人际方式具有正式、庄重的语体特征；诗经体的人际方式具有极正式、极庄重、典雅的语体特征。在这些语体特征的调控下，书写出来的诗歌的语言风格、用语习惯、句式的选择、平仄、押韵、字数、诗歌格式等都不相同，都是在各自的特点下形成的。这就是语体的监控在整个翻译过程中所起的作用。

4.3　交互性语篇的多维语体特征

每个言语交际活动的进行均由交际的目标、语境、内容、受众、媒介形式、表达方式及交际的效果等诸多方面共同作用完成的。我们发现能够从中抽取出一个言语活动的完成所必须的三

① http：//www.sohu.com/a/235129966_100024828.
② http：//www.sohu.com/a/235129966_100024828.

个基本维度：言语行为意图、行为媒介、人际方式。每一维度都能分解出许多特征，如功能类型有叙事、说明、描写等；传媒手段有文字、电话、微博等；人际方式有交互/独白、正式/非正式等。每一个特征都能形成一个相应的语体。但，现实的言语活动中，由单一特征形成的语体可以说几乎没有，基本上都是由多个特征组合而成的。

一个语体语篇的形成是“言语行为意图、行为媒介和人际方式”三个维度的语体成分综合作用而导致的，“不同维度的语体成分的语体特征体现在不同的语言变异上；在同一个语体内，三个维度语体成分同时起作用，但在同一个语篇内，不同语言成分可能是由不同维度的语体特征造成的，也可能是由几个维度的语体特征共同作用而形成的。”[①]称呼语，在有些语体中使用，而在有些语体中不使用。称呼语的使用主要是某些交互性语体的人际方式维度的特征要求，选取什么样的称呼语，取决于双方的亲近程度、权势程度如何，及发话者主动与受话者建立起良好的会话关系的交际策略。

我们将进行基于“交互性”语体成分的语体特征考察。交互即说话人与听话人之间的互动。交互功能主要体现在人际活动中，从属于人际功能，突出表现在交际双方的“人际方式”这一语体成分上。“人际方式”大致可以分解出：现实交互/虚拟交互、正式/中等正式/非正式、庄重/中等庄重/非庄重、有准备/稍有准备/无准备、强亲近度/中等亲近度/弱亲近度、强权势度/中等权势度/弱权势度，等等；“交互性”可进一步分出：对话/独白。任一语体特征都可能会带来相应的语言变异，但是，较多的语言变异是众多语体特征的综合作用而导致的，而且这种语言变异在一种语体语篇中是成格局的。

---

① 许彩云，汉语指令性语体研究，上海外国语大学博士论文，2014：47。

言语交际过程中，说话人说的任何一句话都要考虑到听话人的存在，话语的形成过程和意义的建构过程是在交际双方的共同努力下完成的。要完成这样的目的的话，就会出现各种各样的语体成分。“交互”语体要素对语言的使用提出怎样的要求，决定了一种语体的语言特征。要达到交互的目标的话，一定要有哪些语言成分；满足交互的要求，语言中必然会发生什么样的变异、出现什么样的成分；典型的交互语体一定会起什么作用；言语交际中，只要有交互的需求的话就会出现某些交互性成分——话语标记语、话题标记、比喻辞格、疑问句、祈使句等等。我们将寻找分析语体语篇的标识性特征、隐含性特征、倾向性特征。譬如，会话类语体语篇，发话者与受话者同处于一个情景语境中交流信息，突出新信息，旧信息往往由于语境而省略，故有交互性强、情景现场性等特点；而记叙类语体语篇注重故事或事情的发展过程及过程的完整，由此记叙类语篇注意信息结构的完整性。又如：

> 话语标记语从本质上可以说就是为交互性而形成的，发话者在交际过程中要引发受话者积极地参与到话语活动中来。话语标记语以明示的方式帮助受话者理解发话者的话语。话语交际要取得成功，不仅在于言者如何清晰地将自己的认识和主观态度表达出来，更在于这种认识能否更大限度地被受话者理解，能否在一种合适的人际关系中被对方接受。这样话语标记语就具有了交互主观性特点。[①]

4.3.1 交际对象

交际对象不同，语体选择不同。交互是说话者与受话者之间

---

① 许彩云，礼貌策略驱动下的汉语交互主观性考察，南京师范大学文学院学报，2013(4)：178—182。

的互动，所以在言语交际过程中，双方的人际方式起到了举足轻重的作用。贝尔(Bell，2001：140)提出“语言特征与特定社会集团之间的联系建构语体，因为人们对社会集团的评价通常会转移到该集团使用的语言特征上；语体标志人际关系或群体关系，它是一个互动的过程。语体变异来自社会评价，出自语言变异。”[①]所以，要顺利完成语言交际，就必须以受话者为中心来构建话语。说话者利用自己已有的语言资源针对受话者进行话语调整。针对不同的受话者，说话者根据具体情况精心地设计语体，选择不同的语音、不同的词汇、不同的语法等手段来传递信息。语体就是说话者根据受话者的不同对语言手段进行选择、设计的结果。

有这样两则消息，它们都是对北京市外科整形医生陈焕然先生的采访，采访的内容相同——变性手术，一则为阳光卫视的《人生在线》栏目撰写的，一则为《北京晨报》撰写的。由于两个媒体的宗旨、目标不同，面对不同的受众群体，撰写出的消息的语言风格大相径庭。

首先，针对不同的受众群体，这两则消息的标题设计不同。

阳光卫视的标题为“访‘造假’专家——陈焕然”[②]，《北京晨报》的标题为“疯子给另一个疯子做手术——变性大师的职业病”[③]。

阳光卫视是电视传媒，它的受众是高级知识分子、高职位与高收入群体，阳光卫视“定位于成为全球创作及分销中文资讯娱乐专题节目及品牌的领先者，致力于历史文化、人物、旅游、科技、

① Bell，A. *Back in Style*：*Reworking Audience Design*. Style and Sociolinguistic Variation. Eds. Eckert，P. and J. Rickford. Cambridge University Press，2001. 139－169.

② http：//ent. sina. com. cn/v/2001-11-14/63829. html.

③ http：//news. sina. com. cn/s/2002-03-17/0719511704. html.

健康、食品等专题节目的制作，其发展宗旨是以娱乐传播教育，借信息照亮生活。”[①]所以，阳光卫视的目标是努力通过多媒体分销的方式打造领先的文化品牌，引领文化。它的《人生在线》栏目由一个专业化的制作团队，秉持一贯专业认真的态度，以对话的模式，以理性、感性角度，倾情关注时代与人(精英人物、焦点人物、物色人物)。平等视角，深度挖掘，亦庄亦谐，展示风云人生。阳光卫视的受众布满全国的各大城市，受众群体的文化积淀较厚，视野比较开阔，思想也有一定深度，所以栏目的风格一般较为正式、典雅、庄重。因此，阳光卫视《人生在线》关于采访陈焕然的标题言简意赅，专业性强，而且正式，用“访”点明了即将进行的活动，标明了双方的关系是采访者(记者)与被采访者(陈焕然)的关系，预示着正文将采取陈述、介绍的方式展开。

然而《北京晨报》只是一份在当地发展很有起色的报纸，阅读量正呈现上升趋势，报纸的受众定位仅为北京城的普通大众，这就决定了报纸的言语表达要趋于口语化，努力迎合普通大众的口味。所以，《北京晨报》关于采访陈焕然的标题突出“变性大师”“疯子”“职业病”等，以博阅读者的眼球，引起阅读者的好奇心，满足普通大众的心理要求。《北京晨报》的标题具有非正式、口语化的特点。

其次，针对不同的受众，这两则消息采取了不同的表达方式。

阳光卫视采访陈焕然的消息开头是这样的：

变性人他作为社会的一个特殊的人群现在已经是一种客观存在了，而且他通过手术后能把自己的人生全都改变。变性手术也称为性别工程，它不单纯是医学技术本身的问题，更多还涉及

① http://baike.so.com/doc/5632864-5845488.html.

法制、道德、伦理、宗教，以及社会学等领域。[①]

用医生自己的话从学术角度来说明“变性手术”，“概念抽象，专业性强，语体正式，作者偏重于陈述事实，把所要报道的人物陈焕然推到了读者的面前，形成专家对读者的角色关系”[②]。

然而，《北京晨报》采访陈焕然的那则消息，视点不同，书写的方式就不一样。请看它的开场：

萌发采访陈焕然博士的念头是去年叶落的时候，结果发现对他了解得越多，越提笔难下。因为他的工作、观念甚至行为都离我们这些‘正常人’的‘正常生活’比较远，说明白了不容易，而稍有遗漏或没说清楚，就会弄得大家以为这个博士不是个好人——一个看见漂亮姑娘就想动刀子的人是好人吗？[③]

《北京晨报》的采访者把自己定位为故事的叙述者，而阅读者就是听众。开场书写的就是采访者即将采访陈焕然时的内心思绪，所以这段语言具有非正式、口语化的特点。

通过对这两则同一内容的新闻消息语体的分析，我们看到语体选择是发话者针对受话者的策略之一，反映了言语交流活动中发话者跟受话者、作者跟读者之间的交互关系。

4.3.2 正式程度

语体控制着语篇的语法选择。互动的日常口头对话大多是非正式的，而书面语大多是较为正式的，这一语体特征会带来一些相应的语言现象。吕叔湘先生在《现代汉语八百词》中提出“人

---

① http：//ent. sina. com. cn/v/2001-11-14/63829. html.

② 李经伟，语体转换与角色定位，解放军外国语学院学报，2003(1)：6—10。

③ http：//news. sina. com. cn/s/2002-03-17/0719511704. html.

称代词在修饰名词时，口语中，人称代词与名词之间经常不用‘的’”。崔希亮(1992)曾经探讨了“人称代词修饰名词时‘的’字的隐现问题”[①]，认为吕叔湘先生的说法跟实际语料不太符合。崔希亮的观点是“凡是口语中能够不用‘的’的句子，在书面语中也能够不用‘的’；同样，凡是口语中不可以用‘的’的，书面语中不一定就可以用”[②]。但是朱军、卢芸蓉(2013)提出：“的”的使用方法，在口语中跟书面语中几乎相同，只是口语中“的”的用法更随意些；人们在日常口头对话时，使用“的”抑或不使用“的”的现象更明显，这是由日常会话语体不太正式的特点决定的，是“非正式”语体特征对语法的要求。例如，来自日常口语对话的例子：

A. 我南京理工，法律专业。嗯，我幼儿园是部队幼儿园，真巧。

B. 本科毕业的，英语口语还行吧，个人的兴趣爱好嘛，唱歌啊、跳舞啊，嗯，还会画画。

例子A中“我幼儿园”，没有说成“我的幼儿园”，如果是较为正式的场合，中间就要加上“的”了。例子B中“个人的兴趣爱好”，定语与中心语之间有“的”，然而正式的场合不需要这个“的”。“口语体中‘的’使用的特点与典型口语体的非正式性语体特征是相适应的。”[③]

4.3.3　亲近程度

在日常口语会话过程中，常常会听到“咱俩(我们)谁跟谁

---

① 崔希亮，人称代词修饰名词时“的”的隐现问题考察，世界汉语教学，1992(3)

② 朱军、卢芸蓉，语体与语法关系：制约与变量，云南师范大学学报，2013(4)：42—48。

③ 朱军、卢芸蓉，语体与语法关系：制约与变量，云南师范大学学报，2013(4)：42—48。

啊?"之类的特殊反问句,同时说者满脸堆笑,还会发出拍打或拥抱对方的动作。可见,"咱们(我们)谁跟谁啊?"之类的句子,主要使用在关系特别亲近的人之间。例如:上周日,我去看一位相交了二十多年的老朋友小蒋,就把老家种的柿子提了一些。一进门,小蒋一边满面春风地拉我坐下,一边说道:"天哪,老许咋这么客气啊,老朋友了,咱俩谁跟谁?还拿东西来!哦,好久没见了,想死你了!"双手对我是又抱又拍。小蒋话中的"咱俩谁跟谁?",只是对"我带柿子去她家"的行为表示稍稍的反对,根本无需我的回应。正如朱军、卢芸蓉(2013)认为的那样:"'谁跟谁'、'哪儿跟哪儿'之类的话语跟别的否定形式的区别不只是表达发话者对话语内容的感情态度不同(都表示对对方行为或观点的否定态度),还表达了发话者交互主观性的不同,也就是,言语交流过程中发话者对受话者的关照程度及主动程度的不同。否定句的发话者在言语交流过程中不太关照受话者,也很少照顾受话者的感受;否定句往往在比较紧张的氛围中出现,而且发话者在运用否定的时候,一般来说,语速会有点快,语气有些重。然而,在运用'谁跟谁'、'哪儿跟哪儿'之类的短语时,发话者尽管对受话者的想法或行为不太认可,但仍会主动照顾受话者的心理感受,不直接使用否定词进行否定,也不使用比较重的否定形式,一直保持着亲密、愉快的交际氛围。'谁跟谁'、'哪儿跟哪儿'之类的短语表示话语否定的用法及其形成过程离不开会话语体交互性的语体特征的约束,在非交互性语体环境中没有办法形成这样的语用否定使用方式。"①

① 朱军、卢芸蓉,语体与语法关系:制约与变量,云南师范大学学报,2013(4):42—48

4.4　交互性特定语篇的多维语体特征研究

交互性语篇是以交互性为基本特征概括出的高层语体语篇，是以交互性语体特征为主体的语篇类型。汉语中，日常的交互性语篇可以说是不胜枚举，在此我们打算探讨近几年来充斥着日常生活的网上购物必须使用的淘宝语篇的多维语体特征、语体结构潜势及其语篇结构，并概括出淘宝语篇的语体规则；还将讨论电视媒体中的高端访谈语篇的多维语体特征、语体构成原则及其语篇结构。

4.4.1　淘宝语篇的多维语体特征

数字技术迅速发展的今天，我们已经进入了新媒体时代，可以随时随地接收和发送信息，利用数字技术、网络技术、移动技术传播的文字、短信、微博、微信等新的样式不断推陈出新。有了亚太地区较大的网络零售商圈——淘宝网后，我们可以足不出户地在家中购物，向淘宝网络平台上的卖家咨询产品信息，并跟淘宝卖家讨价还价。淘宝购物中，见不到“真人”，看到的是“亲，各种型号都有哦”“亲，价格是最低的啦”“亲，包邮噢”之类亲切、温馨的话语，却能逐渐消除购物者心中的顾虑，进而购买商品。那么，网络购物过程中的言语活动是怎样的？特点是什么？网络中的购物语言的规则是什么？如何在理论上进行解释？为此，我们收集了大量的网络淘宝买卖双方的交谈话语，从言语行为角度分析其语体特点、语篇结构以及归纳其语体规则。

淘宝会话语篇(简称以下“淘宝语篇”)是淘宝网上卖家和买家的对话方式。语体是一种语篇类型，“语体是实施某种类型的言语行为时所形成的语篇格局，即实施某种类型言语行为时，语言在使用方式及语言形式上所形成的成格局的话语模式。”[①]淘宝语篇是指淘宝网店客服与买家在线交流中形成的具有特殊话语模式的对话。

4.4.1.1 淘宝语篇研究综述

网上购物的兴起，淘宝会话语篇随之涌现，引起了研究者们的极大兴趣。依据知网论文分析显示，有关淘宝体的研究视角主要集中在淘宝语篇的语言特点、淘宝语篇的发展及具体字词研究三个方面。郭峥春（2012）从语言模因理论的角度分析，认为“淘宝体”是一种独特的语言模因现象，具备三个明显特征，即“简洁性、时尚性和权威主导性”[②]。杨勇（2014）用邢福义（1996）的语表—语里—语值“小三角”理论探索淘宝语篇的语体特征。[③] 曹艳琴、姚兆宏（2016）分析了“淘宝体”的语篇构式压制现象的认知机制。[④] 学者们用不同的理论分析了淘宝语篇的特点。除此以外，也涉及其他方面，如陈思行（2012）认为“在淘宝体的广泛使用下，不仅强化了淘宝体友善亲切的特点，同样在国际社会交往中，起到了缩短人际距离、增强人际关系的作用”[⑤]。从理论的角度探索淘宝语篇的意义，对淘宝语篇的发展运用进行了理论评价。在知网搜索到的期刊论文中都涉及“亲”的使用，其中有六篇是专门对淘宝语篇中称谓语“亲”的具体研究，而在分析淘宝语篇特征的文章里，“亲”的研究是必选项，也可见其重要性。刘玮娜（2012）、史李梅（2012）、王依忆（2014）等等的文章虽然所用理论不同，但是研究视角都是“亲”这个称谓语，都围绕“亲”的起源、发展、流行原因及其影响等因素进行了探讨。现今淘宝语篇的研究视

---

① 刘大为，论语体与语体变量，当代修辞学，2013(3)：1—22。

② 郭峥春，语言模因视角下的“淘宝体”，中北大学学报（社会科学版），2012(3)：8—9。

③ 杨勇，论“淘宝体”的语体特征及其发展趋势，学术界，2014(2)：171—179。

④ 曹艳琴、姚兆宏，基于语篇构式语法的“淘宝体”认知，新西部，2016(11)：103。

⑤ 陈思行，从社会语言学角度浅析网络流行文体，大众文艺，2012(20)。

角主要集中在它的语言使用特点上。这些研究都是静态地考察淘宝语篇的特征。我们以言语行为理论为指导，把网络淘宝活动看作是一个动态的言语交际活动，从言语行为意图、行为媒介、人际方式方面分析网络交易中淘宝对话语篇的语体特征及其语体结构潜势，归纳淘宝语篇的篇章结构模式，寻求淘宝语篇在语体构成要素上的规则，试图对淘宝语篇有个较为完整的认识。

4.4.1.2 淘宝语篇的语体特征

任何言语活动的实现具有三个必要条件：言语行为意图、行为媒介、人际方式，这也是语体的行为的必备构成要素。任何言语活动的实施都是这三个必要条件共同作用的结果，这三者形成了某种特定的话语模式格局。笔者试图从这三个必要条件上来分析淘宝语篇，分析其每一个必要条件的语体特征。

（一）言语行为意图

“言语行为意图是语体的行为必备要素之一，由话语意图类型和话语功能类型两个语体成分构成”①。话语意图是指说话人打算通过话语做什么事以及期许的目标。而话语功能是指说话人如何用话语实现其话语意图语言形式的功能范畴（如疑问、陈述、祈使等）。淘宝话语的发起者一般是买家，其意图主要是针对产品的性能、质量、价格以及评价等方面进行询问或评估。卖家的意图是通过话语说服买家消费。买家的话语功能是询问，通过疑问句来询问商品的相关信息；卖家的话语功能是陈述或说明，以促使买家购买商品。话语意图是买卖双方交谈的动力，同时也决定了淘宝语篇呈现出交互性与对话性的语体特征。下面请看一则淘宝网店卖家和买家就购买录音笔展开的对话：

① 许彩云，汉语指令性语体研究，上海外国语大学博士论文，2014：46。

例 1. 买家：在不　　　　　　　　　　　　　（打招呼）

卖家：在的呢 亲 有什么可以帮助您的呢　（回应并提供服务）

买家：这款质量怎样啊　　　　　　　　　　（询问产品质量）

卖家：你好亲

支持 7 天无理由退换货，三年包换新机，五年保修，可以放心使用。

质量都是检测好出库的，质量你放心　　　　（给出质量保证）

买家：可以便宜点吗？有神马优惠没啊　　（询问优惠条件）

卖家：现在活动价！满 98 减 5 元，满 188 减 10 元，满 368 减 20 元！

拍下系统自动减价！非常划算的！　　　　（列出优惠条件）

买家：好吧

卖家：嗯嗯

卖家：现在拍还有赠品＋包邮的哦！

亲！这款标配有：数据线，耳机，充电器说明书，保修卡，合格证，包装加强版额外送：移动电源＋绒布袋＋鱼骨绕线器＋擦机布＋运险费　　　　　　　　　　　　　　（给出更多优惠）

买家：嗯嗯　　　　　　　　　　　　　　（回应）

卖家：嗯嗯

需要拍下可以早点给您安排发走的哦　　　（回应并建议）

卖家：http：//item. taobao. com/item. htm? Scm ＝ 12306.300.0.0&id＝45261737999

这是链接哦　拍下可以早点给您安排走　（提供方便）

……

（http：//user. qzone. qq. com/1099439801/2）

买家的意图是希望买到一只物美价廉的录音笔，其通过“这款质量怎样啊”“可以便宜点吗、有神马优惠没啊”等一系列疑问语句来表达意图。卖家则一直围绕买家的问题快速应答，并不断地补充商品信息，以达到说服的目的。在回答商品质量时，卖家做出肯定且让人放心的回答："支持7天无理由退换货，三年包换新机，五年保修，可以放心使用，质量都是检测好出库的，质量你放心。"卖家用质量保证来说服买家购买商品。卖家还通过陈述商品的各种优惠条件以及提供拍货链接，进一步说服买家，希望卖家拍下这只录音笔。

淘宝网上买家与卖家话语意图的实现方式是"对话"，买家问，卖家答。答话过程中卖家一般使用陈述或描写性的话语呈现商品相关信息，且回答的迅速及时、全面，体现了卖家的诚意。可以说，卖家的态度也是实现卖家话语意图的一个方面。卖家"卖出商品"的意向性，促使他们选择能够拉近买家关系、打消买家心理顾虑的词语。卖家选用"亲"称呼买家，以及不断地使用"呢、哦"等语气词，让买家觉得卖家亲切、语气柔和、好商量。卖家要想成功实现交易，就要保证会话交流的质与量，还需礼貌得体，在尽可能短的时间内做出快捷、精准的回答，使买家称心如意。

反之，如果卖家的态度不谦和，他"卖出商品"的意向性就无法实现，导致交易的流失。下面一则对话是一顾客准备入手松下一烫睫毛的小电器时，淘宝卖家与该顾客的对话：

买家：掌柜的什么时候发货现在拍下

卖家：可以发货

买家：里面有送吗

卖家：我们不送小电池　只按原配出售　5号电池谁都买得起

买家：你说话怎么这么冲啊，我就随口问一句

卖家：嗯　我说话向来霸气

买家：得　我还不受你这霸气

卖家：卖真货　不需要对顾客　委婉奉承的　嗯　受不了绕行啊

买家：嗯　见识了　无理当霸气

卖家：在我这里　谈都不要谈　送东西　只要送　就是垃圾

（https：//www.douban.com/group/topic/83328394/）

买家只是问下是否送东西，卖家却语出不逊："5号电池谁都买得起""我说话向来霸气""不需要对顾客委婉奉承的，嗯，受不了绕行啊"、"在我这里，谈都不要谈。送东西，只要送，就是垃圾"①，气势汹汹，咄咄逼人，把买家气跑了，毁了一单生意。

（二）行为媒介

行为媒介是一个语体选择的言语手段，是语体成分之一。淘宝语篇是买卖双方在网络上以文字呈现的即时对话，换句话说，淘宝语篇的媒介是通过键盘敲击出的文字。因此，淘宝语篇具有"文字呈现的口语形式、非现场性、即时性"的语体特征。

淘宝语篇是网络交易买卖双方的对话。买家与卖家不在现实的同一空间商谈，而在虚拟的网络空间的同一个时间点进行信息交流，因此具有非现场性的特点。既然要买东西，谈妥就买，所以淘宝语篇具有即时性的特点。淘宝双方依靠电脑或手机网络传递信息，由于空间距离的限制只有依靠文字来沟通，他们拥有的是文字话语现场。即时的文字对话，由于键盘输入的特殊性，买卖双方的文字呈现出口语化的特点：语句简短、话语简洁；较多使用省略句式；使用字母、数字之类；语法常常不合规范；标点符号经常不用或错用；时常出现错字、别字……。但买卖双方大都

① 双引号内的标点符号是作者加的。

心领神会，顺畅交流。也正是这些言语的简缩形式，加快了淘宝网络中商谈的速度。

由于淘宝对话具有非现场性与口语化的特点，淘宝卖家选择了仅用于亲人、恋人或亲密朋友间的称谓语“亲爱的”的缩略昵称“亲”，来满足陌生人间需要被关爱的心理需求。“亲”，这一带有浓重私密感情色彩的称谓语，配上一些常用的语气词“哦、噢、吧……”，营造了一种亲切、轻松、愉快的交谈氛围，使买卖变成了愉悦的聊天。

另外，由于缺乏现场感，缺乏身势语的辅助，因而诞生了很多使用表情符号的弥补方式，即丰富的多模态表达手段，这些有趣的网络表情既简便又生动。一般来说，讨价还价时，由于单纯的语言形式缺乏温度，买卖双方都会积极地采用表情包来进行弥补。例如：“安慰小手的抚摸（）”动作表情。淘宝卖家给不了买家提出的要求时，文字“没有哎”之后附上这个表情包，就可以化解尴尬。因为卖家如果直接拒绝，很可能让买家不高兴；如果礼貌委婉表达，又需要长时间回复。而表情包的使用，可以安抚买家“脆弱的小心脏”，不会使买家感到一丝的不悦。微笑表情（）是最常用的，任何时候都能够使用，可以缓解异常氛围，减弱严肃性。

（三）人际方式

任何一种言语行为施行时，交际双方会呈现出该行为特有的人际方式。人际方式既是语体的行为要素，也是语体成分。网络淘宝过程中，淘宝客服人员与淘宝者是临时建立起来的买卖关系，淘宝客服是卖家，淘宝者是买家。买卖双方地位平等，但淘宝客服人员关于所售商品的知识量大大多于淘宝者，二者实际上地位是不对等的。也就是说，淘宝语篇具有“知识高权位”的语体特征。因此淘宝客服人员在对商品的了解上是有准备的，但他准备的是商品信息，而非具体的每句话，我们将其归为中等准备程度。优秀的淘宝客服售前会进行三方面的准备：(1)熟悉所售产品的规格、特性及卖点；(2)对店面销售活动的了解；(3)淘宝客服心态的调整与客服话术的准备。另一方面，淘宝买家也很清楚自己打算买什么物品，购买之前也会了解欲购商品的信息，有了某种程度的准备。所以，整个商品交易过程都是买家询问，卖家回答。网络淘宝最重要的语体特征是交互性，看似虚拟，却又真实存在的网络人际对话。对话过程中，淘宝客服人员倾向于努力与买家建立一种亲近的关系，营造轻松愉快的购物会话环境。淘宝客服的一句温馨问好或者一个可爱的表情包，能够使淘宝买家从心里感觉到自己正在从人的手上买东西，人是温情的，而不是冷冰冰、漠不关心的电子产品。这样有利于淘宝买家脱离开头的小心翼翼的购物状态，便于树立淘宝卖家的友好形象，从而易于成交。甚至，买家再次购物时会优先选择这些他们了解的店铺。因此，淘宝语篇呈现出强亲近度、非正式等语体特征。

由上可见，从人际方式角度来考察，淘宝语篇具有“交互性、知识权位、中等准备程度、强亲近度、非正式”等语体特征。这些语体特征在每一次具体网络淘宝过程中都会落实到所使用的字词、句式以及整个篇章段落上。请看下列一段淘宝对话：

2. 买家：我来光顾了　　(打招呼)
卖家：你好　亲　呵呵　　(打招呼)
买家：L码有货吗　　(买家询问)
卖家：有货的　亲亲　　(卖家回答)
买家：正品吗　仿的我不要哦　　(买家询问)
卖家：正品的　亲　质量您可以放心的　　(卖家回答)
买家：到江苏包个邮呗　　(买家要求)
卖家：亲　好滴　　(卖家回答)

买家：价格？ （买家询问）
卖家：165 亲[微笑表情包] （卖家回答）
买家：5块钱 买的是回头客 （买家还价）
卖家：现在折扣 最低价了 亲
都便宜卖了 亲 希望您可以理解哦 （卖家回答）
买家：亲 少赚5块钱 请我喝一瓶
营养快线 160了 （买家还价）
卖家：一定要好评哦 （卖家要求）
买家：好了 88 明天发货吧 （买家询问）
卖家：明天尽量帮您发 亲亲 （卖家回答）
买家：ok （回应）
卖家：88 （结束语）

（一次淘宝购物对话）

交互性是淘宝语篇最显著的语体特征之一，在具体的网络淘宝中体现为对话性。电子产品作为传媒手段为人们网络交易提供了简便、轻松的购物方式，购物活动是双向言语沟通的过程，淘宝话语的产生是买卖双方相互作用，共同合作的结果。正如例2中，买家一询问，卖家就及时亲切地回答买家的问题并积极地给出相关意见，这一点是卖家为自身利益所驱，必须对买家提问应有的反应。为了达到各自的目的，就形成了这种相互依存的对话关系。

淘宝语篇的“交互性、知识权位、中等准备程度”等语体特征，决定了买家提出问题，卖家来回答。同时在句式的选择上，淘宝买家一般使用疑问句来询问卖家信息，卖家一般用陈述句陈述产品特点，说服买家消费。双方使用的大多数是“短平快”的短句，只传递信息的焦点，简捷明了，直达语意。双方使用的句子简短且一般无标点，这样既节省了时间，又快捷有效，体现了非正式交流的随意性。网络淘宝的对话是一对一的交流，买家与卖家一问一答，以平等的身份进行对话。

淘宝语篇具有强亲近度。亲近度是人与人之间的亲近程度，淘宝语篇特有的称谓语“亲”和语气词“哦、吗”等的运用就体现了这一点。称谓语能够呈现人与人之间的社会关系及其在社会中所承担的角色。“亲”，在日常生活中一般只用于亲人、爱人等极亲密的关系中。而网络淘宝客服对买家称“亲”，是努力拉近与买家的距离。如例 2 中，“亲”就呈现了九遍，买家只说了两遍，卖家却说了七遍。卖家第一次与买家打招呼就使用了“亲”，有时还使用“亲亲”，努力建造亲切愉快的氛围；“亲”的反复使用明显地规避了卖家提出要求与拒绝买家要求时的强硬态度，显示了卖家友善的诚意。一个“亲”字，既省时、省力，消除了陌生感，又避免了买卖双方可能出现的冲突，还可以达到劝服买家购买商品的目的。淘宝语篇中，语气词与“亲”具备同样的功能，如例 2：18 个话轮中的 11 个话轮出现了 15 个语气词，“仿的我不要哦”“明天发货吧”“一定要好评哦”等等，这些语气词的使用，增强了语言的可接受性，舒缓了语气，含蓄地表示了各自的要求，同时呈现出友好的态度。“亲”和语气词的使用，增强了双方的亲近度。而，强亲近度导致了对话的随意性，进而使卖买双方得以以商会友。因此，昵称和语气词的使用体现了淘宝语篇具有强亲近度、非正式的语体特征，同时也体现了交互性语体特征。淘宝语篇的语言特征不是由某一个语体特征决定的，而是所有语体特征共同作用的结果。

4.4.1.3 淘宝语篇的语体结构潜势

“语体是由言语行为方式向语篇类型变迁的结果，是特定社会行为方式的特征最终积淀在某类语篇形态中的结果”[①]。语体

---

① 许彩云，汉语指令性语体研究，上海外国语大学博士论文，2014：51。

结构潜势就是某类语体的言语行为结构。某语体的行为结构在语言层面上的投射就形成了该语体的语篇结构。任何语体都有自己的语体结构潜势。[①] 语体结构潜势是形成某类语体语篇的来源，由此类语篇语义的必要成分、可选成分、可反复成分构成。淘宝语篇的语体结构潜势则是淘宝网上买家与卖家的对话行为结构，是“淘宝”这一类语体的语篇所拥有的共同结构。它投射到语言层面上就形成了淘宝语篇的语篇结构。根据前文的分析结果：“淘宝”的言语行为意图是“买家在购买商品之前咨询评估商品信息，卖家要说服买家购买商品”；“淘宝”的行为媒介是“即时的文字呈现的口语形式”；“淘宝”的人际方式是“买卖双方平等的关系，卖方商品信息的占有量多于买方，中等准备程度，强亲近度，非正式”。网络“淘宝”在其言语行为意图、行为媒介、人际方式的共同作用下形成了淘宝语体结构潜势。请见图4－2(见下页。)

淘宝语体结构潜势的必要成分是“完成该言语行为所必须的，可选成分和可重复成分虽然不能影响总体的交际功能，却可以影响语篇的适切性，影响语篇交际的质量”[②]，甚至影响交际的效果。

4.4.1.4 淘宝语篇结构

语体的语篇结构是语体的行为结构在语言层面的投射，即语体结构潜势通过一定的语篇形式在语言层面上的固定。所以淘宝语篇的语篇结构是淘宝语体结构潜势转变为文本的结果。淘宝体的语篇结构是：

---

① 许彩云，汉语指令性语体研究，上海外国语大学博士论文，2014：49。

② 许彩云，汉语指令性语体研究，上海外国语大学博士论文，2014：57。

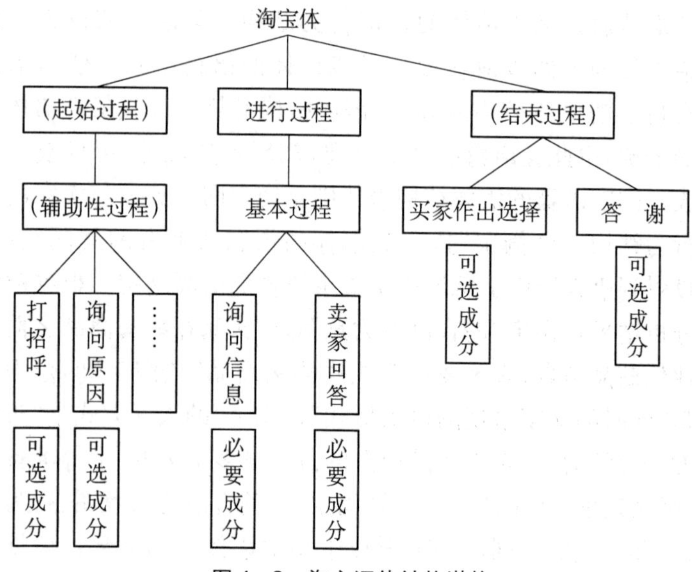

图4-2　淘宝语体结构潜势

买家：(打招呼)
卖家：(回应)
买家：[询问商品信息]
卖家：[回答商品信息]
买家：……
卖家：……
卖家：[补充商品信息]
买家：(提出要求)
卖家：(回答顾客要求)
买家：(调侃)
买家：……
卖家：……
买家：(结束语)

卖家：（回应）

＊注："[　]"表示必要成分，"()"表示可选成分，"……"表示询问（调侃）或回答的内容

徐赳赳（2010）认为"网聊篇章的典型整体结构可以分为开头→正题→结尾三个部分"[①]。开头打招呼、结尾告别，在特定情况下是可以省略的。"买家询问信息、卖家回答信息"这两个是淘宝对话必不可少的关键环节，是必备成分，一问一答就是一个话轮。整个"淘宝"过程，就是这"问与答"的不断反复。所以这两个必要成分也是可反复成分。"打招呼、买家调侃、卖家提出要求、结束语"等是可选成分，同时也是可重复成分，它们有利于对话交流的有效进行。淘宝体语篇的一大特点就是必要成分和可选成分都可以不断地反复运用。淘宝语体结构潜势中的必要成分，构成了淘宝体语篇的基本结构。淘宝语体中的可选成分，构成了淘宝体语篇的外围结构。

淘宝语篇是依赖于网络文字的口语形式，这种新的口语体，语篇结构具有一定的灵活性。淘宝对话语篇中除了打招呼、说再见之外，其他各成分的顺序不是固定的，没有严格的要求。买家是先询问商品信息，还是先提出要求，还是先调侃……取决于买家购物的习惯。

综上所述，我们认为淘宝语篇是淘宝网上买卖双方成功合作的语体范式，其语体规则概括如下：

1. 淘宝意图：

买方意图：购买物品，询问物品性能并进行评估；话语上多为询问。

卖家意图：说服买家消费，真诚地卖商品；话语选择陈述或

① 徐赳赳，现代汉语篇章语言学，北京：商务印书馆，2010年版：165。

说明。

2. 媒介形式：网络上以文字呈现的对话，非现场性，即时性，口语化，多模态表达手段；少用标点符合。

3. 人际方式：

(1) 淘宝客服是卖家，淘宝者是买家，一对一；

(2) 非正式；

(3) 卖家一直努力地跟买家建立亲近的关系：使用标志词——称呼语“亲”、大量使用语气词、表情图片等。

这些规则互相牵制，共同作用，构建了淘宝语篇的特有模式。如：正因为淘宝卖家要卖出商品；非现场性；口语化；卖家一直在努力地与买家建立亲近关系……这些因素的共同作用下，淘宝语篇中“亲”的使用达到极致，使“亲”成为淘宝语篇的标志词。

淘宝语篇最初形成于淘宝网络，是在信息化、便捷化、全民化的时代下产生和兴起的。其明快、亲切、可爱的特点被广大网民所接受，该语体形式迅速扩张到了社会其他领域，尤其是交互形式领域。当某种语言形式在社会上取得某种高度认同，该形式成为一种强势或显赫形式，该形式便会进入扩张通道，在社会其他领域出现。淘宝语篇的扩展作为一种语言形式演变的自然现象，其背后的扩张动因是受到众多年轻人的喜欢，它开始改变社交群体中某些人的言语方式，甚至扩展到了某些部门信息发布的话语风格。如：“亲，请按交通信号灯通行哦！”[①]“亲：不要闯红灯哟！”[②]这些是不同城市立在道路十字路口的“淘宝体”警示语。除此之外，还有外交部微博淘宝语篇招聘信息、警方淘宝语篇、南京理工大学淘宝语篇录取短信、城管淘宝语篇……官方淘宝语篇。这些政府部门为了让民众能够接纳，通过特定的标志词“亲”“哦、

① http://www.china.com.cn/news/txt/2012-08/24/content_26322531.htm.

② http://blog.sina.com.cn/s/blog_8047ba000100tfd7.html.

呢”之类的语气词，变更了他们在交际中的主体位置，至少表面上这些部门的权力被削弱了，进而强调了他们的亲民态度，一改往日话语的刻板、严肃的特点，温情款款，清新宜人，缓解了不同阶层间的嫌隙，增加了这些社会执政部门的友善。又如：微信朋友圈中“各位亲，帮忙给小侄女 8333 号×××投一票哈，直接点就行哦。谢谢亲们[玫瑰][玫瑰][玫瑰]”。微信圈里的朋友为了让他的朋友们帮亲戚投票，选用了人们耳熟能详的“淘宝体”借此委婉表达请求的意愿。这也体现了淘宝语篇的温馨腻味的言语风格和表情方式。虽然淘宝语篇与其他网络流行语体一样，只盛行一时，但它亲切可爱、简洁明快的风格丰富了我们的日常言语生活，在某种程度上促进了经济和社会的和谐发展。如上所述，淘宝语篇是指淘宝网店客服与买家在线交流中所形成的“问—答”型对话模式。我们从言语行为意图、行为媒介、人际方式三个维度分析出淘宝语篇具有“买家咨询评估商品信息、卖家说服买家购买商品；文字呈现的口语形式、非现场性、即时性；交互性、知识权位、稍有准备、强亲近度、非正式”等语体特征，探讨了淘宝的语体结构潜势，归纳了淘宝语篇的篇章结构与语体规则。尽管淘宝卖家的意向性是“卖出商品”，但是在淘宝语体特征的综合作用下，淘宝卖家在整个对话过程中实施的是情感诉求策略，努力在陌生人间建构亲切友善的关系，所以称谓语“亲”成了淘宝语篇的标志词，大量的语气词和表情包也成了淘宝语篇特定的使用手段。同时，淘宝语篇的情感诉求策略也是淘宝语篇的言语方式迅速扩张到其他言语交际领域的动因。

4.4.2　高端访谈语篇的多维语体特征

高端访谈是针对某领域的佼佼者或某方面的权威人士进行的访问与交谈。高端访谈节目是以获取参与嘉宾的相关信息为目的的具有较高表演性的对话栏目。高端访谈的栏目主持人通过跟受访嘉宾面对面的谈话，就某个主题进行较为深入、严肃地理性探讨，他们的讨论具有智慧性与严肃性。整个访谈需要经过精心缜密的策划。访谈之前，从思想到材料双方都需要做好充分的准备。高端访谈语篇指一次完整的访谈所形成的话语。

4.4.2.1 高端访谈语篇研究文献综述

纵观以往的研究，大多是对访谈节目的会话分析或访谈语体特征的分析以及与其他节目不同语体的比较。崔智英（2011）的博士论文从语用的特点与话语的角色、问答结构等对访谈节目进行了探讨，同时还探讨了访谈中的互动和礼貌原则等特点。[①] 郝建秀（2015）分析口译者视角下的英语口语，尤其考察了访谈语体中谈话内容自由、句法多变、信息模糊等特点；并认为译员需随机应变，抓准重点，准确记忆，以克服访谈体的这些特点给口译带来的困难。[②] 针对高端访谈的研究，大多数都是以传播学为视点来探讨高端访谈节目的传播角色（秦鹏，2006）、高端访谈节目的提问方式体现出的高端知性（陈茜、曲玮婷，2015）、高端访谈节目的主持艺术（董伦峰、周洪波，2006）、高端访谈节目的语言品格分析（邓文卿，2017）以及高端访谈节目的成功因素分析（许娅，2015）；从语言学角度探讨的比较少。我们将以言语行为理论为视点以《杨澜访谈录》为例探讨高端访谈语篇，从高端访谈语篇的语体性质出发研究高端访谈语篇的多维语体特征，努力归纳出高端访谈语体的构成原则。

4.4.2.2 高端访谈语篇多维语体特征

语体是语篇的类型，高端访谈语篇隶属于访谈语体。访谈语体指的是实施访谈类言语行为时主、宾双方的对话在语言形式与使用方式上所形成的话语格局。每项言语交际活动的进行都是交际的目标、语境、内容、对象、媒介方式、表达方式及交际的效果

① 崔智英，访谈节目语体特征研究，复旦大学，汉语言文学专业博士论文，2011年。

② 郝建秀，以访谈为例浅析汉语口语体的交替传译，海外英语，2015(5)：159—160.

等诸多因素共同作用完成的。“这些因素综合作用所形成的言语表达特征成系统地长期固定下来，最终形成相对固定的话语格局；这相对固定的话语格局就是语体”[①]。我们发现能够从中抽取出一个言语活动的完成所必须的三个基本维度：言语行为意图、行为媒介、人际方式，这三个维度就是语体的行为要素。“任何一类言语行为的实施都是这三个维度的要求共同作用的结果，彼此之间必定会形成一种相互配合的格局”[②]。

高端访谈的特点集中体现在“高端”上，即话题的高端、立意的高端、主持人与嘉宾的高端。高端访谈的话题“普遍定位在国内外重大新闻事件、社会热点问题、国计民生重大决策等高大上主题，或者对话金融、文化、企业等领域成功人士，讲述这些精英人物成功背后的故事”[③]。其话题主要瞄准广大受众的精神层面。高端访谈的立意在于引领社会风尚、引导社会价值观、预见社会及行业发展趋势、塑造民众精神、彰显嘉宾的人格魅力。高端访谈的主持人都是业界知名主持，嘉宾是某领域的佼佼者或某方面的权威人士，具有很强的权威性。高端访谈的主持人与嘉宾间的谈话都是经过充分酝酿的，所以高端访谈的话语策略具有其独特性，运用提问来展开、推进、引导话题以实现高端访谈的预期效果。整个高端访谈过程最大程度地确保主持人提问的有效性，最大限度地增加每次回答的信息量。高端访谈的话语不论是词语，还是句式，都比一般访谈的话语要正式得多、庄重得多。当高端访谈言语行为实施时，高端访谈语体行为要素决定了访谈语体成分，“每一个语体成分都可以分解出多个语体特征；每一个语体特征都会带来相应的语言变异，但是，更多的语言变异是由多维语

---

① 许彩云，汉语指令性语体研究，上海外国语大学博士论文，2014：46.

② 许彩云，汉语指令性语体研究，上海外国语大学博士论文，2014：44.

③ 宁延玲，《高端访谈》电视节目品牌建设研究，东南传播，2018(9)：131—135.

体特征的综合作用而导致的，而且这种语言变异是成格局的"[①]。表4-1(见下页)直观地展示了高端访谈这一言语活动的三个维度的语体特征以及相应的语言要素。

下面主要通过语体的三个行为要素及相关语体理论来多维分析高端访谈语篇的语体特征。

4.4.2.2.1　言语行为意图

语体的行为要素之一是言语行为意图，主要由话语意图类型和话语功能类型两个语体成分构成。言语行为意图也就是发话者运用语言所要完成的目的。"话语功能是指发话者如何使用话语来实现做某事，即发话，如何安排话语的结构来完成言语活动的"[②]。高端访谈旨在为观众提供信息，是具有表演性的模拟谈话。由于高端访谈话题的高端性与采访对象的高端性导致整个谈话具有目的性和战略性，参与者之间的角色是固定的，不能随意转换话题，谈话内容也受到限制，主持人会引导嘉宾畅谈提前所设定的话题，嘉宾也会予以积极的配合。

高端访谈的意图也体现在节目的定位上。高端访谈的定位在"高端"，主、宾双方均为高端人物，谈论的是高端话题。高端话题采用的是焦点性话题，以突出话题的新闻性与唯一性。焦点性话题以历史的厚度与广度，从人或事件看到其背后的人与社会的相互作用，寻找人类智慧的光明，追求思想的深刻内涵与文化的深厚底蕴。这样的节目定位要求主持人必须是一名善于沟通的对话者。主持人与嘉宾交浅而言深，故主持人采用独特的提问策略，绵里藏针，优雅温和而又深刻隽永地剖析嘉宾的内心。

以《杨澜访谈录》为例，高端访谈的意图是通过主持人之口向权威人士问观众之想问，嘉宾则尽可能地提供观众欲知信息。整

---

① 许彩云，汉语指令性语体研究，上海外国语大学博士论文，2014：47.

② 许彩云，汉语指令性语体研究，上海外国语大学博士论文，2014：47.

表 4－1　高端访谈多维语体特征及语言要素表

<table>
<tr><th>语体行为要素</th><th>语体成分</th><th colspan="3">语体特征</th><th>语言要素</th></tr>
<tr><td rowspan="2">行为意图</td><td>话语意图类型</td><td colspan="3">获取信息</td><td>语篇主题：焦点性话题</td></tr>
<tr><td>话语功能类型</td><td colspan="3">询问;陈述</td><td>问答式语篇结构</td></tr>
<tr><td rowspan="2">行为媒介</td><td rowspan="2">言语手段</td><td rowspan="2">口传</td><td rowspan="2">现场性</td><td>时空同场</td><td rowspan="2">书面化口语
即问即答</td></tr>
<tr><td>话语现场</td></tr>
<tr><td rowspan="6">人际方式</td><td rowspan="6">人际方式</td><td colspan="3">正式程度：＋正式</td><td rowspan="6">书面化词语、完整句式
句型的选择
语气、语调的选择
话语标记
陈述的表达
称呼语的选择</td></tr>
<tr><td colspan="3">庄重程度：＋庄重</td></tr>
<tr><td colspan="3">准备程度：＋有准备</td></tr>
<tr><td rowspan="2">交互性</td><td>现实交互性</td><td>对话</td></tr>
<tr><td>数量</td><td>一对一</td></tr>
<tr><td>权势度</td><td colspan="2">强权威</td></tr>
</table>

个访谈过程通过多个询问和回答相串联，呈现出问答式的语篇结构。高端访谈节目缺乏一般综艺节目的娱乐性，但它具有一般谈话节目所没有的表演性，因此可以说高端访谈是口语语体中的一个独特子类，话题展开的方式是主持人主导型的主宾互动方式。例如：

(1) 杨澜：……比如说茂物协定未能有效实施，是否是因为这些协议没有较大的约束力？

李显龙：在合作过程中，我们 APEC 合作并非是依靠合约来约束的，而是各成员经济体自愿提出所愿意做的事情。……。

杨澜：……。那您觉得两者之间是否存在竞争或博弈的因素？

李显龙：当然有一些竞争，也有一些重叠，但是是不得已的，……。

杨澜：而另外一个现实呢，……，这是否反映了新加坡的一种自我认知，同时全球一体化对于新加坡而又有怎样的意义？

李显龙：我们也没有其他的选择！……。

访谈中，杨澜始终占据主导，通过一环扣一环的问题不断地要求嘉宾李显龙从不同的方面来陈述观点。主持人的问题对于嘉宾而言是非常具有挑战性的，嘉宾针对这些问题并未做出正面的回答，而是进行了迂回的有效回复。主持人在提问过程中，也是需要根据嘉宾的回答来调整下一个问题的。如“另外一个现实呢”就是针对嘉宾的回答进行的延伸提问，同时也将话题进行了有效地链接，这样主持人就能够始终把握谈话的总体方向，一直能够将话题引领在正题上。

高端访谈需在有限的时间里深度挖掘嘉宾的信息，主持人的每一次提问都希望得到嘉宾的有效回答，话轮分配上主、宾基本差不多。话轮是指具有交际功能的且具有意义的话语，通过话轮的维持、交替能够形成完整的对话。同时，话轮还代表着话语权，如果失去这一权利，那么对话也就结束了。

表 4-2 《杨澜访谈录》中所选语料的话轮数

名字	杨澜	姚明	杨澜	王力宏	杨澜	李显龙	杨澜	朴槿惠
话轮数	53	54	44	49	21	22	12	12

从表 4-2 观察可见，访谈中，主持人和嘉宾的话轮数量相差无几，说明杨澜访谈中嘉宾与主持人互动良好。主持人简单地提问，嘉宾随之对问题进行回答，一问一答，话轮数分配合理。高端访谈需要保证嘉宾的话轮数，因此很少出现如日常谈话时常见的话轮把持和话轮维持[①]现象。

控制、安排话轮也是非常重要的。高端访谈主持人由于控制节目的时间，把握话题中心，有时会发生打断或提前结束话轮的现象，以引导嘉宾不偏离主旨话题。比如在采访王力宏时，杨澜向王力宏提出音乐是如何帮助他找到自己的身份时，王力宏从自己小时候说起，此时杨澜打断话头，请嘉宾从改写《龙的传人》说起，王力宏也很配合地开始了新的话轮。

高端访谈的行事意图是从高端嘉宾处获取有效的权威信息，选取的是焦点性高端话题。主持人需努力设置巧妙的问题，控制、安排好话轮，问观众想问之问题来获取信息；嘉宾则认真应对，尽可能输出观众想要的信息。这样通过主、宾问答的方式逐步满足观众对嘉宾的好奇，最后在和谐的环境下结束访谈，主、宾双方的言语意图得到了实现，也最终实现了高端访谈的语体行事意图。

① 薛媛、刘吉林，访谈会话中话轮把持的语言标记及其语境顺应性，四川外语学院学报，2008(6)：79—83。

4.4.2.2.2 行为媒介

某类言语行为的施行需要选择一定的言语手段来表达。高端访谈大多是在电视节目中进行的，在特定设置的场景中主持人与嘉宾保有一定距离，相对而坐，侃侃而谈。在实施高端访谈言语行为时，主、宾双方均选取口头表达的方式。主持人与嘉宾处于同一个现场中，主持人即问嘉宾即答。高端访谈的主持人在有限的时间内要从这些重量级的公众人物处，挖掘更深更有价值的信息，努力满足观众更高的思想追求①，问题的设置就显得尤为重要。主持人需要观照人性的温暖与一份好奇，像老朋友一样真诚开启嘉宾的快乐回忆，关心嘉宾的真实状况，努力使嘉宾畅所欲言。由于受访嘉宾多为名人政要的公众人物，即使是娱乐明星，也是重量级别的，所以他们在回答问题时选用的是书面化的口头语言。词、句的选择上比较慎重，很少出现网络语词；措辞谨慎，简洁易懂，使得访谈过程严谨而不失亲切。如例(1)中的李显龙的回答既让人觉得有一国领导人的风范，又有长者的亲切感。

高端访谈无论是直播还是录播，主持人与嘉宾都会考虑到观众的关注点，假设观众就在谈话现场，尽量给出观众所需要的信息。所以无论何时何地，观众以何种方式观看访谈节目，主持人、嘉宾和观众都被设定同处于一个时空现场中。在这种谈话的环境中，高端访谈语体一个突出的特点就是其所使用的言语手段与日常谈话语体是不同的。一方面受到“高端”身份的制约，另一方面又要考虑到观众的理解程度，因此主宾双方使用的词语大多准确简洁，语法结构规范，句子逻辑清晰，内容表达较为详细。譬如，一般在采访国家政要人物时，主、宾使用的都是准确的词语，规范的句式。嘉宾的回答在体现国家领导人思维方式的同时又

① 张恒军、冯洋，《杨澜访谈录》节目主持人语言艺术探究，当代传播，2012(5)：108—110。

照顾到普通观众的接受程度，即使是经济、军事、科技等专业领域的问题，嘉宾也会用观众易于理解的话语陈述和说明。如例(2)：

(2) 杨澜：……我想知道这样的一种新的业务的拓展会对韩国的经济和金融带来什么改变？

朴槿惠：……，不仅会进一步巩固韩中两国之间金融和货币方面的合作，也会成为韩国金融市场进一步成长的重要契机。……从企业立场上讲，这有助于减少交易成本，还可以减少汇率成本，因此长期来看，将进一步扩大对中国的贸易。

高端访谈语体由于访谈对象位高权重的独特身份，形成了书面化的口语表达方式，既有口语的亲切感，又有书面语的严整性，是口语与书面语相融合的口头表达方式。

4.4.2.2.3 人际方式

人际方式不仅是语体行为要素，也是语体成分。高端访谈所呈现出的人际关系的关键在"高端"，主持人"高端"，嘉宾"高端"。高端访谈的主持人均是新闻媒介的知名主持人，具有极高的个人魅力。譬如杨澜，她不论是学历、学识，还是主持风格、应变能力及分析问题的能力，都是首屈一指的。杨澜访谈录一直打造"知性"主持人形象，坚持着采访人物的高端、话题的高端及国际视野，形成了"杨澜"品牌效应。高端访谈的嘉宾是政治、文化、经济等方面的领军人才，普通大众平时无法接触到的"大人物"。所以，高端访谈的主持人与嘉宾的语言上，虽然有点滴的情感显现，但是更多呈现出的是理性思辨的特点。由于高端访谈主持人是公众媒体的知名主持人，受访嘉宾更是某领域的佼佼者或某方面的知名人士或政界要领等，主宾双方都是有身份的人。所以，高端访谈的人际方式具有：正式、庄重、有准备、现场交互性、强权威性等语体特征。这些语体特征落实到语言层面就是嘉宾对词语、句式句型和语气语调的选择以及主宾双方称呼语的选用。

A. 嘉宾对词语、句式句型和语气语调的选择

高端访谈的每期嘉宾各不相同，有着“铁打的主持人，流水的嘉宾”的特点，固定主持人的话语方式和主持风格基本不变，但每个嘉宾的话语方式各不相同。尽管嘉宾不同，谈吐风格不同，但是他们都具有相同的语体特征：正式、庄重和准备充分。

(3) “杨澜：我想问您，您觉得只有这四个字“高薪养廉”这么简单吗？

李显龙：我看高薪可能使人家产生很强的反感……”①

(4) “杨澜：那既然是‘毕业之旅’，如果有一篇毕业论文的话，您觉得这个主题会是什么？

吴伯雄：我觉得文化方面是两岸联系的一个非常重要的脐带，过去我们架了一座桥，是经贸方面的一座桥，现在我们应该再加上文化方面的一座桥。因为两岸都属于炎黄子孙，同文同种。所谓同种就是同样的血缘，同样的祖先；同文就是有同样的文化背景。虽然两岸过去的发展在文化上有所差异，但是正好我们可以互相观摩，截长补短、相辅相成，所以我觉得这次这个论坛是非常有意义的一次。”②

(5) “杨澜：在您写的 20 多本书中，您为什么说《她们的世界》是最重要的一本？

卡特：……因为对女性的虐待是世界所面临的最为严重的人道主义问题。很少有领导人愿意承认并采取行动去纠正这个问

① 杨澜，杨澜访谈录之刀锋之上，南京：译林出版社，2016 年版：12。

② 杨澜，杨澜访谈录之为政，上海：上海三联书店，2011 年版：4。

题，这是每一个国家都存在的问题，比如……”①

无论是简单的短句还是严谨的长句，嘉宾的答话基本上是书面化语言，例（3）中的“反感”，例（4）中的“炎黄子孙，同文同种”“互相观摩，截长补短、相辅相成”，例（5）中的“人道主义”等。有些句子尽管长且复杂，但是表意是明确的。嘉宾与主持人还常常会使用关联词语，“因为……所以……”，“不仅……而且……”，“虽然……但是……”之类，这种表达使得句子完整、严密，表意充分。不论是政界要员还是体育、娱乐界的明星，他们的回答和表述都很正式和庄重，网络语和流行语基本不出现。

由于嘉宾的“高端”身份，导致高端访谈的嘉宾在节目中主要是理性地阐述与说明问题，而非感性地表达，所以高端访谈的嘉宾在接受访谈时，话语的语气、语调的选择基本上是陈述或祈使，很少或基本没有感叹句。而主持人的询问类型包含了一般疑问句、是非问句、特殊问句等多种提问方式，但嘉宾的回答都是陈述句。这与高端访谈语体的言语行事意图与嘉宾的特殊身份相关。嘉宾在受访之前，节目组会提前让嘉宾过目问题，特别是在采访政府领导人时，所提的问题需要经过各种审核，以避免敏感话题的出现。嘉宾受访时只需提供观众想知道且自身能够提供的信息即可，无需过多表达自身的主观感受，故多为陈述句，很少或没有感叹等类型的句子。

高端访谈语体的正式程度、庄重程度和准备程度都是比较高的，所以高端访谈语体广泛使用陈述句，多选择书面化词语（包括专业术语）、完整句式与复句。

B. 主宾双方称呼语的选用

由主持人、嘉宾所使用的称呼语，可以看出高端访谈语体语

① 杨澜，杨澜访谈录之刀锋之上，南京：译林出版社，2016 年版：12。

篇是一对一的现实性交互，具有权威性与适中的亲近度。

a. 主持人使用的称呼语

高端访谈的主持人的社会地位本身就比较高，主持人对嘉宾的称呼取决于嘉宾自身的地位与主持人地位的高低相较。

表4-3 《杨澜访谈录》主持人使用称呼语情况统计①

数量词语	你	您	你们	先生
总数	603	136	6	3
总平均数	54.818	12.363	0.545	0.272

主持人对年辈较尊者的嘉宾，使用敬称“您”，以凸显正式与庄重。嘉宾是国家领导人时，用职位名称来称呼最为恰当。如：

(6) 李总理非常感谢您接受我的访问！(李显龙)

(7) 朴总统您好！(朴槿惠)

有时也会以职业、职务来称呼，在采访著名导演张艺谋时，会以“张导”称呼，在采访“柳传志”时，会以“柳总”称呼。职业称呼、职务称呼和官职称呼，都是地位和权利的象征，体现了强权威性。对于地位相当者，主持人一般选择“你、你们”这类亲近度适中的称呼语；若在名称后加先生或职称则是为了表达尊敬。

通常情况下，“先生”一词多在访谈的开头或结尾处使用，中间很少使用。如：

(8) 在这里，我即将采访新加坡现任总理李显龙先生。(李显龙)

① 崔智英，访谈节目语体特征研究，复旦大学，汉语言文学专业博士论文，2011：49。

(9) 我很久以前采访香港一位词作家，叫黄霑先生。(王力宏)

例(8)就是在访谈的开头使用的。而(9)则是在采访中提到他人，主持人为表达对黄霑的敬意而使用“先生”一词。

主持人称呼嘉宾的姓名或昵称的情况很少，一般使用在嘉宾上场时的打招呼上，或者表达对嘉宾的感谢与祝愿时。如：

(10) 远征非常感谢你来到《杨澜访谈录》。(冯远征)

(11) 好，谢谢你力宏！(王力宏)

(10)(11)是访谈节目刚开始时，主持人省略姓氏直呼嘉宾的名字的后两个字，以示亲近。以姓名称呼嘉宾出现的情况是：①正常出现于访谈的开头和即将结束的时候；②问候、祝愿的时候；③嘉宾多为娱乐明星；④较少直接使用嘉宾的全名，一般为嘉宾的名字的后两个字。无论是否对嘉宾直呼其名，都可明显看出：高端访谈语体有着适中的亲近度，使人既不觉得陌生疏离，又不觉得过于亲昵。

b. 嘉宾使用的称呼语

表 4-4 《杨澜访谈录》嘉宾的称呼语使用情况[①]

数量词语	你	您	你们	先生
总数	540	0	18	0
总平均数	49.909	0	1.636	0

嘉宾最常用的是“你”，其次是“你们”，基本不用“您”。高端访谈的嘉宾选择的称呼语多以“你、你们”为主，因为高端访谈的

① 崔智英，访谈节目语体特征研究，复旦大学，汉语言文学专业博士论文，2011：52。

嘉宾地位基本高于主持人。

一般来说，嘉宾在陈述、回答问题时，并不需要用“你”，但却使用了多次。如：

(12) 我说应该寻找一个方式，他说你有什么方式？(冯远征)

例(12)中嘉宾使用“你”不是作为称呼用语，而是为了方便陈述客观事实而使用，此时“你”实为“我”，是汉语表达的一个常见现象。嘉宾在使用“你们”时，往往指的是某个集体，例如：

(13) 我看更重要的是中国能否完成你们现所做的结构性调整……(李显龙)

通过以上分析可以得出：职业称呼、职务称呼和官职称呼，体现了高端访谈的权威性。一般情况下，在整个访谈中主宾双方使用的称呼语以“你、你们”最多。高端访谈，形式上看似主宾两人的谈话，实际上却是通过电视播放给观众看的公开谈话，因此不会出现私人谈话时的亲昵称呼，中性称呼成为必然的选择，这也体现了高端访谈语体具有适中亲近度的语体特征。

4.4.2.3 高端访谈语篇的语体构成原则

访谈语体指的是实施访谈类言语行为时主、宾双方的话语在语言形式与使用方式上所形成的话语格局。高端访谈与一般访谈都是访谈语体的下位类。高端访谈与一般访谈的不同在于访谈对象与访谈话题的不同。高端访谈的受访对象是精英人物，选择的是焦点性话题，注重话题的新闻性与唯一性；一般访谈的受访对象是有故事的社会各阶层人士，多为普通大众，话题偏向于情感类。高端访谈通过主持人与嘉宾的谈话真诚地与受众分享了“世界的宽度、理性的深度、人性的温度”[①]。针对某领域的佼佼者或某方面的权威人士而进行的高端访谈，其语体构成原则总结如下：

① 高端访谈的行事意图：

高端定位：主持人与嘉宾均是“高端”人物，谈论“高端”话题。高端话题具有焦点性、新闻性与唯一性。

主持人意图：获取信息，尽可能地从嘉宾处深度挖掘信息；话语以问句为主，注意问题的设置，使用各种类型的提问方式，逻辑性强。受访嘉宾意图：尽可能地给出主持人与观众所需信息；话语以陈述、说明为主。

② 媒介方式：书面化的口头表达，包括书面化词语（包括专业术语）、完整句式、复句等，简洁明快，文采奕奕，逻辑严密，理性思辨。

③ 人际方式：高端主持人与高端嘉宾，决定了高端访谈具有正式、庄重、有准备、一对一、现场交互性、强权威性、中等亲近度等语体特征。

一个语体的形成是由言语行为意图、行为媒介和人际方式“这三个维度的语体成分综合作用的结果，不同维度的语体成分的语体特征体现在不同的语言变异上。在同一个语体内，三个维度成分同时起作用，但在同一次言语活动中，不同语言成分可能是由不同维度的语体特征造成的，也可能是由几个维度的语体特征共同作用而形成的”[②]。每一个高端访谈语篇的形成都是每一次具体的行事意图、行为媒介和人际方式共同作用的结果。

---

① 张恒军、冯洋，《杨澜访谈录》节目主持人语言艺术探究，当代传播，2012(5)：108—110。

② 许彩云，汉语指令性语体研究，上海外国语大学博士论文，2014：47。

4.4.2.4　高端访谈的语篇结构

"语体的语篇结构就是语体结构潜势转变为文本的结果，即用一定的语篇结构将其显示出来并得到语言形式的固定。"[①]高端访谈语篇隶属于访谈语体，其语篇结构与访谈语体大致相同。访谈语体的语篇结构是实施访谈言语行为时，用一定的语篇结构将访谈时主持人和采访嘉宾的对话行为显示出来，并且得到了语言形式上的固定，历经一定时间的约定俗成，进而形成"问题——解决"式的程式化语篇格局。"问题——解决"式，也就是，访谈时主持人抛出问题，受访嘉宾策略性地回答问题；"如果受访嘉宾的回答没有达到一定的满意度，主持人就需要从不同角度再追加提问；直到主持人认为嘉宾对同一话题的回答是'成功的'或者是相对满意的，才进行其他后续话题的提问与回答"[②]。尽管不同类型的访谈节目定位不同、采访的对象不同、主持的风格不同、问题的设置不同，但是其言语行为的目的、手段、方式是相同的，所以会呈现出大致相同的语篇格式。下面我们以《杨澜访谈录》为例进行语篇结构分析。

杨澜访谈录——xx 嘉宾

大家好！欢迎收看《杨澜访谈录》。	（开场白）
对嘉宾的相关背景介绍（主持人旁白）。	[人物介绍]
杨澜：xx 你好，很高兴你上我们的节目/很高兴采访您！	（打招呼）
嘉宾：主持人好/您好！	
杨澜：第一个话题	[提问]
嘉宾：……	[回答]

① 许彩云，汉语指令性语体研究，上海外国语大学博士论文，2014：51。

② 崔燕，深度访谈的语篇特点及合作技巧，学理论，2012(12)：158—159。

杨澜：……	[提问]
嘉宾：……	[回答]
……	[话题制造]
多个话轮展开	
……	
杨澜：谢谢 xx/谢谢 xx 接受专访。	
对本次的访谈内容进行概括总结 （多为感慨、思考或展望）。	[访谈总结]
好，感谢你收看本期的《杨澜访谈录》， 我们下期/下周再见！	（结束语）

（注："()"表示可选成分，"[]"表示必有成分）

整体结构概括为：

① 访谈开始：欢迎语与对嘉宾的介绍。

② 展开话题（主问宾答）：以话轮方式展开，形成话题链。

③ 访谈结束：致谢语。

《杨澜访谈录》的程式化语篇格式为：基本结构（必有成分）是中心话题、人物介绍、话轮的进行；外围结构（可选成分）是开场白、结束语和访谈总结。标题是杨澜访谈录＋xxx（有时会有副标题），仅仅起到提出嘉宾的作用（副标题有时会点出此次访谈的主旨）。由此可以看出，访谈语篇是由访谈语体结构潜势的必有成分决定的，可选成分只能对访谈语篇的完整性产生影响。但也正是这三个成分的相互作用，才共同构建了访谈语体的语篇。

"语篇结构是由语体结构潜势造成的，有什么样的语体结构潜势就会呈现什么样的语篇结构，所以同一语体具有相同的语篇结构。当某一语体约定俗成地文本化时，语体的结构潜势就文本化为该类语体的语篇结构。某类语体的具体语篇都是从该类语体结构潜势中进行选择而固定的结果。”[①]

访谈语体已经文本化为一种固定的“问题——解决”式语篇结构，具有语篇的所有特点。访谈语篇的必有成分为“人物介绍、提问、回答、话题制造、访谈总结”五个部分，是访谈语体结构潜势中的语体必有成分，它们构成了访谈语体的基本结构。访谈语体的可选成分有“打招呼、开场白、结束语”三个部分，共同构成了访谈语体的外围结构。访谈语体的基本结构与外围结构构成了访谈语体的语篇结构。

① 许彩云，汉语指令性语体研究，上海外国语大学博士论文，2014：50。

第五章 汉语语篇多维语体特征研究的教学应用

汉语语篇多维语体特征研究的成果，不仅可以为本族人也可以为外族人提供汉语某类语体语篇的撰写规则，还可以应用到中小学语文的语体写作教学、大学某些专业的语体写作教学以及留学生的语体写作教学中去，为汉语某类语体语篇的写作教学提供理论参考。

5.1 语体教学[①]

语体是语篇的类型，是实施某种类型言语行为时所形成的语篇格局，即实施某种类型言语行为时，语言在使用方式及语言形式上所形成的成格局的话语模式。正如金立鑫(2012)认为的那样："事实上，语体规则每时每刻都在控制着书写者。任何人执笔开始书写任一文本时，不管是选词还是造句，所有涉及生成任一句子之时，书写者就已经进入到了一个受语体规则制约的系统中，当他选定所要书写的文本语体类型之后，语体规则就开始在线监控书写者的每一个用词、每一个句子的生成。一般情况下，

① 许彩云，汉语指令性语体研究，上海外国语大学博士论文，2014：6.2。

书写者要想突破语体规则的任何控制均属不易”[①]。所以，我们在母语语文教学的中级阶段和高级阶段（中学、大学、研究生），尤其是写作教学中，应该建立以语体为核心的教学体系，培养和提升学生们的语体能力，让学生书写出符合语体的语篇。

语体教学是建立在语体分析基础上的，它把语体分析理论自觉地运用到语文教学中去，围绕语篇的意义结构开展教学。语体教学通过分析不同语体语篇所具有的多维语体特征和语篇结构，使学生意识到语篇建构的社会意义；指导学生了解语篇的建构过程，掌握所学语体的核心语体特征，掌握各类语体语篇的意义结构，培养学生发现不同语体之间的结构与形式的差异，帮助学生更好地理解并创作出符合特定语体要求的语篇来。

5.1.1 语体教学文献综述

语体教学主要是指以语体学为指导理论的语文教学。我国现代语体学研究始于 20 世纪 50 年代中期。随着现代语体学研究的发展，有些语言学家于 20 世纪 80 年代，开始注意到语体与语文教学实践的问题。1980 年，王德春在《论语体》中提出：“在语文教学中，语体理论可以指导编选教材和改进教学方法，更有效地提高学生使用语言的能力。”[②]常敬宇（1994）也认为“为了实现汉语（语文）教学的总任务和总目标，必须进行教学改革，以语体为纲进行教学。这样汉语课才能学以致用。”[③]但是，在我国，语体教学理论被广泛地应用于英语写作教学和对外汉语教学实践，应用于母语教学却稍逊色。

强调对外汉语语体教学的主要有两类意见及研究成果：

---

① 金立鑫、白水振，语体学在语言学中的地位及其研究方法，当代修辞学，2012(6)：23—33。

② 王德春，论语体，语言教学与研究，1980(1)：67—79。

③ 张海洲，近三十年语体教学研究综述，内蒙古师范大学学报（教育科学版），2007(6)：72—76。

A. 以语体发生和个体语体能力的发展为基础，强调对外汉语教学中的语体意识。如，盛炎(1994)、丁金国(1997、1999)、李春泉(2002)、李泉(2004)、于灵子(2005)等。B. 提出在教学实践上，建立基于语体的语体能力和汉语言知识的教学模式。如，申修言(1996)、张德禄(2002)、冯胜利(2003)、张莹(2005)、吴越(2007)、曾毅平(2009)等。

母语语体教学方面的主要有三种意见及研究成果：A. 培养语体意识，建立语体教学体系。如，常敬宇(1994)、张海洲(2007a、2007b)、丁金国(2008)、赖冰咏(2010)等。B. 关注不同年龄段的语体习得。如，李建芳(1998)、潘世松(2005a、2005b)等。C. 语体写作教学。如，高佳俊(1994)、杨淑云(2004)、郭杏芳与付景芳(2005)、姚雅丽(2008)等。

5.1.2　语体写作教学模式

马丁(1992，2003)认为“任何一个语篇都是为了实现某一交际目的而产生的，不同的交际目的决定了不同的语类，会出现不同的语义成分和语言特征；也就是说，在不同的语类中，语言的三个纯理功能，即概念功能、人际功能和语篇功能的配置也会随之不同”①。20 世纪 80 年代在马丁语类理论的引领下，语类(体裁)教学法在美国、澳大利亚等英语国家流行起来。国内也有学者将这种教学法运用于英语写作教学实践，并展开了一系列的教学实践探讨，如秦秀白(2000)，方琰、方艳华(2002)，张德禄(2002)，易兴霞(2004)，蔡慧萍、方琰(2007)等。

语类结构潜势，其实就是我们第一章 1.7.1 讨论的语体结构潜势。我们积极提倡以语体结构潜势为核心的写作教学观念。因为语体结构潜势是指同一语体中语篇结构具有相似性，也就是

---

① 蔡慧萍、方琰，语类结构潜势理论与英语写作教学模式实践研究，浙江海洋学院学报(人文科学版)，2007(4)：72—78。

说，属于同一语体的语篇结构都是从这类语体的结构潜势中进行选择的结果。我们认为语体结构潜势的建立有助于讲授语体的语篇结构，并把功能看作是形成语篇的因素之一。这种教学模式，以培养语体能力为教学核心，强调建立语体类型意识，意在提高学生的母语写作能力。我们在 Hasan 的语体结构潜势（GSP）理论基础上，试图建构汉语语体写作教学模式，在教学实践中努力让学生掌握不同语体的语篇结构，能够书写出具体的不同类型的语体语篇，培养学生们的各种语体语篇的书写能力。语体写作教学模式可以有效地完成语体写作所关注的写作目标：A. 某种类型语体的结构潜势（语体语篇的语义框架）；B. 采取何种言语表达手段；C. 如何将准备好的材料与已选择的言语手段组织成篇。

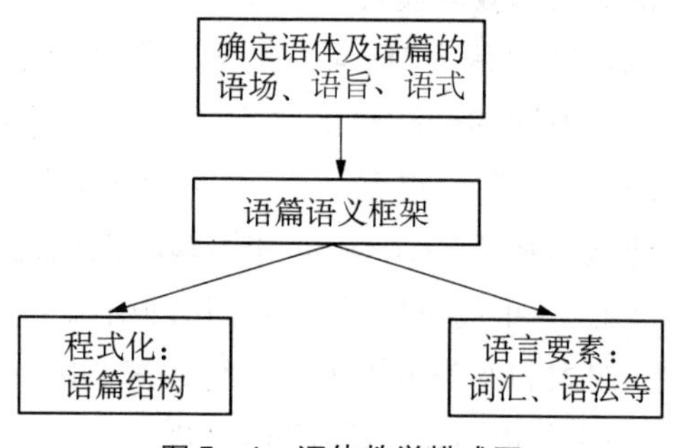

图 5-1　语体教学模式图

我们设计的教学环节有：学前预写→课堂讲解→范文评析→自我修改→小组讨论→课外练习与自我评析→教师批阅。每个教学环节均设立了教学目标。学前预写的教学目标是让学生在写作中体会可能碰到的问题，从而了解自己的写作状况。课堂讲解，使学生厘清语体结构潜势，把握语体的语篇结构（必有成分和可选成分）、书写者与阅读者之间的关系、语言使用上的特点,培养学生的语体分析能力,树立语体意识,逐步学会运用语体理论知识能够发现自己语篇中存在的问题。范文评析,可以使学生深刻地认识到语体结构潜势的重要性,从实际语料中了解到什么样的文章才是合格的符合语体的好文章。自我修改,是让学生自我寻找写作的不足之处,并进行修改,这样既加深了学生的印象,又便于他们掌握规范的语体写作方法。小组讨论,是在实践中培养学生运用语体知识分析语篇问题的能力。课外写作训练并进行自我批改或互相批改,可以增加学生的练习机会,进而提高学生书写、分析语篇的能力,巩固在课堂上学习过的语体理论知识。教师批阅,能很好地让学生看到自己的语体学习与写作状况、了解自己的进步与不足。这样设计的目的是训练学生对各种语体语篇的分辨能力,培养学生的语体意识,让学生掌握不同语篇的语体结构意义潜势及其引起的语言变异。

5.2　大学文秘专业的语体写作教学[①]

应用文写作是汉语言文秘专业本科生的一门主干专业课程,主要讲授有关应用文写作的基础知识,训练学生掌握常见的应用文写作能力,培养学生适应职场的综合素质,为他们毕业后能成为企事业单位合格的文秘工作者打下坚实的基础。写作能力是文秘专业学生必备的核心职业能力之一,是做好秘书工作的必备条件。所以,应用文写作课程的教学目标是:通过课内外教学活动,使学生全面了解常见应用文的基本结构和语言特征,能根据实际需要较熟练、规范地撰写常见的应用文。在此,我们主要探讨汉语指令性语体的应用文(文秘专业)写作

① 许彩云,汉语指令性语体研究,上海外国语大学博士论文,2014:6.5。

教学。

5.2.1 指令性通知的多维语体特征与写作教学

帕尔默(Palmer,1958)指出：语体“主要由说话人所从事的活动的类型决定。”刘大为(1994)提出“语体是言语行为的类型”。我们认为“每个言语行为类型都有一个话语模式。话语模式是言语行为的构成成分在话语中的体现，是由完成某类言语行为的必不可少的要素构成的最典型、最简单的话语模式。各类言语行为话语模式由各类言语行为行事意图和完成该意图的必备要素构成。在言语交流中，只有双方把握了各类言语行为话语模式，受话者才会知道发话者施行的是何种类型言语行为，才能够正确地理解受话者的意图，使言语交流顺利地进行下去。”[①]这个话语模式就是语体。语体是由特定的行为主体、行为意图、行为方式、行为效果以及时空环境所构成的动态系统。

由一定类型的言语活动所决定的、对语言形式的制约因素的集合也就是一种语体制约因素的集合。每一种言语交际活动的进行均由交际的目标、受众、内容、语境、媒介形式、表达方式及交际的效果等诸多因素组成，这些因素综合作用所形成的言语表达特征，成系统地长期固定下来，就形成了成格局的话语模式，即语体。指令性语体是指实施以“指令”为功能类型的言语行为时，指令性言语的行为方式一定会在语言使用方式上不同于其他言语行为，从而致使指令性言语本身呈现出某种格局的语言样式。发号指令者通过规定、准许、委托等方式对受话者的行为给以明示，让受话者一看就明白做什么事情、如何执行。指令性语体语篇有法规、条例、合同、契约、菜谱、产品使用手册、公

① 许彩云，言语行为类型及其话语模式变式探析，连云港职业技术学院学报，2002(4)：48—50。

告、布告、通知、通报、公报、警示语、指令性公示语,以及各行各业工作中的指令性言语、各种活动中的指令性言语、会话中的指令性言语等等。指令性语体的常见应用文有:指示、决定等;各行各业制定的规章制度(规定、条例、章程、办法、细则等);各种场合制定的规则、守则;指导性公文(批示、意见等);公告、布告、通知、通报、公报、建议报告;警示语、指令性公示语(标志语、标识语、标示语、标语等);条约、契约、合同、协议等;商洽性公文(函等);各种操作指南(菜谱、使用手册、操作手册、安装手册等)。

5.2.1.1　指令性通知的多维语体特征与语言变异

指令性通知语体是在实施指令性中的"通知"言语行为时,语言在使用方式及语言形式上所形成的成格局的话语模式。"通知"行为的行事意图是发话者通知受话者做某事或不做某事;话语意图类型是说明和陈述,说明如何做某事,陈述目标、缘由、依据等。在实施"通知"言语行为时,发话者的权势地位,一般来说高于受话者,因为"做"或"不做"以及"怎么做"都是由发话者说了算的,而且有关"通知"内容的解释权也在发话者手中。"通知"言语行为人际方式还可以进一步分出:正式程度中等,一对多,有充分准备,虚拟交互,权势度中等,识解度中等,等等。"通知"言语行为是通过书传将其内容告知于受众的。这些语体特征会产生相应的语言变异,请见表 5-1(见下页)。

5.2.1.2　指令性通知的语体结构潜势与语篇结构

关于指令性的语体结构潜势,请见第二章的 2.5 指令性语体的语体结构潜势。指令性语体的下位语体——指令性通知语体,在它的行事意图、行为媒介、人际方式的共同作用下,对指令性语体结构潜势的成分进行选择。选择的结果如图 5-2(见下页。)

表 5 - 1　指令性通知的多维语体特征及语言要素表

<table>
<tr><th>语体行为要素</th><th>语体成分</th><th colspan="7">语体特征</th><th>语言要素</th></tr>
<tr><td rowspan="2">行为意图</td><td>话语意图类型</td><td colspan="7">指令中的通知</td><td>主题：通知
程式化语篇</td></tr>
<tr><td>话语功能类型</td><td colspan="4">说明
陈述</td><td colspan="3">＋关注动作施事</td><td>基本结构
论元结构</td></tr>
<tr><td>行为媒介</td><td>言语手段</td><td>书传</td><td colspan="2">现场性</td><td colspan="3">话语/情景</td><td>话语现场</td><td>书面语</td></tr>
<tr><td rowspan="6">人际方式</td><td rowspan="6">人际方式</td><td colspan="7">正式程度(±正式)</td><td rowspan="6">句式
句型的选择
语气的选择
称呼语
时间表达</td></tr>
<tr><td colspan="7">准备程度(＋有准备)</td></tr>
<tr><td colspan="2" rowspan="2">交互性</td><td colspan="3">独白</td><td colspan="2">虚拟交互</td></tr>
<tr><td colspan="3">数量</td><td colspan="2">一对多</td></tr>
<tr><td colspan="2">权势度</td><td colspan="3">强关系/弱关系</td><td colspan="2">±强关系</td></tr>
<tr><td colspan="2">识解度</td><td colspan="3">强关系/弱关系</td><td colspan="2">±强识解度</td></tr>
</table>

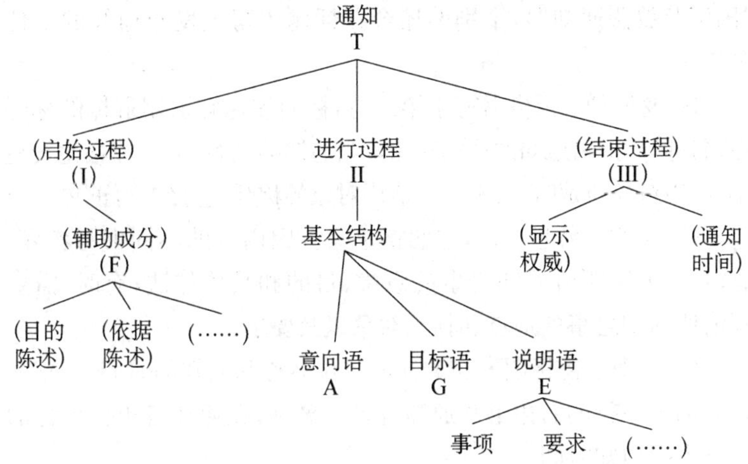

图5-2　指令性通知语体的结构潜势树形图①

指令性通知语体结构潜势经过一定历史时期的沉淀，形成了文本化语篇格式：

关于××××的通知

××××：

为了……，(目的主旨)。经……批准(依据)，现将……，具体规定通知(意图主旨)如下：……(具体事项)。

××××(发文单位)

×年月×日(发文时间)

通知的具体格式：

A. 标题：可以是“通知”“紧急通知”“关于……的通知”等等，居于第一行的中间，以示醒目。有时会将通知的内容写进去(如

① 图中(　　)内为可选择部分。

"国庆节放假通知"),个别的还会在标题中写上发布通知的单位名称。

B. 称呼语:顶格书写于第二行,标明该通知适用群体的称呼语、名称等,指出通知的适用对象。当通知的内容不多、篇幅比较短小、适用对象清楚时,会不书写适用对象的称呼,直接书写正文。

C. 正文:另起一行,空两格书写。因内容的不同书写各异。有时,需要写明所通知之事的意义、目的和具体作法;有时,需要写清所通知之事的地点、时间、对象以及要求。

D. 落款:需标明发布通知的单位名称和通知的时间,在正文结束的下一行的右边书写通知者单位名称,在通知者单位名称的下方书写通知时间。

通知,一般采取条目式行文方式,可以达到言简意赅、一览无余的效果,也有利于适用对象照章办事。

5.2.1.2.1 通知的基本结构和外围结构

指令性通知言语行为的基本结构是通知行为区别于其他行为的基本构成,是通知行为的直接投射,由完成通知意图所必需的要素构成。指令性通知言语行为的基本结构,具备了完成通知言语行为所必需的要素——通知者的行事意图、指明通知的适用对象的行为趋向和如何做的行为说明,它们分别是:意向语(A)、目标语(G)、说明语(E)。这三部分构成了通知言语行为原型,即通知言语行为的话语模式。意向语是指通知言语行为的意向表达,也就是通知发出者表明其正在实施的言语行为的行事意图为"通知"。目标语,即指明通知的适用对象所应趋向的行为。说明语,即阐明如何完成被通知的行为。这三个通知言语行为原型构成成分的话语方式都是最典型、最简单的。其话语分布应该是意向语在前、目标语居中、说明语在后——A+G+E。

通知言语行为的外围结构是强化通知指令力的非必要条件在语言层面的投射,用来协助通知基本结构的完成,增强通知话语的趋向力，以促进通知的适用对象行动反应的有效发出，因而是通知言语行为的一个重要组成部分，起着极为重要的策略调节作用。

一个通知言语行为可以看作是一个前后相续的过程，可化分为启始过程、进行过程和结束过程。启始过程常借助于其他言语行为来辅助通知指令的发出，称之为辅助成分，主要是发出通知者为了增强指令的力度而陈述应趋向行为的理由、目的等。进行过程中，说明语可详可略，根据需要而定。在结束之时，又有后果陈述、时效陈述等外围结构以强化通知指令行为趋向力，促使通知的适用对象作出有效的行为反应。

5.2.1.2.2 通知言语行为策略及其原型变体

在具体实施某一通知言语行为时，由于通知目标、双方人际关系、传播媒介的不同以及事态发展的变化，发布通知者必须采取相应的策略，以取得最佳的通知效果。通知言语行为话语策略的变化使通知言语行为原型(原型是指由完成通知言语行为的必不可少的要素构成的最典型、最简单的话语模式)也随之发生变化，从而产生了通知言语行为原型变体。通知言语行为原型变体表现为：原型内部语言成分的变化——意向语、目标语、说明语的变式，原型构成成分的扩展——意向语、目标语、说明语的扩充式，原型构成部分间关系的变化——话语分布，原型对外围结构的选择。

例如，通知一：

关于进一步做好干部职工基础信息采集工作的通知

目标语 意向语

各部门、各单位：

通知适用对象

干部、职工人事档案和基础信息管理工作一直以来都是干部人才工作的重要组成部分，它为历史地、全面地考察了

解和正确选拔干部以及使用人才提供重要依据。为了适应新时代
理由陈述
干部人才管理工作的需要和干部人事工作规范化、科学化、信息
目的陈述
化的要求，根据上级要求，经校党委研究同意，现就进一步加强
理由陈述
干部职工基础信息采集工作通知如下：
目标语 意向语

一、干部职工基础信息采集的范围

全体在职教职工（含人事代理人员）

二、干部职工基础信息采集的时间

2019 年 6 月 23 日—6 月 30 日

三、干部、职工基础信息采集的相关规定

按照上级有关规定和要求，结合实际，建立干部、职工基础信息采集和核对制度，对我校教职工的基础信息进行再采集和审核确认，按下列步骤进行：……

说明语

××××学院党委教师工作部
通知发布者
2019 年 6 月 18 日
通知时间
（江苏某高等院校通知）

通知二：

关于迎接文明创建检查验收的紧急通知
目标语 意向语

我校是 2018 年全国文明校园候选单位和江苏省文明校园。

11 月 5 日起，全国文明城市、文明校园创建检查验收工作正式启动，我校已于 11 月 8 日召开了文明校园检查验收工作部署会。

情况说明

近几天，××市文明办每天都会来我校随机检查文明创建各项内容落实情况，并随机抽测社会主义核心价值观和高校文明校园“六好”标准等应知应会内容。请大家近期积极行动，共同

理由陈述

努力，相互配合，争取以优异成绩顺利通过检查验收。

说明语　　　　　　目标语

特此通知。

强调

××××学院文明创建工作领导小组

通知发布者

2018 年 11 月 10 日

通知时间

（江苏某高等院校通知）

5.2.1.3　指令性通知语体的语言特征

指令性通知需要说清理由、根据的时候，常用一些介词，如：为了（为、为着等）、根据（依照、凭、遵照、据、按照等）、经、由于（由）等。表时间的介词“自、从、到、在、当、于”等。

意图表达：意图表达句“特……如下”或“现将……通知如下”；使用“将”字句居多。常使用“关于”表达与通知有关的内容。

正式性表达：语言为普通话，还往往采用具有文言色彩的固定用语。如：“特此通知”“特此函达”，等等。

准确性表达：时间、地点、数量、范围等需要准确表达，多使用确数和肯定的语气。

称呼语：标明被通知对象，同时起到疏离关系的作用，以显示

颁发通知者的权威性。

在整个写作教学过程中，语体理论知识，既指导学生掌握应用文的宏观结构，又帮助学生掌握应用文微观层面上的语言要素，关键是那些具有适宜性或得体性的语言要素。教师在语体理论指导下收集实际语体语篇，对不同语体类型的语体结构潜势进行概括总结，启发学生理解：应用文的语体特征在具体语篇中对语言成分具有制约作用。学生在学习语体理论知识的同时，在教师的引导下应主动遵循语体的语篇结构及多维语体特征的要求加强不同语体的写作训练。书写训练时，不仅要留意语言要素的选择、语法结构、篇章衔接与连贯等语言表达形式的适恰性，而且需要在近义项方面，注意选择符合该语体的语言成分，增强语言风格的得体性。除了课堂学习与操练外，我们还要求学生注意参加课外实践活动，以锻炼他们的应用文写作能力，提高应用文写作水平。例如，结合班级主题班会、学校举办的大型活动等，开展综合性的应用文写作实战练习——撰写通知、海报、演讲稿、发言稿、会议记录、会议纪要、会议简报、通讯等。让学生在写作实践中边练边学，进一步巩固在课堂上所学到的知识。

5.2.2 消息语篇的多维语体特征与写作教学[①]

新闻语体是应用文的一种类型，新闻语体写作是高校中文专业写作教学课程系统中非常重要的一个环节。新闻语体“指人们在言语交际中，为了适应新闻交际领域、目的、任务等的需要，运用全民语言传播新闻信息而形成的语言特点体系。”[②]语体是指实施某种类型言语行为时，言语的行为方式一定会在语言使用方式

① 许彩云，消息的多维语体特征究及写作教学探索，连云港师专学报，2016(3)：38—41。

② 祝克懿，新闻语体的交融功能，复旦学报(社会科学版)，2005(3)：187—196。

上不同于其他类型的言语行为，从而致使其言语本身呈现出某种格局的语言样式。“事实上，语体规则每时每刻都在控制着书写者。任何人执笔开始书写任一文本时，不管是选词还是造句，所有涉及生成任一句子之时，书写者就已经进入到了一个受语体规则制约的系统中，当他选定所要书写的文本语体类型之后，语体规则就开始在线监控书写者的每一个用词、每一个句子的生成；一般情况下，书写者要想突破语体规则的任何控制均属不易。”[①]所以，我们提倡在母语语文教学的中高级阶段（中学、大学、研究生），尤其是写作教学中，应该建立以语体为核心的教学体系。语体教学法是建立在语体分析基础上的，它把语体分析理论自觉地运用到语文教学中去，抓住语篇的意义结构进行教学。语体教学法通过解析不同语体语篇的行事意图、言语表达媒介、人际方式及语篇格式，让学生懂得语体语篇所形成的社会意义；启发学生理解并把握不同语体的语篇结构，明白语体语篇的构建过程，培养学生发现不同语体之间的结构与形式的差异，帮助学生更好地理解并创作出符合特定语体要求的语篇来。[②] 在新闻语体教学中，对新闻语体的性质、形式、语言特色等都有较为深刻的研究，但是在语体教学方面的理论性较强，以及思辨性研究占主导地位，实证研究和应用型研究太少。另外，在新闻语体写作教学中具体语体写作的教学设计方案讨论较少，等等。我们试图对新闻语体写作教学进行尝试性研究，以期提高新闻语体写作教学的效果。

我们在中国知网上以“新闻写作教学”为主题检索词，检索到150多篇。有的是新闻写作能力训练，有的是新闻写作教学模式

---

① 金立鑫、白水振，语体学在语言学中的地位及其研究方法，当代修辞学，2012(6)：23—33。

② 许彩云，汉语指令性语体研究，上海外国语大学博士论文，2014：133。

探讨，有的是新闻写作教学现状反思与教学改革，还有的是针对中学、大学等阶段的学生的新闻写作教学，等等。大多数的新闻写作教学论文都是从新闻学角度，讨论新闻学知识，关注新闻格式，分析新闻的用词用语等等。从语体学角度探讨的较少，其中两篇比较有代表性。一篇为王素的《新闻文体写作教学策略》，主要是针对“新闻文体在写作教学中比较受学生们的冷落”这个问题，提出“为了改善教学效果，可以采取引导学生认识新闻文体写作的重要性、帮助学生把握新闻文体的基本特征、尽可能多地提供示例文章、指导学生通过练习巩固所学理论等方法。”[①]另外一篇是陈瑜的《过程语体教学模式对英语新闻写作的教学启示》，参考 Badger & White(2000)的过程文体教学法，针对英语新闻写作双语教学，设计了新闻导语英文写作的一节教案，详细展示了过程文体教学法的步骤及应注意的事项。[②] 运用过程文体教学法，能够使学生们对不同新闻文本结构和写作过程有所了解并掌握。我们试图将语体教学法运用到消息语体的写作教学中，通过分析消息的多维语体特征和语体结构潜势，使学生了解消息语篇的建构过程，从而把握消息语体的语篇结构和语言特征。

5.2.2.1 消息语篇多维语体特征

消息往往被称作狭义新闻，也就是用简明生动的语言来实时报道最新发生、发现的价值性高的真实事件。作为报纸的主角，消息是新闻传播媒介(报纸、广播、电视)中使用最广泛的新闻语体，是新闻报道数量最多的新闻语体。消息传播的渠道分为口播和文本，口播常见的如广播、电视等语音消息，文本主要有报纸、杂志等文字消息。我们主要讨论的是文本类消息语篇。

---

① 王素，新闻文体写作教学策略，新乡教育学院学报，2007(4)：43—60。

② 陈瑜，过程语体教学模式对英语新闻写作的教学启示，新西部 2011(12)：224—225。

我们从言语行为的实施角度来考察，每项言语交际活动的进行都是由交际的目的、语境、主题、受众、媒介形式、表达方式及交际的效果等诸多方面综合作用完成的。我们发现能够从中抽取出一个言语活动的完成所必须的三个基本维度，“那就是：通过完成该言语活动要完成一件怎样的事情；该言语活动是通过怎样的媒介和传播方式来实现的；为了该言语活动的顺利完成，行为双方的角色关系是怎样的。也就是说，任何言语活动的实现必须满足三个方面的需要：言语行为意图、行为媒介、人际方式，这三个方面就是语体的行为要素。”①“任何一类言语行为的实施都是这三个方面的要求共同作用的结果，彼此之间必定会形成一种相互配合的格局。”②消息发布者的行事意图是报道已发生或正在发生的事情，所以消息是报道类言语行为。消息的话语意图是消息的发布者意欲使用话语来报道某事；为了实施报道行为，消息选取了叙述的表达方式来安排话语，叙述“何时何地，何人何因发生何事，以及如何发生”。在实施报道言语行为时，消息发布者需要具有一定的权威性，权威性决定了消息的可信度。消息的人际方式还可以进一步分出：正式程度、庄重程度、准备程度、权威性、识解度和交互性等语体特征。消息的人际方式的语体特征为正式程度中等、一对多、有准备、虚拟交互、强权威性、强识解度等等，这些构成了消息语体的多维语体特征，请见表 5－2(见下页)。

5.2.2.2 消息语体结构潜势

消息的语体结构潜势是指消息语体的语篇意义结构，是构成消息语体的语篇结构的基本，即实施报道类言语行为时所形成的基本语篇结构。消息语体的结构潜势不是指一个具体的消息语篇的组成部分，而是指消息语篇中固有的、稳定的结构组成成分，

① 许彩云，汉语指令性语体研究，上海外国语大学博士论文，2014：46。
② 许彩云，汉语指令性语体研究，上海外国语大学博士论文，2014：44。

表 5－2 消息的多维语体特征及语言要素

语体行为要素	语体成分	语体特征			语言要素
行为意图	话语意图类型	报道			主题：消息 程式化语篇
	话语功能类型	叙述			
行为媒介	言语手段	书传	现场性	话语现场	书面语
人际方式	人际方式	正式程度（±正式）			书面词语 句式选择 句型选择 语气选择
		准备程度（＋有准备）			
		交互性	现实\虚拟交互		
			一对多		
		权威性	＋权威性		
		识解度	＋识解度		

包括必有成分、可选择成分还有介于二者之间可重复的成分。消息语体的结构潜势的必有成分是完成报道类言语行为所必须的部分。不影响消息总体传播功能的可选择成分和可重复成分,能够影响消息语篇的适恰程度和品质的高低,从而影响到消息语篇传播的预期效果和目标。

消息属于报道类言语行为。消息语体在其行为意图、行为媒介、人际方式的共同作用下,其结构潜势如下：

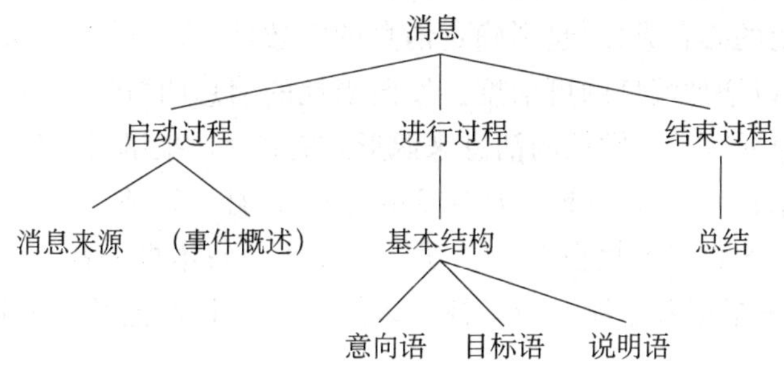

图 5-3　消息语体的结构潜势树形图

5.2.2.3　消息的文本化语篇格式

消息语体语篇是由报道类言语行为方式向消息语篇转变的结果,是“报道”这一社会行为方式的特征积淀在消息语篇的形态中的结果。消息语体的结构潜势约定俗成地文本化为程式化的语篇结构,如下所示：

××× ×××[**标题**]

×××月×日电[消息来源](记者×××)[报道者]　×××……[导语]

××××……[主体]

××××……(结语)

标题是消息的精华部分，有时由正题和副题构成。正题是标题的核心，概括了消息中最主要的思想或内容；副题是对正题的补充或说明。标题是对消息内容的最好标示，能够展示新闻的立场、观点，突出重点，美化版面，吸引读者的眼球，强调和评价核心内容。

消息来源，大多是在消息语篇刚开始的地方，使用有异于其他文字的字体或者加上括号跟正文相区别的部分，标明发布消息的单位名或其简称，交代发布消息的时间和地点。消息来源是消息语篇的必有成分，起到确定消息的实效性、真实性和权威性的作用，以增加消息的可信度。发向当地的消息叫“讯”，发向外地的消息叫“电”。常见的消息来源形式有：××报讯(记者××)、本报讯；××社××地×月×日电、据××社××地×月×日电；据×月×日××报报道(或：据××报报道)；本报记者××述评(或：本报记者述评)，新华社××地×月×日电记者××述评；等等。

导语往往是一句话或者一小段话。一般来说，导语集中并突出了消息语篇中最关键的新闻要素，并以最简洁、精练的文字加以概括。

主体是对消息主题的具体说明，也叫正文或者展开部分。作为消息的主干，为了对导语概括的事实加以详细阐述，主体要充分运用说服力强的材料，为消息事件发展态势补充背景材料及细节，让受众对新闻事实有更清晰、更详细的了解。主体还要对导语中没有涉及的内容进行补充，使受众对消息主题和事件有更全面深刻的认识。也就是说，主体需要对导语中提出的问题进行解答，使消息的五个“W”(“when”何时、“where”何地、“who”何人、“what”何事、“why”何因)和一个“H”(“how”怎么样)更加清楚、明确。对于同一个事件，消息的说明方式从标题到导语至结语分为三个步骤，采取渐进式的叙述手段。

结语是消息语篇结构中不可缺少的部分，除了“倒金字塔”结构的消息，大多数的消息需要精心地设计结语，从而提高语篇的完整性。

5.2.2.4 消息的语言特征

在消息语篇的多维语体特征的共同作用下，消息语篇的语言特征呈现出客观、确切、简练、通俗的特点，具体表现如下：A. 中性感情色彩的词语使用频繁。消息语体的写作一般多使用中性词语，少用褒义词和贬义词，以客观地陈述事实，通过事实报道来影响受众。B. 多使用具体词语，少使用抽象词语；多使用精确词语，少使用模糊词语，并使它们搭配适当。消息的意图是客观报道新闻事实，所以需要使用具体词语如实地叙述具体时间、具体地点、具体人物、具体事件、具体过程，同时需要具体形象地描写现场、描写细节。C. 限制性修饰语多于描述性修饰语。消息在尽可能真实地陈述新闻事实时，譬如事件状态的指称、处所、时间、方位、过程、程度、范围、数量以及事件相关的领属、因果等要素，主要由限制性状语、限制性定语来承担。限制性词语可使消息呈现出准确、鲜明、朴实无华的样态。D. 句子的语气，陈述多于感叹。因为要叙述事实，所以消息中的句子一般使用陈述句。无论是陈述事实还是描述人物对话，语气上需要尽可能地把握好感情的度，谨慎地使用感情色彩浓郁的感叹句，以免干扰了消息的客观性。E. 消息面向广大受众，要求强识解度，故消息的语言使用的是接近口语的书面语，要求通俗易懂，避免使用生僻字和费解的词语，以便于受众理解新闻的语义。

5.2.2.5 消息语体的写作教学

我们提倡“以 Hasan 的语体结构潜势（GSP）理论为基础，努力建构汉语语体写作教学模式，在教学实践中努力让学生掌握不同语体的语篇结构，能够书写出具体的不同类型的语体语篇，培养学生们的各种语体语篇的书写能力。语体写作教学模式可以有效地完成语体写作所关注的写作目标：A. 某种类型语体的结构潜势(语体语篇的语义框架)；B. 采取何种言语表达手段；C. 如何将准备好的材料与已选择的言语手段组织成篇。”[①]所以在消息语体的写作教学中，首先厘清消息语体的多维语体特征，使学生明白消息语体是在多维语体特征的共同作用下而形成的，包括其语篇结构及语言要素的选择。其次，讲清楚消息语体的语体结构潜势，这不仅有利于讲授消息语体的语篇结构，而且还有利于学生语体能力的培养与语体类型意识的建立。

我们设计的教学环节有：学前预写→课堂讲解→范文评析→自我修改→小组讨论→课外练习与自我评析→教师批阅。每个教学环节均设立了教学目标。学前预写的教学目标是让学生在消息写作中体会可能碰到的问题，从而了解自己的写作状况。课堂讲解，分析消息语篇的多维语体特征，厘清消息语体的结构潜势，把握消息语体的语篇结构(必要成分和可选成分)、写/读者双方的关系、语言使用上的特点，培养学生的语体分析能力，树立学生的语体意识，让学生逐步学会运用语体理论知识分析出消息语篇中存在的问题。范文评析，可以使学生深刻地理解消息的语体结构潜势，掌握消息的语篇结构，从实际语料中认识到怎样书写才能写出合格的消息语篇。自主修改，是让学生自我寻找消息写作的不足之处，并加以改正，这样既加深了学生的印象，又便于他们掌握规范的消息语篇的写作要领。分组讨论，是在实践中培养学生运用消息语体知识分析语篇中存在问题的能力。课外练习与学生互评，可以给学生提供更多的练习机会，进一步培养学生对消息语篇的分析能力，巩固课堂上学习过的消息语体知识。教师批阅，进一步让学生认识到自己的消息写作进展情况、看到自己的进步与不足。这样设计的目标是训练学生对消息语篇的分

① 许彩云，汉语指令性语体研究，上海外国语大学博士论文，2014：134。

辨能力，培养学生的语体类型意识，使学生把握消息的语篇结构和语言特点。

新闻语体写作教学建立在对新闻语体分析的基础之上，把语体学的理论运用到实际的新闻写作中，通过对新闻语篇的意义结构的阐释进行教学。在新闻语体写作教学过程中，不能忽视语体能力的培养，努力把新闻语体知识渗透到新闻语篇写作教学的各个环节。教师在语体理论指导下收集实际新闻语体语篇，对不同新闻语体类型的语体结构潜势进行概括总结，让学生明白多维语体特征在具体新闻语篇中对语言成分的制约作用。以语体结构潜势为核心的新闻语体写作教学模式，着重于培养学生的语体能力，从而提高学生的新闻写作水平。我们提出的语体分析框架，试图为汉语语体研究提供新的研究思路，同时也为新闻语体的写作教学提供理论参考。

5.3　中学语体写作教学

5.3.1　议论文多维语体特征与语体写作教学

最新版普通高中语文课程标准（2017 年版）指出“语文课程是一门学习祖国语言文字运用的综合性、实践性课程”[①]。写作不仅是学生书面表达与沟通的重要方式，也是他们运用语言文字能力的直接体现。写作是作者基于言语行事意图、针对具体交际任务跟阅读者展开的意义构建与言语沟通活动。当我们将其看作一个过程时，写作就是学生在特定的言语目标制约下进行富有创造性的言语活动，是一个动态的完成过程，文本化的具体文章是这一活动最终的成果。议论文作为一种实用文体，在日常文化生活

① 中华人民共和国教育部制定. 普通高中语文课程标准　2017 年版　2018 年新版，北京：人民教育出版社，2017 年版：1。

及生产中处于十分重要的地位。对中学生而言，学习议论文写作是一项很重要的技能。教师如何指导学生得体而自如地运用语言进行表达和交流就成了中学写作教学中的一项重要教学任务。

我们以“议论文写作教学”和“语体教学”等为主题和关键词，在知网上进行国内研究成果搜索，发现有关中学议论文写作教学的文章，主要分为以下三大类：一是思维能力培养的研究；二是写作教学策略与反思研究；三是语体教学研究。前两类研究成果大多都是以训练和培养逻辑思维为目标来探讨如何提高学生的议论文写作水平，或者从素材积累、培养求同存异思维以及掌握常用“文体”的角度来笼统提出些做法，具体可操作性不强。而有关语体教学的文章都不约而同地提出要培养学生的语体意识和语体能力。但遗憾的是，他们都是从宏观的角度来讨论，没有深入某一语体内部具体分析相关语体因素和变化。但不可否认的是，运用语体学的相关理论指导教学将会成为一个趋势。当前语文教学出现的“重文体轻语体”现象，导致学生只掌握静态的理论知识，而不能在具体的言语行为活动中恰当地运用语言，许多学生的言谈和写作缺乏一定的逻辑性和得体性。

基于此，我们试图深入议论文内部，从写作的动态过程来分析探究议论文的多维语体特征，结合语体学的相关内容来指导中学生的议论文写作，使学生知晓议论文的语篇建构过程，从而写出合格的议论语篇。

对议论文进行多维语体探究的前提就是明确语体的概念和范畴。对于语体的定义，历来的语体研究者都有不尽相同的表述，但他们普遍认为语体就是语言的功能变体，是在一定的使用领域内按照表达的需要自由地选择和运用的，是从“使用域”这一范畴来进行界定的。于是就产生了例如科技语体、文艺语体、谈话语体等根据不同的交际领域来划分的语体类别。但是，这样的概念界定就使议论文无法归入以上任何一类现有的语体类别中，于是出现了概念界定上的危机。而且,“这样的理解显然与‘体’的意义相冲突:所谓‘体’,就是格局,就是模式、体式,按照‘体’的方式来使用语言,就意味着这一格局、模式、体式一定会在这一次使用所落笔而呈现出的语篇中再现。”①换句话说,类属于某一语体类别的具体语篇一定会体现出该语体的“典型特征”,否则该语篇就无法顺利实现相应语体的功能要求。我们采用刘大为教授对于语体概念的定义:“语体就是一种类型的言语活动得以实施而必须满足的、对实施者行为方式的要求,以及这些要求在得到满足的过程中所造成的、语言在使用方式或语言形式上成格局的变异在语篇中的表现。”②

5.3.1.1 议论文的多维语体特征

我们不再像以前只是从静态的“使用域”即功能交际领域角度来看待语体,而是从动态的语言使用角度来认识语体。因此,对议论文的多维语体探究及写作指导就不应该脱离写作这一具体的言语活动去孤立考察,它的全部程序都应该围绕着学生的认知和使用过程展开。

事实上,任一类型的言语活动得以实施,都会对行为实施者言语活动中的行为方式提出潜在的要求,引领和指导着实施者的行为和思考。当写作者选定所要书写的语篇语体类型之后,语体规则就开始在线监控书写者的每一个用词以及每一个句子的生成。③

但是,我们在对一个庞大而复杂的言语活动进行分析时,通常将其切分为具体的行为方式,而行为方式又可以从功能意图、人际关系、传介方式这三个方面来进行考量。即:一是在某个特

① 刘大为,论语与语体变量学,当代修辞,2013(3):3。
② 刘大为,论语与语体变量,当代修辞学,2013(3):3。
③ 许彩云,消息的多维语体特征研究及写作教学探索,连云港师范高等专科学校学报,2016(3):38—41。

定的言语活动中，行为者有着怎样的预期意图；二是行动者在这一活动过程中借用了怎样的媒介以及传播方式；三是为了顺利完成活动，行为双方的关系是怎样的。

詹姆斯·A.雷金和安德鲁·W.哈特认为“议论文是以逻辑为基石、以证据为结构、以说服读者接受观点或采取行动（或者两者兼而有之）为写作意图的文章”①。具体落实到议论文写作活动中，写作者的行事意图是列举一系列材料论证观点、阐明道理、说服对方并使对方赞同写作者观点或者采取某种行为。所以，议论文写作是议论类言语行为。

正是需要论述道理使对方信服并赞同，因此，为了实施这一行为，写作者主要选择议论的表达方式来组织语言，选择相关论据并运用一定的论证方法来论述观点。在论述相关论点的时候，写作者需要跨越时空的阻隔，采用与口语体相对的笔写体作为行为方式，这就需要选择更加复杂且具有强逻辑性的语句；而这种用笔书写下来的视觉符号序列在与交际对象发生联系时，是处于一种非现场性的时空环境下，因而具有不对等交互、顺向的人际关系特征；并且交际的相对正式性使得语言的表达和词语的选择都更具严密性、准确性和概括性。议论的人际方式的语体特征为正式程度中等、虚拟交互、一对多、权势度中等、有准备，等等，这些都构成了议论文的多维语体特征，详见表5-3（见下页）。

聚焦于议论文写作的行为过程，可以从行为意图、行为媒介、人际方式这三个维度来进行考量，得出议论语体的多维语体特征。首先，行为意图可以分为话语意图类型和话语功能类型两类；议论语体的话语意图类型是指议论文写作这一行为应该达到的目标，而在语篇中呈现出“议论”的语体特征；话语功能类型则是指想要达到行为目的而需要借助“论述”这一功能来完成。议

① 叶黎明，写作教学内容新论，上海：上海教育出版社，2012年版：118。

表 5-3 议论文多维语体特征及语言要素

<table>
<tr><th>语体行为要素</th><th>语体成分</th><th colspan="3">语体特征</th><th>语言要素</th></tr>
<tr><td rowspan="2">行为意图</td><td>话语意图类型</td><td colspan="3">议论</td><td rowspan="2">主旨
强逻辑性
议论文的最核心结构</td></tr>
<tr><td>话语功能类型</td><td colspan="3">论述</td></tr>
<tr><td>行为媒介</td><td>言语手段</td><td>书传</td><td>现场性</td><td>话语情景</td><td>书面语</td></tr>
<tr><td rowspan="5">人际方式</td><td rowspan="5">人际方式</td><td colspan="3">正式程度(±正式)</td><td rowspan="5">书面词语
句式选择
辞格选择
句型选择</td></tr>
<tr><td colspan="3">准备程度(+有准备)</td></tr>
<tr><td rowspan="2">交互性</td><td>现实/虚拟</td><td>虚拟交互</td></tr>
<tr><td>数量</td><td>一对多</td></tr>
<tr><td colspan="2">权势度</td><td>强关系</td></tr>
</table>

论语体的行为意图潜在地规定了议论文的主旨、议论文的最核心结构以及议论文的语言特点(富有强逻辑性)。其次,从行为媒介上来看,议论文写作是借用言语手段使用书面语来传递信息,因此,议论语体具有"书传、现场性、话语情景"的语体特征,这些特征都集中体现于议论语篇的书面语中。最后,写作不是面对面的交流,而是采用语言文字传递信息,因此,作者在写作并完成其行为意图时,是"正式而有准备的"、一种"一对多"关系下的虚拟交互,并且与读者之间形成了"强权势度"的关系,这种特点体现在语言上就需要作者精心挑选恰当的书面语,在句式、辞格和句型方面做出合适的选择。

5.3.1.2 议论文语体结构潜势与语篇结构

最终呈现的文章是某一言语行为活动完成的结果,在这一活动中,写作者的功能意图、双方人际关系以及传介方式这三方面是一个互相交叉、连贯的过程。我们对议论文语体结构潜势的分析,是对议论文的语篇意义结构的把握。虽然议论文写作是一个经历由话题到问题的聚焦过程,不同的聚焦方式与方向又决定不同的议论文写作类型[①],但是不管怎样,这里的结构潜势不是指某个具体议论语篇的组成部分,而是指议论语篇中固有的、稳定的典型结构。[②] 虽然议论文的种类多样,但是一篇议论文至少包括论点、论据、论证这三个基本结构,也正是这些结构成分能够影响议论语篇的适恰程度和品质的高低,从而影响论证说服的预期效果和目标。一篇议论文的主体论述结构是由观点阐述和证据论述两部分组成的。议论语体在其功能意图、人际关系、传介方式的共同作用下,其结构潜势如图 5-4 所示:

---

① 叶黎明,写作教学内容新论,上海:上海教育出版社,2012 年版:20。

② 许彩云,消息的多维语体特征研究及写作教学探索,连云港师范高等专科学校学报,2016(3):38—41。

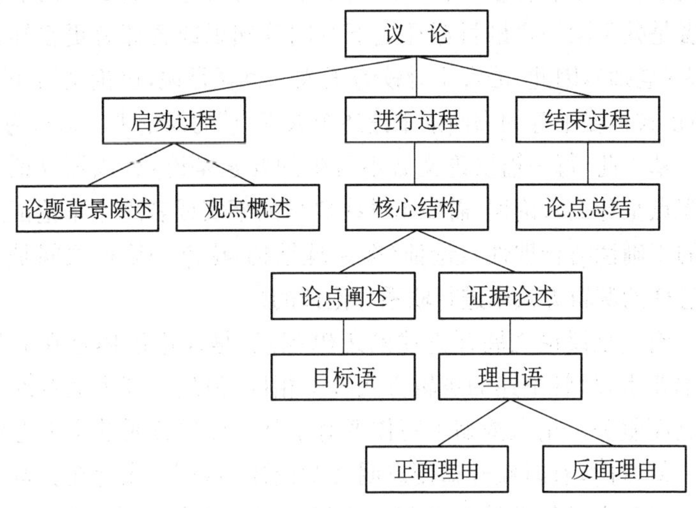

图 5-4　议论语体结构潜势

"具有语体价值的、成格局的语言变异一定出现在一次言语活动所赖以发生的语篇构成中"①。议论文是由议论类言语行为方式向议论语篇转变的结果，是积淀在语篇中议论语体特征的显现。议论语体的结构潜势约定俗成地显现为程式化的语篇结构，由论点、论证、论据这三个必要成分构成。论证的过程，实际上就构成了一个说理结构。

写作是书写者以书面语跟明确或潜在的阅读者进行表达交流的过程，写作不仅仅是字、词、句、段、篇的创作，实质上也是书写者与阅读者之间的交流对话。② 因此，在议论文写作中，写作者的言语行为自然地受到写作意图与阅读对象的共同制约，议论文的写作目的是：对某一观点进行较为严密而富有逻辑性地论述，

① 刘大为，论语体与语体变量，当代修辞学，2013(3)：1—22。

② 王荣生，写作教学教什么，上海：华东师范大学出版社，2014 年版：11。

使阅读者信服或者采取行动。而中学生的议论文所面对的潜在读者是处于同一言语目标环境下有同等知识或者拥有更多知识的人(老师),因此,语言相对较为正式。也就是说,议论文写作是“用正式程度中等的书面语来论述个人观点”的议论类言语行为。

基于此,每一篇议论文必不可少的要素是论点(该篇议论文的观点是什么)、论据(需要用哪些典型的事实或者理论来论证观点的正确性与合理性)、论证(即说理结构,论点和论据之间是采用怎样的逻辑方式来进行联系和论证的)。

论点是议论文展开论述的逻辑起点,是议论语体存在的最根本要素,尽管论述的逻辑方式各不相同,但最终都为文章的总论点而服务。论点浓缩了写作者对于某一话题鲜明的个人态度和价值取向,有时候开篇便点明文章论述的观点,或者在文章的结尾对论点进行总结和升华。论据是对论点的具体论证,是写作者精心挑选的论述材料,主要分为事实论据和理论论据两类。写作者充分调动个人主观能动性为论点寻找强有力的说服材料,对论点进行逻辑论证,使读者对论点有更理性、更清晰、更详细的理解和认识。而仅有观点和材料的堆砌,是不能完成论述这一过程的,正是论证将论点与论据串联起来,起到提纲挈领的作用。论证即论点与论据之间的逻辑关系,是文章潜在的逻辑线索。用论据来证明论述观点时受到论证思维的约束和限制,每一种论证思维都有不同的行文结构,也就形成了不同的说理结构。对于同一个论点一般可以从“是什么”“为什么”“怎么办”三个角度来进行论述。

苏教版八年级(下册)的语文教材选取了中国现代作家郭安凤的杂感《多一些宽容》,全文共 662 个字,虽然篇幅短小,但立论明晰,说理透彻,整个语篇形成了一个完整的论证结构。[①]

---

① 许彩云,杂感《多一些宽容》赏析,名作欣赏,2019(5):23—25。

《多一些宽容》属于杂感语体。杂感是对某件事或某个问题有感而发,随心而写,表明自己的观点、态度的一种语体。从言语行为的角度来看,杂感是议论言语行为。感慨者要发表一番议论,需要经过一个前后相续的过程,就是提出问题、解决问题,这些共同构成了议论言语行为的论证结构。我们将《多一些宽容》议论言语行为论证结构用树形图来揭示论证过程,呈现说理结构(见下图 5-5),并且解析了《多一些宽容》的话语结构。解析的时候,运用的符号及其意义如下:S 表示议论言语行为的论证结构单元,议论言语行为中的小句或某些成分。S 右边的数字表示句子在篇章中的序位。在引文里,S 和序号置于句后的圆括号里。T 表示篇章;Ⅰ表示提出问题;Ⅱ表示解决问题;P 表示论点表达;E 表示论据表达;G 表示总论;C 表示观念认同;CI 表示澄清,是指对论题用语的解释或对论题的说明;SI 表示寻求认同;R 表示分论。

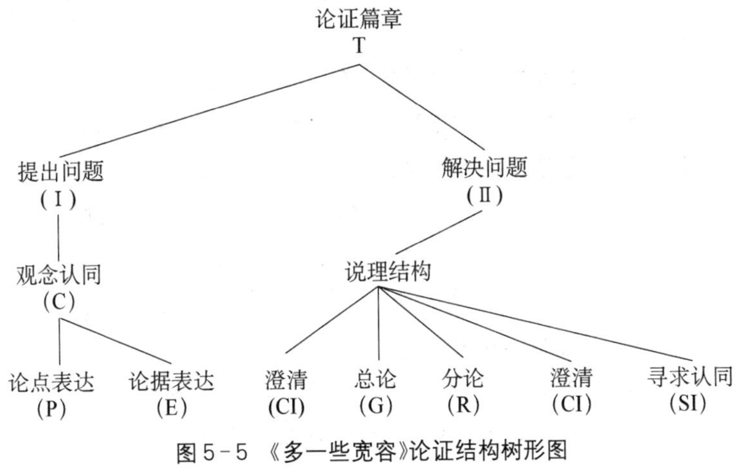

图 5-5 《多一些宽容》论证结构树形图

《多一些宽容》的论证结构落实在话语层面形成了语篇,就展现为话语结构。

其话语结构为：

T：[I〈P(S_1)E(S_2，S_3)〉Ⅱ〈[CI(S_4)G(S_5)R(R1(S_6，S_7，S_8)R2(S_9，S_{10}，S_{11}，S_{12})R3(S_{13}，S_{14}，S_{15})R4(S_{16}，S_{17})CI(S_{18}，S_{19}，S_{20})SI(S_{21}))〉]

I：P[S_1 人生活在社会中，总要与人相处，与外界发生各种联系，因此，建立和谐的人际关系十分重要。]

E
S_2 要建立和谐的人际关系，最重要的是豁达大度，善于容纳与自己志趣、风格不同的人。
S_3 古人说："海纳百川，有容乃大；壁立千仞，无欲则刚。"

Ⅱ：CI[S_4 宽容是一种高尚的人格修养，一种"宰相胸襟"，一种大将风度。]

G[S_5 要心怀坦荡，宽容他人，就必须做到互谅、互让、互敬、互爱。]

R1
S_6 互谅就是彼此谅解，不计较个人恩怨。
S_7 人都是有感情和尊严的，既需要他人的体谅，又有义务体谅他人。
S_8 有了互相之间的谅解，就能清心降火，在任何情况下，保持平静的心境和宽厚的品格。

R2
S_9 互让，就是彼此谦让，不计较个人名利得失。
S_{10} 心底无私天地宽。
S_{11} 摒弃私心杂念，自觉做到以整体利益为重，把好处让给别人，把困难留给自己。
S_{12} 争名于朝，争利于市，斤斤计较个人得失，是难以与他人和睦相处。

R3
S_{13}　互敬，就是彼此尊重，不计较你高我低。
S_{14}　尊重别人是一种美德，“敬人者，人恒敬之”，尊重别人，自然会获得别人的好感和尊重。
S_{15}　如果无视他人的存在，不尊重他人的人格，就不会有知心朋友。

R4
S_{16}　互爱，就是彼此关心，不计较个性、品格、气质的差异。
S_{17}　爱能包容大千世界，使千差万别、迥异不同的人和谐地融为一个整体；……使人间变得更加美好。

CI
S_{18}　我们所讲的宽容并不是无原则的迁就，……尽量多一些宽容。
S_{19}　面对违反原则的言行，不姑息放纵。
S_{20}　这样，我们才能保持宽阔的心胸，建立纯洁的人际关系。

SI　[S_{21}　朋友，你说呢？]

《多一些宽容》对论点的论证，不依靠举例，运用了讲道理的论证方法，紧紧围绕“为什么——怎么样”展开思路，突出“怎么样”这个关键点。从“互谅、互让、互敬、互爱”四个方面诠释了宽容的涵义，每一个小的层次中，又从“什么是”“为什么”的角度分别论述，层层剖析。作者在充分论证核心观点的同时，还注意了说理的辩证性，使文章的论证更加有力。另外，作者在讲道理的过程中运用了名言、俗语，还有自己的人生感悟，这些都增强了论证的权威性和说服力。

5.3.1.3　议论文的语言特征

在议论语体的多维语体特征的共同作用下，议论语体的语言特征总体上呈现出准确、鲜明、简洁、严密、概括的特点，具体如下：

（1）感情色彩鲜明的词语使用较多。议论语体的目的就是论述观点，使读者信服。因此多采用褒义词和贬义词，用以表达赞叹、认同，或反对、抨击、憎恶等情感。所选择的论述材料也带有较强的主观性说理倾向，通过鲜明的观点和典型的论据来影响阅读者。但是，作者在进行说理时，为了增强说服力和论证效果，往往又会引用一些名人事例或名言警句，来弱化纯粹的主观性，增强客观性说理成分。也就是说，议论语体的中心观点论证过程是书写者从客观的论据入手而层层展开的逻辑严密的说理过程，感情色彩十分鲜明，带有较强的主观性；同时，也需要使用大家所熟知的客观事例来增强其论证力和说服力，从而达到说服他人信服论点的目的。

（2）多使用精确词语，少使用模糊词语。议论语体的行为意图要求议论文的语言具有强逻辑性，那么其语言表述就相应地具有了概括性和周密性。一方面，书写者可以明了地表达观点；另一方面，读者能够准确地接收信息。议论语体不同于文艺语体，其行为意图便是“论述观点，说服读者”，而不是单纯地“审美”。因此，议论语体在词语的选择上力求准确、简洁，便于读者快速而明确地获取议论的中心观点。但是，为了避免使议论文显得过于生硬，书写者通常也会使用比喻、拟人等修辞格，让说理和论述更加形象、生动。同时，这些修辞格不仅使文章更具可读性，而且能够使读者跨越阅读心理上的恐惧和障碍。

（3）句式的选择上，多使用长句。因为要进行逻辑论证，不可避免地会较多使用复句，在层层关系中进行递进式的论述。但在实际写作中，为了更透彻地说理，也时常采用其他句式。虽然长句可以把丰富的内容、严密的逻辑严谨地陈述出来，做到层次分明、语气贯通，但短句精炼明了、自然亲切，能够使得语言明白顺畅。因此，书写者在论述观点时，往往将长句和短句配合使用。长句与短句交替使用，不仅可以提高议论语言的缜密性，而且可以加强语言的劝化作用，增强议论语篇的说服力。

(4) 辞格的选择上，通常采用对比辞格来突出论证中心观点，比中有立，态度鲜明，打造一种无可置疑、无可辩驳的气势；同时，也会在文章中运用排比辞格，成为一段之内句子之间的排比，或为段落之间形成的排比。排比格的使用让议论文的说理过程层层深入、条理清晰，更富感染力，同时读来更有一种奔腾流畅的磅礴气势，增强了整体力量感。当然，在特别强调某一重要论点的时候，书写者也经常会选择使用反复辞格，有意识地高频使用某些词语、句子来加重和增强语气和情感，增强论述的气势。另外，考虑到论述的生动性和形象性，也会运用比喻、拟人等修辞手段，或者运用成语、谚语、俚俗语等来增强议论文的可读性。

5.3.1.4　议论文语体写作教学

事实上，当我们从动态角度去关照写作这一行为时，写作就具有了实际交往功能，作者可以通过语言文字创作的语篇同潜在的读者进行沟通和交流。在这一过程中，语体每时每刻都在线监控着书写者，从审题构思到落笔成文均体现出语体规则的制约和规范作用。然而，人们并非只有在熟悉了某种语体类型之后才进行相关的言语活动，更多的则是为完成特定的言语行为目标而选择恰当的行为内容和方式。在议论文写作这一言语行为中则表现为：为了完成具体的论述任务而能动地选择符合议论语体的语言要素进行创作。

因此，我们建议在中学议论文写作教学中，教师从写作这一言语行为入手引导学生完成特定言语行为目的进行语篇建构，写出符合题目要求的文章，这种方法就叫做语体教学法。"语体教学是建立在语体分析基础上的，它把语体分析理论自觉地运用到语文教学中去，围绕语篇的意义结构开展教学。语体教学通过分析不同语体语篇所具有的多维语体特征和语篇结构，使学生意识到语篇建构的社会意义；指导学生了解语篇的建构过程，掌握所学语体的核心语体特征，掌握各类语体语篇的意义结构，培养学生发现不同语体之间的结构与形式的差异，帮助学生更好地写出符合特定语体要求的作文来。”[1]语体特征通过完成某一具体的言语行为，最终沉淀在程式化语篇中。因此，教师既可以从动态的角度来教学生如何把控议论文写作这一具体的言语行为，也可以从议论文写作意图、潜在读者对象、同读者的交际关系等方面来进行指导；另外，教师也可以将学生已写好的文本在教学中进行比对，对比不同语体规范下写成的文章，使学生在潜移默化中把握相关语体规则，从而更好地运用祖国的语言文字。

因此，我们设计的议论文教学环节有：阅读审题——了解学情——教师指导——小组讨论——例文评析——教师批阅。每个教学环节都设定了相应的教学目标。

阅读审题就是让学生自主阅读所给命题和材料，并对题目进行准确、快速地分析，初步确定议论文的中心论点。了解学情就是教师在前一环节的基础上，借助师生提问的方式了解学生现有的认知背景，并在恰当的时机给予学生一定的认知指导。教师指导又可具体分为：课堂预写、教师讲解、对比欣赏三个环节。

课堂预写应该达到的目标就是让学生自己构思写作框架，及时整合筛选已有信息，厘清论述逻辑，提前了解自身写作状况。课堂讲解，就是发挥教师的主导作用，有意识地突出议论文写作的语言特征和结构特点，让学生在理论方面加深对议论语体的理解。对比欣赏，就是让学生用文艺语体来预写一小段有关作文主旨的内容，让学生对比欣赏不同语体规范下呈现的不同语篇，让学生在对比中更好地把握议论语体的特征。

小组讨论是在师生之间的交流实践活动中加深对议论语体的理解。例文评析，就是在教师指导下学生与学生之间进行的文章评析活动，不仅要选取优秀的习作供学生参考和交流，也要选

---

① 许彩云，消息的多维语体特征研究及写作教学探索，连云港师范高等专科学校学报，2016(3)：38—41。

取具有代表性的不符合议论语体表达规范的习作，让学生在对比中自我评价、反思与提高。教师批阅，就是师生之间一对一的辅导交流，教师针对学生在习作中所暴露出的问题积极地给予有效的指导，使学生认识到自身的进步与不足。这样的一个写作教学设计是从理论到实践的一个提升过程，让学生真正地了解语体、运用语体、掌握语体的意义潜势，写出合格的语篇来。

下面，我们将从人教版高中语文课本必修四"表达交流"板块中选择一个作文题目进行一次议论文写作的教学设计。

选择的题目是："有这样一个寓言。在地狱中，众鬼魂围着大桌子吃饭，他们手上都拿着长长的筷子，夹到了食物却无法放到自己嘴里，于是人人挨饿。在天堂中，众天使也围着大桌子吃饭，他们手里的筷子同样是长长的，但是他们夹到食物就互相放到对方的嘴里，于是个个吃得饱，人人都开心。这是天堂与地狱的差别，也是幸福与不幸的差别。想一想，我们的幸福生活是这样来的吗？请以'幸福从何而来'为题，写一篇议论文"①。

写作教学的具体过程如下：

(1) 引导学生自主阅读作文题目及要求。教师要明确这是一则材料型作文题，以"幸福从何而来"为题写一篇议论文。根据所给材料，对"幸福从何而来"这一问题开展课堂讨论，让学生在论辩中逐渐明确要写的中心论点——幸福观，明确写作对象，确定将要以怎样的态度和口吻来论述中心论点，确定如何将作文话题转化为写作主题，这是引导学生审题的第一步。同时，教师还要

---

① 人民教育出版社、课程教材研究所语文课程教材研究开发中心、北京大学中文系、语文教育研究所，普通高中课程标准实验教科书语文必修4，北京：人民教育出版社，2006年版：75。

引导学生明白在论述“幸福从何而来”的写作意图下，文章应该出现哪些必需的结构和内容。

(2) 教师通过提问的方式了解学生对所给材料的理解。“材料中，天堂和地狱之间的区别到底在哪里？那么幸福和不幸的原因又是什么呢？”在对作文材料进行互动解读后，教师将话题延伸到日常生活中，让学生充分调动生活经验思考下一个问题：“你在平时生活中感到幸福吗？如果感到幸福，你觉得幸福从何而来？如果感到不幸福，你又觉得幸福应该从何而来呢？”这种方式是为了创设言语行为任务，让学生置身于行为目标之中去思考，从而顺利引向本次议论文的写作目的——论述“幸福从何而来”。

(3) 教师提出“论点鲜明，论据有力”的写作要求，选择适当的论据来论述想要说明的总论点“幸福从何而来”，并要求学生构思合适的论证方式，写一个小的议论片段和文章框架。教师在学生预写片段的基础上，对学生存在的逻辑、表达、构思等方面的问题给予有效的指导。

(4) 课堂讲解环节，在已经明确本次写作目的的基础上，教师继续对学生的写作过程活动进行引导，可采用提问法，例如：

问题 A：“我们既然已经明确写作目的是论述‘幸福从何而来’，那完成这一目标需要采用怎样的表达方式呢？”教师要明确指出本次写作活动是为了完成论述行为，因此所采取的表达方式是议论，并且议论文需要在明确中心论点的基础上，运用强逻辑思维组织论证材料对观点进行论述。

问题 B：“书面写作不同于口语交流，因为时空的阻隔，无法面对面及时地交流表达，所以请大家思考：在这种情况下，咱们写作的语言特征是怎样的？”教师应该启发学生了解议论文的写作具有非现场性、有准备、中等正式程度、虚拟交互和一对多等多维语体特征，在这些多维语体特征的共同制约下，议论文在最终语篇的语言上总体呈现出准确、严密、逻辑性强等特征。

(5) 在学生了解议论语体基本特征的基础上,教师可让学生针对“幸福从何而来”写一小段抒情性文字,与之前环节中所写的小片段进行对比,在文艺语体和议论语体的对比欣赏中更深入地把握议论文语体特征。小组间就“幸福从何而来”这个作文题目进行交流,讨论如何能够在议论语体的规范下“得体”地完成议论言语行为。

(6) 教师批阅与例文评析。教师将学生们原始作文进行对比,把符合议论语体规范的作文和不符合议论语体规范的作文进行比较,让学生在对比中明确议论语体的行文风格及篇章结构,认识议论语体的特点。

议论语体写作教学是建立在对议论语体分析基础之上的,可以尝试着把语体学的相关理论运用到具体的教学实践中去。一方面从宏观角度教会学生理论知识,使他们清晰地认识到议论语体区别于其他语体的语言特征和语篇结构,另一方面也从微观的言语活动过程中体会到语体潜在规范下的写作。教师通过理论和例证相结合的方法,对议论语体进行总结和归纳,让学生在具体的参与互动中明白语体特征在语篇写作过程中的规范作用。同时,这也是培养学生的语体能力,是加强祖国语言文字运用能力的具体体现。

5.3.2　中学新闻语体的应用文教学——以通讯的教学为例

就我们在知网所收集到的资料看,关于中学新闻语体教学的论著并不多见。中学语体教学方面的研究成果主要以加强语文学科语体教学建设为主:“提出将语体教学提高到课程教学内容的层面,如何正确把握和领会‘语文教学’的内涵,怎样改善语文教材编制重文体轻语体的状况以及提高中学语文老师的学科专业知识素养的重要性。”[①]目前,中学新闻语体教学对新闻语篇的语体性质、形成、分类原则等都有所讨论。但在新闻语体教学中,

---

① 张海洲,近三十年语体教学研究综述,内蒙古师范大学学报(教育科学版),2007(6):72—76。

教师具体应该做些什么，怎么做；通讯语体教学应该如何实施，目前学界的讨论还不够充分。尽管中学语文课程改革进行了许多个年头，但是针对中学新闻语体教学的研究还不太多。随着社会的发展，信息传播越来越迅速，新闻语体教学也显得很有必要，因此，我们以中学新闻语体教学为研究中心，以通讯语体教学为例，总结前人新闻语体研究的成果，找出当前中学语文新闻语体教学存在的问题，并针对这些问题提出解决方案。"通讯"语料大多来自中学语文教学的一手资料，个别的来自媒体报道，分析主要是针对中学语文教学。

5.3.2.1　通讯语篇的多维语体特征

通讯，是采用多种手段翔实而生动地报道典型人物、客观事物、新闻事件等的一种新闻样式，多种手段可以是叙述、说明、描写、议论、抒情等等。胡建(2009)认为"通讯是在继承我国叙事文章的优良传统的基础上滋生出来的新闻语体，它的主要特点是：新闻性、真实性、多样性、文学性。按照其表现形式可分为：一般记事通讯、特写、专访、侧记、速写、小故事等多种。"[①]

通讯属于报道类言语行为，通讯语体是指实施以报道为功能类型的言语行为时，报道言语的行为方式一定会在语言使用方式上不同于其他言语行为，从而致使报道语篇呈现出某种格局的语言样式。通讯的行事意图是"报道"，话语功能类型是叙述、说明、描写、议论、抒情，即通讯为了真实详尽地报道新闻事件可以选取多种语言表达手段。通讯与消息都属于报道类言语行为，但由于两者的目的不同，而导致时效性与详尽程度不同。消息是"用简明生动的语言实时报道最新发生、发现的价值性高的真实事件"[②]，追求

① 胡健，新编写作教程，徐州：中国矿业大学出版社，2009年版：104。

② 许彩云，消息的多维语体特征研究及写作教学探索，连云港师范高等专科学校学报，2016(3)：38—41.

及时速报，只需将六个新闻要素“何时、何地、何人、何事、何因、怎么样”[①]的内容报道出来，让广大受众最快地获知相关概括性信息为宗旨。通讯注意报道的完整性，讲求典型、深刻、生动；为了满足广大受众欲知详情的需要，通讯报道的事实应尽可能完整、详细、情节生动。另外，通讯为了翔实地报道事件，可以采取多种表达手法，而消息则客观地叙述即可。

通讯是新闻报道者向广大民众讲述已经发生了的事情，说明事件的发生，陈述事件的相关过程。通讯的书写是有准备的，具有中等正式程度、中等权势度、强识解度的语体特征。通讯的媒介手段可以说有两种，通讯语篇是由新闻报道者就所发生的新闻事件书写成通讯稿件，而后或者在纸质载体上印刷并传播，或者由新闻播报员通过有声语言进行传播。文字版是“母篇”，有声版是“子篇”[②]，都具有书面语的特点。通讯是新闻报道者写给大众看的，数量上具有一对多的语体特征。通讯语篇的多维语体特征分析如下：

表5-4　通讯语篇行为意图的多维语体特征

语体行为要素	语体成分	语体特征	语言要素
行为意图	话语意图类型	报道	主题
	话语功能类型	叙述、说明、描写、议论、抒情	程式化语篇

表5-5　通讯语篇行为媒介的多维语体特征

语体行为要素	语体成分	语体特征				语言要素
行为媒介	言语手段	口传	现场性	话语/情景	话语现场	书面语
	文字手段	纸传	事后性	真实/虚构	文字真实	

① 许彩云，消息的多维语体特征研究及写作教学探索，连云港师范高等专科学校学报，2016(3)：38—41.

② 此处指由同一个报道者书写的同一篇通讯的文字版与有声版。

表 5-6 通讯语篇人际方式的多维语体特征

<table>
<tr><th>语体行为要素</th><th>语体成分</th><th colspan="3">语体特征</th><th>语言要素</th></tr>
<tr><td rowspan="6">人际方式</td><td rowspan="6">人际方式</td><td>正式程度</td><td colspan="2">±正式</td><td rowspan="6">词语的选择
句式的选择
表达手法的选择
修辞的选择</td></tr>
<tr><td>准备程度</td><td colspan="2">+准备</td></tr>
<tr><td rowspan="2">交互性</td><td>独白</td><td>虚拟交互</td></tr>
<tr><td>数量</td><td>一对多</td></tr>
<tr><td>权势度</td><td>强关系/弱关系</td><td>中等权势度</td></tr>
<tr><td>识解度</td><td>强关系/弱关系</td><td>强识解度</td></tr>
</table>

5.3.2.2 通讯语体结构潜势与语篇结构

通讯语篇在它的行事意图、行为媒介、人际方式的综合作用下，其语体结构潜势[1]如下：

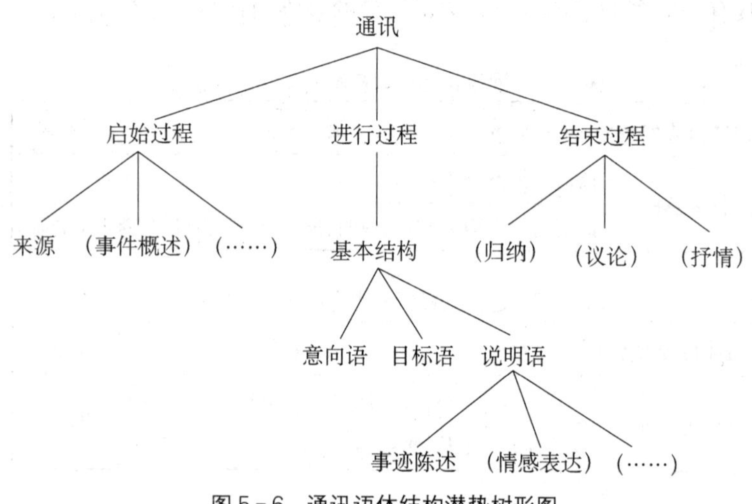

图 5-6 通讯语体结构潜势树形图

① 图中（ ）为可选择部分。

通讯语篇是"通讯"这一社会行为方式长期历史地积淀在语篇形态中的结果，通讯语体结构潜势约定俗成地文本化为程式化的语篇结构。通讯的程式化语篇结构如下所示：

××××　××××(**标题**)
记者×××　通讯员×××
本报讯(可省略)　×××……(正文)
××××……(结尾)

(1) 标题

标题呈现的是通讯的主题，标题凝练出了通讯所报道的主要内容。主要的标题类型有直接切题型、提问悬念型和虚实结合型。直接切题型以简洁明快的语言吸引读者，如江苏教育出版社初一下学期语文课文《三个太阳》的标题——"三个太阳"。提问悬念型通过提问引导读者进一步理解主题。所谓虚实结合型，就是采用主副标题，主标题虚拟，副标题实拟。例如：

书写文明　传递文化(主标题)
记郑梁梅中学初一年级汉字听写大赛(副标题)

(2) 开头

开头起着定格调、理头绪的作用。精彩的开头，是全篇文章的总纲，消息的开头一般是导语，而通讯的开头多姿多彩，不拘一格，可以直接点明所要报道的事件来开头、以描写景物开头、也可以鲜明的对比开头。例如："日前，淮阴师范学院召开'学党章党规、学系列讲话，做合格党员'学习教育工作部署会，学习贯彻习近平总书记重要指示和中央、省委、市委座谈会、部署会精神，对全校开展‘两学一做’学习教育进行部署。”[①]这样用直接点明所要报道的事件的方式来开头，突出主题，增强感染力，有提纲挈领的作用。“镜月湖畔垂柳依依，簇簇海棠浅笑不语，阳光下玉兰树翠绿茂盛，婆婆纳如同紫色繁星，遍地肆意铺张，那片如雪的白和绚烂的红，不是画景。此时的淮阴师范学院鸟语花香，生机勃勃。”[②]写景能够迅速地把读者带入一个典型的场景中，给读者以艺术的感染，渲染后续报道的氛围。“都说八大菜系各有特色，在很多人看来，高校美食却是实实在在的第九大菜系，不管你是小清新还是重口味，或者你是二次元世界的使者，高校食堂都能满足你的胃口。”[③]将高校美食与八大菜系相较，吊起读者的胃口，引起读者继续阅读的兴趣。

（3）正文

由于通讯语体的特殊性，正文也呈现多样性的特点。关键在于通讯记者怎样在保持新闻事件真实性的条件下进行叙写，在典型环境中把典型形象、代表性情节与典型的细节等合理地书写在语篇中，来塑造形象，突出主题。通讯记者在掌握大量的一手素材的基础上，要努力书写出一系列的动人故事，而且要将故事写得引人入胜、情趣盎然来满足阅读者的好奇心。“在人物形象的塑造方面，通讯记者要摆脱概念化、类型化的束缚，努力通过展现某个人独特的行为方式，使所谓‘这一个’从‘这一类’中分离出来。细节决定高度、决定深度。通讯语篇以报道事物变化过程为旨趣，对报道对象是一种下马观花式的观照”[④]。通讯语篇只有在细节上下功夫，才能叙写出生动的形象，感动广大受众，尤其是人

---

① 淮阴师范学院，淮阴师院举行“两学一做”学习教育部署会，江苏教育网，2016 年 5 月。

② 柏华，光影校园，江苏教育网，2016 年 5 月。

③ 马超、王新鑫，“最受欢迎的高校美食”第一站，淮海晚报，2016 年 3 月 16 日。

④ 章毅，普通高等教育“十二五”精品规划教材　大学应用文写作教程，天津：南开大学出版社，2015 年版：8。

物的通讯报道。通讯的活力主要体现在细节方面。通讯语篇只有建立在丰富、翔实的典型事例与动人的细节基础上，才能深刻展现新闻事件的真相及新闻人物的精神风貌。

(4) 结尾

通讯语篇的结尾要对之前的报道进行总结与提升，要有实在的内容，忌讳大话、空话、废话。常见结尾有：重言压阵、抒发情怀、发表议论、归纳总结等。如："小宿舍里有大气象，小到影响每个学生的学习和生活，大到锻造成熟的人格气质形成。淮师人用这种潜移默化的方式促进学生全面发展，这与学校'崇德励志、博学笃行'的校训精神相辅相成。"[①]此通讯的结尾，通过议论表达自己对淮师教育方式的赞赏，既精炼又实在。

5.3.2.3　通讯的语言特点

通讯是新闻报道者向广大民众讲述已经发生了的事情，说明事件的发生，陈述事件的相关过程，可以运用多种表达手法真实、细致地再现典型人物或新闻事件。在通讯语篇多维语体特征的综合作用下，通讯语篇呈现出既朴实简洁，又生动形象的语言特点。通讯语篇既要书写静态的事实又书写动态的事实，所以通讯报道语篇中需要有场景描写和环境渲染，有生机勃勃的人物个性，还要有典型的细节、感人的情节等等，可以运用各种语言表现手法，可以运用拟人、比喻、排比等修辞格，营造生动形象的立体感。通讯语篇不管是报道有形可依的事物与人物，还是报道抽象的不容易把握的心态、事理等，均能够凭借形象生动的表述呈现出来。如人民教育出版社出版的部编教材八年级语文上册中的《一着惊海天——目击我国航母舰载战斗机首架次成功着舰》中的一段"声如千骑疾，气卷万山来。惊心动魄的一幕出现了：9时08分，伴随震耳欲聋的喷气式发动机轰鸣声，眨眼之间，舰载机的两个主轮触到

---

① 郑晋鸣，雅舍里的"崇德"情怀，光明日报，2016年5月8日。

航母甲板上，机腹后方的尾钩牢牢地挂住了第二道阻拦索。刹那间，疾如闪电的舰载机在阻拦索系统的作用下，滑行数十米后，稳稳地停了下来。”①这生动形象的语言给人以身临其境的感觉。

5.3.2.4 中学新闻语体教学——以通讯《三个太阳》的教学为例

新闻语体教学，首先要深谙语体学理论，其次能够用语体学理论来分析新闻语体，然后再把对新闻语体的理论分析运用到实际的中学语文的新闻语体教学中去。在新闻语体教学过程中，不能忽视对学生语体能力的培养，在把握新闻语体相关知识的基础上，将其渗透到教学的各个环节。“语文课程应致力于形成和发展学生的语文素养，引导学生积累语言，培养语感，发展思维，正确地理解和运用母语。提高学生的思想道德修养和审美情趣，使他们形成良好的个性和健全的人格，促进各方面和谐发展。”②那么，中学语文如何编写教学大纲及教材、如何管理教学活动、使用什么教学方法、如何检测教学质量，等等，都会对教育产生深远的影响。

(1) 中学语文新闻教材编写存在的问题及改进建议

我国的语文教材大多是文选性教材，以原文为主，注释、课后作业等为辅。我们选取了人民教育出版社、江苏教育出版社、语文出版社和山东教育出版社四个版本2017年的中学课本进行研究。

表5-7 对我国不同版本语文教科书的新闻选文的分析

	版本	年级	类型	篇目
初中	人教版	八年级（上）	消息	《中原我军解放南阳》《人民解放军百万大军横渡长江》
	鲁教版	七年级（下）	消息	《中原我军解放南阳》《人民解放军百万大军横渡长江》

① 部编教材，八年级语文上册，第四课《一着惊海天》，北京：人民教育出版社，2017年版：11。

② 义务教育语文课程标准，中华人民共和国教育部，2011：1。

续　表

	版本	年级	类型	篇目
	苏教版	七年级（下）	消息、新闻特写、报告文学、通讯、录音新闻	《三个太阳》《神舟五号飞船航天员出征记》《人民解放军百万大军横渡长江》《录音新闻》《中英香港政权交接仪式在港隆重举行》
	语文版	八年级（上）	消息、新闻特写、电视新闻、通讯	《北京喜获 2008 年奥运会主办权》《生命之舟》《别了，不列颠尼亚》《杂交水稻之父——袁隆平》
高中必修	人教版	高一年级	消息、报告文学	《别了，不列颠尼亚》《包身工》《奥斯维辛没有什么新闻》
	鲁教版	最新版本教材无新闻教学		
	苏教版	高一年级	消息、通讯	《落日》《勃兰特下跪赎罪受到称赞》《加拿大将“南京大屠杀”编入历史教材》
	语文版	高一年级	通讯、报告文学	《奥斯维辛没有什么新闻》《英雄潇洒走在弯》《唐山大地震》《落日》

从表中可以管窥中学新闻教学存在的问题：

A. 教材的编排：新课程改革之后，我国的语文课本多用主题分单元的方法，苏教版和语文版以“信息传播”为一个单元，选取了多样的新闻，人教版和鲁教版初中课本是以“战争”为一个单元。

B. 选文的内容：语文版和苏教版比较重视新闻教学，数量多、种类也多。从体裁上看，消息语体的选取率最高，通讯和报告文学选取率也不低，除了鲁教版没有消息、通讯类的课文外，其他三个出版社的语文教材皆选取了消息、通讯类的课文，其中有的出版社的教材还选取了录音新闻，也不失为一种积极大胆的尝试。

C. 选文的题材：具有教育意义的题材选择较多，例如解放战争、伟人事迹、香港回归等。

针对以上问题，我们的建议如下：

A. 重视新闻语体教学。教材编选者对新闻语体教学的忽视，值得反思。在教材选取的过程中，编写者对课文主题的分类可以从情感的角度出发，但是对于初中生来说，如果不联系新闻语体的特征，而直接对学生进行情感教育，就会违反初中学生的身心发展规律，所以我们认为苏教版和语文版的编排方式更为合理。

B. 中学教材中新闻语篇的选择应多种多样。大多数的教材编写者选取了消息，可能是因为消息简短，格式清晰，写作教学较为轻松，比较适合初中生；而通讯文无定法，在写作教学方面需精心设计。教材编写者应该为学生呈现出一个多样的新闻视野，而不是仅仅选取其中一个类别，电视新闻、录音新闻、报告文学以及新闻评论等都可以尝试尝试。

C. 教材应更多地从现在社会媒体中选取热点新闻语篇。随着时代的发展，很多教材体现出强烈的滞后性。新闻创作应该来源于现实生活，依赖着现实生活，反映着现实生活，问渠那得清如许，为有源头活水来。教材编选者应该从生活出发，选取具有时代特征的新闻语篇为教材，这样才能让语文教学更加鲜活。

(2) 中学新闻语体课堂教学存在的问题及改进建议

教语文就是教学生如何做人，课本里选入的新闻语篇多是关于对社会发展产生影响的大事件。21世纪，不关心时事，一门心思只扑在书本上的学生必将落伍。每个公民都应该关心社会，尤其是我们祖国的未来——中学生，更应该多看新闻、关心社会、关心祖国。随着社会发展，我们的语体教学也应紧跟时代步伐，不仅课堂上学习新闻语篇，而且要引导学生在生活中积极主动地去阅读新闻，关注国家经济和人民生活。这应该成为新闻语体教学的延续，纳入教学内容中。但是，在实际的教学中，很多教师将新闻语体的文本仅仅当成了读物，没有探讨语体的形成过程。其实，教师恰恰应该关注新闻语篇的组织形成过程，以便帮助学生培养新闻语感，使他们在学习中逐渐形成新闻语体意识。

我们认为新闻语体教学实施如下：素质教育要求课堂要积极调动学生的主动性，发挥教师的主导功能；先提出问题，小组讨论，再读新闻语篇等环节把课堂交还到学生手里，让学生成为新闻语体教学课堂的主人。教师及时总结点评，及时纠正学生对通讯语体认识存在的偏差。根据通讯语篇的语体结构潜势来确定语篇的语义框架，有助于理解通讯语篇的结构。最后在从词汇、语法等方面分析通讯语篇的特点。因此，我们设计的中学语文通讯的阅读教学环节主要有：课前预习→朗读课文→课堂讲解→细读课文→结合通讯特点具体分析课文→提出问题→再读课文→小组讨论→汇报结果→教师总结点评。课前预习的教学目标是让学生初步接触通讯，自行解决课文中的生字词，发现通讯语篇可能存在的问题，使学生清楚课堂上将要解决的问题。阅读教学应该以阅读为主，讲解为辅，在阅读中找到问题、解决问题，所以朗读、细读、再读的环节是必不可少的。

(3) 通讯《三个太阳》的语体教学设计

我们以江苏教育出版社的语文七年级下册第五单元的通讯语篇《三个太阳》[①]为例，根据《义务教育语文课程标准》，设计了学思案，分为两个课时，如下所示：

初一语文学思案

【课题】三个太阳(第一课时)

【学习目标】

1. 了解关于通讯语体的基本常识，学习这篇课文展示人物精神品质的方法。

2. 把握课文主体，了解神秘的南极。

① 黄传会，三个太阳，语文七年级下册第五单元，南京：江苏凤凰教育出版社，2015年版：168。

续　表

【基础学习】
1. 我已经朗读课文(　　)遍了。
2. 字音字形,抄写三遍。

蹒跚 pán shān	凌厉 líng	咯噔 gē dēng	吞噬 shì
铠甲 kǎi	呕心沥血 lì	伫立 zhù	翩跹 piān xiān
紧蹙 cù	粗犷 guǎng	舷窗 xián	俯瞰 fǔ kàn

【知识积累】
1. 什么叫通讯?通讯是怎样的一个(言语)行为过程?由哪些维度的特征?

____

2. 什么样的人写通讯报道?什么样的人看通讯报道?

____

3. 说说通讯的基本特点和种类。

____

【深入探究】
1. 概括课文内容,并说说作者写这篇报道想表达怎样的情感?

____

2. 请你说说课文中几个小标题的作用。

____

3. 这篇通讯是按照怎样的顺序来书写的?为什么要这样安排结构?

____

【我的疑问】

____

【学习评价】
自我评价____________　家长评价____________
老师评价____________

初一语文学思案

【课题】三个太阳(第二课时)

【学习目标】

1. 理解文章内容,总结通讯语言的特征。
2. 领会南极精神,加强民族自豪感。体会作者想象的运用。
3. 将同类型及不同类型的新闻进行对比,深入了解通讯。

【阅读积累】

1. 找出文中让你深有感触的句子,说说原因。

______

2. 请你阅读报纸,找两篇通讯报道,并分析这两篇通讯与本文的异同。

______

【深入探究】

1. 说说"南极人"具有什么精神品质?

______

2. 概括"三个太阳"的含义。

______

3. 通讯经常和消息放在一起比较,请你说说它们的异同。

______

【拓展延伸】

1. 带着感情朗读课文68节,谈谈你的感受。

______

2. 这是一篇文艺通讯,是一篇具有新闻语体特征的记叙文,你从课文中学习到了哪些有价值的写法?

______

续 表

3. 为上个月学校举办的汉字听写大赛分别写一则通讯和消息，小组交流。 ____________________ 【我的疑问】 ____________________ 【学习评价】 自我评价________ 家长评价________ 老师评价________

通过课堂讲解，帮助学生树立通讯语体意识，培养学生的通讯语感。作为初中学生，如果直接讲解关于语体结构潜势可能很多学生没有办法在短时间内接受，所以我们将通讯语体结构潜势的分析通过“通讯是怎样的一个(言语)行为过程？有哪些维度的特征？”的讨论分析及教师讲解来把握，同时学生在思考、探讨这两个问题的过程中也掌握了通讯语篇的多维语体特征。通过两个课时的学习，把通讯语篇的教学目标分解开来，运用多种阅读方式，在阅读中理解通讯语篇的语体特征和语言特点；同时，通过设置问题以启发学生在阅读中多多思考。我们希望实现评价的多元化，教师和学生参与必不可少，家长的重视程度也有很大的作用。苏教版七年级下册第五单元的课文均为新闻语篇，这样编写，有助于学生阅读时把几篇新闻类的课文一起比较，体会通讯与其他新闻语篇写法的差异。

中学语文教学中，通讯语篇要求以阅读教学为主，但我们认为初中学生可以在把握格式的基础上，尝试进行简短的通讯写作。我们还可以利用课余时间，就第二课时学思案拓展延伸的第三题学生写的一则通讯稿，针对通讯稿的写作情况与学生展开进一步讨论。

书写文明　传递文化

记郑梁梅中学初一年级汉字听写大赛

记者　李佳俊　通讯员　朱康伟

本报讯　今天下午，我校《初一级部汉字听写大赛》圆满落幕，来自初一(8)班的陈阳和我们班的杜倩，分别夺得本次大赛的冠亚军。

当今社会，电脑和手机越来越普及，使很多人拿笔写字的次数越来越少，取而代之的是键盘。你会发现，你连日常生活需要用的字都写错了，或许将来某天你连“人”字和“入”字都分不清了……

不会写中国字那还能是中国人吗？奋起吧，少年！当你抬头看见鲜艳的五星红旗迎风飘扬，你就会明白，中华民族需要我们，中国上下五千年的文化等着你我去传承！

这篇通讯是以初一年级举办的汉字听写大赛这件事为基础写的，获奖内容属实，在真实性方面做得不错。但也有不当之处。如：“今天下午”应改为具体时间——“2016 年 4 月 8 日星期二下午三节课后”；“我校”使用不当，如果为校级以上的报社写报道，必须在文中使用全称；“来自初一(8)班的陈阳和我们班的杜倩，”应改为“来自初一(8)班的陈阳和初一(7)班的杜倩两位同学”。整篇通讯篇幅太短，第二段文学性有待提高，陈述内容太少，不能满足阅读者想了解更多的关于此次比赛的激烈战况的愿望。如果把这些不足之处改过来，这篇通讯就会更出彩了。

很多学生认为只要熟悉通讯的特点就能写好通讯，其实不然。我们让学生分别书写了一篇通讯和一篇消息，结果，绝大部分学生消息写的不错，存在问题较小，也有个别学生依旧分不清二者的区别。尽管在写这篇通讯之前，我们对通讯的语篇格式、语言特征等都做了详细地讲解，语篇格式上大部分学生掌握较好，但是对于通讯语言的准确性和生动性的把握上问题较大。造成的原因有两个：一是学生对通讯的特点只停留在了解层面，没有在实际运用中落实，需要多多加强写作训练；二是通讯语言的文学性比消息语言强得多，但是学生写的通讯语言的文学性比消息语言差得多，这是文学素养的问题，说明学生平时对语文的重视程式与努力程式不足，需要多多加强课外阅读。但，值得赞赏的是，同学们的通讯语言较通顺，正确使用了正副标题的格式，不仅把握了通讯的标题特色，而且展示了写作的深意。最后能重言压阵，呼吁当代中学生要认真学好语文，书写好汉字，字里行间透着浓浓的爱国激情。

我们提倡学校写作教学应该多元化，不能仅为了应付考试，而训练中学生只写记叙文。不积跬步无以至千里，学生平时对各类文学作品及应用文的积累都是非常重要的，教师在中学语文教学过程中应该加强学生日常各类文本的阅读与积累。

语文教科书选编了新闻作品，顺应了信息的飞速发展对教育提出的时代要求。21世纪大众媒体的快速发展，使新闻成为人们日常浏览的主要内容，与人们的生活密不可分，这就需要现代公民必须具备新闻阅读的能力。我们必须从小培养起学生的新闻阅读能力。

5.3.3 中学课文语篇的多维语体特征赏析

目前，我国的母语语文教学中较少涉及语体教学，大多是运用语体知识静态地分析课文的语言特点、语篇结构、语体风格等，很少从动态的角度去探讨语体语篇的形成过程。为了配合中学语文教学，我们运用前文所探讨的语体理论知识动态地考察中学语文教材中的课文，由于精力有限，目前只分析了一篇毛泽东同志亲笔书写的消息，希望能对汉语母语的语体教学尽点微薄之力。

5.3.3.1 《人民解放军百万大军横渡长江》多维语体特征赏析①

毛泽东同志亲笔撰写的经典新闻消息——《人民解放军百万大军横渡长江》，多年来被各种版本的中学语文教材选为范例。有关这则消息的相关论文，我们在中国知网上以“人民解放军百万大军横渡长江”为主题检索词，检索到24篇。有的是教学实录，有的是教学设计，有的是探讨如何引导学生进行新闻阅读等等。但，大多数的论文都是从新闻角度，只关注消息这种新闻格式，讨论消息的新闻学知识，分析该文的用词用语的精准性等，分析其多维语体特征的较少。我们试图从言语行为角度分析《人民解放军百万大军横渡长江》的多维语体特征，试图解释该消息语体构建的经典所在。

5.3.3.1.1 《人民解放军百万大军横渡长江》的多维语体特征

消息往往被称作狭义新闻，是指“以最直接、最简练的方式报道新闻事实的一种新闻文体，以叙述为主要表达方式，对新近发生或发现的有新闻价值和社会意义的事实作出迅速及时、简明扼要的报道，是使用频率最高、最广泛的新闻体裁”②。也就是说，消息是一种语体。我们认为“语体是语篇的类型，是实施某种类型言语行为时所形成的语篇格局，即实施某种类型言语行为时，语言在使用方式及语言形式上所形成的成格局的话语模式。”③

① 许彩云，《人民解放军百万大军横渡长江》多维语体特征赏析，名作欣赏，2019(4)：22—24。

② 耿云巧、马俊霞主编，现代应用文写作(第3版)，北京：清华大学出版社，2013年版：277。

③ 许彩云，汉语指令性语体研究，上海外国语大学博士论文，2014：1。

我们从言语行为的实施角度来考察，每一种言语交际活动的进行均由交际的目标、语境、内容、受众、媒介形式、表达方式及交际的效果等诸多方面共同作用完成的。我们发现能够从中抽取出一个言语活动的完成所必须的三个基本维度，也就是："通过完成该言语活动要完成一件怎样的事情；该言语活动是通过怎样的媒介和传播方式来实现的；为了该言语活动的顺利完成，行为双方的角色关系是怎样的。换句话说，每一个言语活动的实施一定要满足言语行为意图、人际交流方式、媒介方式这三个维度的需求，这三个维度就是语体的行为要素。"①"任何一类言语行为的实施都是这三个方面的要求共同作用的结果，彼此之间必定会形成一种相互配合的格局。"②消息发布者的行事意图是报道已发生或正在发生的事情，所以消息应该是"报道"类言语行为。消息的话语意图是消息的发布者意欲使用话语来"报道"某事；为了实施"报道"行为，消息选取了叙述的表达方式来安排话语，叙述"何时何地，何人何因发生何事，及如何发生"。《人民解放军百万大军横渡长江》这则消息是通过"书传"将战况真实地告知于广大民众的。在实施"报道"言语行为时，消息发布者需要具有一定的权威性，权威性决定了消息的可信度。消息的人际方式还可以进一步分出：正式程度、庄重程度、准备程度、权威性和交互性等语体特征。正式程度中等，一对多，有充分准备，虚拟交互，等等。这些构成了《人民解放军百万大军横渡长江》的多维语体特征，请见表5-8。

（一）言语行为意图

消息《人民解放军百万大军横渡长江》是1949年4月22日人民解放军横渡长江取得初步胜利后，毛泽东于当天深夜亲自书写

---

① 许彩云，汉语指令性语体研究，上海外国语大学博士论文，2014：46。

② 许彩云，汉语指令性语体研究，上海外国语大学博士论文，2014：44。

表 5－8　《人民解放军百万大军横渡长江》的多维语体特征及语言要素

<table>
<tr><th>语体行为要素</th><th>语体成分</th><th colspan="3">语体特征</th><th>语言要素</th></tr>
<tr><td rowspan="2">行为意图</td><td>话语意图类型</td><td colspan="3">报道</td><td rowspan="2">主题：消息
程式化语篇</td></tr>
<tr><td>话语功能类型</td><td colspan="3">叙述</td></tr>
<tr><td>行为媒介</td><td>言语手段</td><td>书传</td><td>现场性</td><td>话语现场</td><td>书面语</td></tr>
<tr><td rowspan="5">人际方式</td><td rowspan="5">人际方式</td><td colspan="3">正式程度（±正式）</td><td rowspan="5">书面词语
句式选择
句型选择
语气选择</td></tr>
<tr><td colspan="3">准备程度（＋有准备）</td></tr>
<tr><td rowspan="2">交互性</td><td colspan="2">现实/虚拟交互</td></tr>
<tr><td colspan="2">一对多</td></tr>
<tr><td>权威性</td><td colspan="2">＋权威性</td></tr>
</table>

的。毛泽东撰写这则消息的目的(即行事意图)是通过报纸、广播或其他形式真实地把我军渡江战役的情况告诉我国广大民众,宣告了中国人民解放军已彻底摧毁了国民党的长江防线,取得了决定性的胜利。也就是说,这则消息的话语意图是“报道”,及时报道当时的战况。

我军渡江战役的时间:1949 年 4 月 20 日夜起至 4 月 22 日 22 时;地点:西起九江(不含),东至江阴 1000 余华里长江战线;人物:人民解放军百万大军;起因:国民党反动派拒绝签订《国内和平协定》,人民解放军为了解放全中国而发起渡江战役;经过:分中、西、东三路击破防线顺利横渡长江;结果:人民解放军全线告捷。《人民解放军百万大军横渡长江》采用了叙述的表达方式,依照渡江的时间顺序进行报道。首先,4 月 20 日夜至 21 日夜,中路军(安庆—芜湖)30 万兵力占领长江中段南岸。其次,4 月 21 日 17 时至 22 日 22 时,西路军(九江—安庆)35 万兵力,约 23 万人(三分之二)过江,占领长江西段广大南岸阵地。再次,4 月 21 日 17 时至 22 日 22 时,东路军(南京—江阴)35 万兵力已渡过大部分,经过整天激烈作战,歼灭及击溃一切抵抗之敌,占领长江东段南岸阵地,控制江阴要塞,切断镇江无锡段铁路线。叙述了我人民解放军横渡长江的人数、步骤、战斗以及国民党军队的抵抗、溃败、逃亡。毛泽东同志仅用 578 个字,就将人民解放军百万大军横渡长江这样的大战斗、大战场、大胜利,展现得淋漓尽致了。

(二) 行为媒介

《人民解放军百万大军横渡长江》的言语手段选取了“书传”,以文字作为该篇消息的传播手段,其原载于 1949 年 4 月 24 日《人民日报》。毛泽东是一位横槊赋诗的军事家、政治家,曾有诗这样描绘他:“你用平平仄仄的枪声写诗,二万五千里是最长的一行。”[①]毛主席的语言是庄重典雅的书面语。

（三）人际方式

毛泽东同志身兼中央委员会主席、中央政治局主席、中央书记处主席三职，集决策的最高权力和执行的最高权力于一身，既是中国共产党的军事领袖，又是中国共产党的第一代领导核心。1949年初，淮海、辽沈、平津三大战役结束，中国人民解放军在全国取得胜利势在必得。但国民党反动政府依旧垂死挣扎，在对长江防线经过了三个半月的尽心苦守之后，于4月20日公然拒绝签订《国内和平协定》。4月21日，毛主席和朱德发布了“向全国进军”的命令，命令人民解放军“奋勇前进，坚决、彻底、干净、全部地歼灭中国境内一切敢于抵抗的国民党反动派，解放全国人民，保卫中国领土主权的独立和完整。”人民解放军于该日凌晨发起了渡江战役。22日夜，毛泽东同志就亲自撰写了这则全面报道前线最新战况的新闻稿——《人民解放军百万大军横渡长江》。鉴于毛泽东同志的身份，这则消息具有了绝对的权威性，正式程度中等，有充分准备；由于毛泽东同志意欲昭告天下，所以此消息人际方式中蕴含着隐性交互，是一对多的关系。

5.3.3.1.2 《人民解放军百万大军横渡长江》的结构与语言特点

消息语体是一个动态的生成过程，是在消息发布者的使用过程中形成的。消息发布者在实施“报道”言语行为时，“行为要素（即语体行为要素）决定语体的构成成分，语体构成成分可以分解出多维语体特征，语体特征的综合作用决定了语体的语言变异，而消息语体的语言变异呈现在每一个消息语体的具体语篇之中”[②]。因此，

---

① 王君/执教，符婷/整理，《人民解放军百万大军横渡长江》教学实录，语文教学通讯，2012(4/B)：16—19.

② 许彩云，汉语指令性语体研究，上海外国语大学博士论文，2014：46。

消息《人民解放军百万大军横渡长江》呈现出程式化语篇结构、庄重的书面语、恢宏的气势，语言精准，感情鲜明。

(1) 程式化的语篇结构

消息语体语篇是由报道类言语行为方式向消息语篇转变的结果，是“报道”这一社会行为方式的特征积淀在消息语篇的形态中的结果。消息语体的结构潜势是指消息语体的语篇意义结构，是实施“报道”言语行为时，所形成的基本语篇结构。消息语体的结构潜势不是指一个消息语篇的具体组成部分，而是指消息类语篇中固有的、稳定的结构，有必有成分、可选成分、可重复成分。在实施“报道”言语行为时，消息的来源、消息的内容是必备成分“[]”，其他是可选择成分“()”；消息的内容是核心，需要反复强调，需要概括呈现，也需要详细叙述，是可重复成分。消息语体的结构潜势约定俗成地文本化为程式化的语篇结构，如下所示：

×××　×××[**标题**]

×××月×日电[消息来源](记者×××)[报道者]　×××……[导语]

××××……[主体]

××××……(结语)

标题是消息的主题，是消息的精华部分，概括了消息的最主要内容和思想，是强调和评价核心。导语集中并突出了消息的最关键的新闻要素，并以最简洁、精练的文字将之概括出来。主体是对消息主题的具体说明。作为消息的主干，为了对导语叙述的事实加以详细阐明，主体要充分运用说服力强的材料，对导语中没有涉及的次要材料进行补充、说明，对导语中提出的问题进行解答，使消息的五个“W”(“when”何时、“where”何地、

"who"何人、"what"何事、"why"何因)和一个"H"("how"怎么样)更加清楚、明确。消息的结语,是可选择成分,精心设计的结语可以提高语篇的完整性,和导语、主体一起共同表现消息的主题。

消息《人民解放军百万大军横渡长江》中只有消息语体的必备成分——标题:"人民解放军百万大军横渡长江";消息来源:"新华社长江前线 22 日 22 时电";报道者:毛泽东;导语:"人民解放军百万大军,从 1000 余华里的战线上,冲破敌阵,横渡长江。西起九江(不含),东至江阴,均是人民解放军的渡江区域。"共 27 个字,简明扼要,句无余字、字字千钧。主体:按照时间的先后顺序进行叙述,分为三个层次——"1. 中路军渡江的时间、突破地点、渡过人数;2. 西路军渡江情况;3. 东路军渡江情况。"这样叙述,用事实说话,使百万大军横渡长江的整个战斗的进展过程鲜明、完整。同时,在叙述渡江战役事实的基础上加进了"画龙点睛"式的议论。为什么人民解放军百万大军渡江战斗能在短短的两天时间里就取得了基本胜利?是因为人民解放军的"英勇善战""锐不可当"以及国民党反动派的"毫无斗志""纷纷溃退"。标题、导语和主体,由概括到具体,层层展现了"人民解放军百万雄师过大江"的主题。

(2) 庄重典雅的语言特征

消息《人民解放军百万大军横渡长江》的语言是庄重典雅的书面语。

首先,使用了大量的文言词语、成语,使语言呈现准确、简明、典雅的特点。例如"西起""东至""渡至""24 小时内即已渡过""余部""所遇之抵抗""亦纷纷溃退""甚为微弱""不起丝毫作用""诸县""业已""至发电时止""现已占领"等词语,"毫无斗志""英勇善战""锐不可当"等成语。文中频繁使用单音节词,如"可(可以)""然(然而)","已"就使用了 7 处。单音节词的运用也增强了文章的文言色彩。作者这样使用词语使语言既精练,又富含韵味。

其次,《人民解放军百万大军横渡长江》中准确用语的地方俯拾即是,动词的使用尤为精准。动词具有极强的描摹性,能够生动形象地塑造人物,表现人物鲜明的形象特征。《人民解放军百万大军横渡长江》叙述的是战斗过程,所以动词的使用上经过了精心地筛选。比如:"横渡长江""冲破敌阵""突破安庆、芜湖线""东面防线又被我军突破了"、东面防线经过"整天激战中,我已歼灭及击溃一切抵抗之敌""占领扬中、镇江、江阴诸县的广大地区,并控制江阴要塞,封锁长江。我军前锋,业已切断镇江无锡段铁路线。"这些动词恰当、贴切,不仅具有极强的表现力,而且真实地再现了我军百万雄师过大江的战况,也恰当地呈现了我军锐不可当的气势。另外,文中多次使用数字,如"1000 余华里"、"百万大军""24 小时内""21 日下午 5 时起""30 万""35 万"等等,增强了语言的准确性。

从语句方面来看,《人民解放军百万大军横渡长江》全文 610 个字,共有 16 个句子,复句 11 个,单句只有 5 个。其中,长句 7 个,短句 9 个,长句短句参差交错,节奏鲜明。

《人民解放军百万大军横渡长江》语义上比较注意前后互相照应。标题与导语部分称"百万"大军,主体部分即分别点出中路"30 万人"、西路"35 万人民解放军"、东路"35 万大军",之和正是"百万"之军。又如:前文交代了西路军的渡江时间,叙述到东路军时只言"同日同时";前文提过汤恩伯 21 日到芜湖,后文叙述东路军突破敌人防线的时间就说"汤恩伯到芜湖的那一天",既有讽刺作用,又起到了前后呼应的作用。

综上所述,在消息语体的多维语体特征的共同作用下,语篇《人民解放军百万大军横渡长江》呈现出程式化的语篇结构、庄重典雅的书面语、恢宏的气势,精准的语言和鲜明的感情。

5.4 对外汉语的语体写作教学

在对外汉语教学中,留学生从最基础的节日贺卡、书信、请假条、日记到中高级阶段的记叙文、议论文、说明文等语体的写作学习,由于其目的语与母语的诸多不同、文化的差异及汉语水平的有限,给留学生们的学习与写作带来了很多困难。针对留学生的状况,如何设计教学才能便于他们学习和掌握呢?经过对前人研究成果的总结与留学生的语体写作教学实践,我们从言语行为的角度分别探讨了求职信、家书和说明文的多维语体特征,分析了留学生书写这些语体时出现的语体偏误以及偏误产生的原因,给出了教学建议。

5.4.1 家书多维语体特征与写作教学

留学生将汉语作为第二语言的学习,“听、读”两项言语技能体现了留学生运用语言进行理解的能力,而“说、写”这两种能力是满足其社会交往及表达能力的需求。“写”的能力同时又是检测留学生汉语水平的一把标尺。所以对于把汉语作为第二语言学习的留学生来说,熟悉写作、掌握写作是一项必不可少的技能。书信语体教学一直是留学生写作教学的重点与难点,如何教会留学生运用得体的语言写出书信是我们的语体写作教学的目标之一。家书语体,不仅有口语的特点而且还有书面语的特点,与求职信、请假条、申请书不同,它更加口语化,更注重情感的沟通。对于留学生来说,家书语体还是比较容易掌握的,写好家书可以为留学生进一步学习其他书信的写作打下基础。

目前研究留学生书信语体写作的成果并不多见,只有几篇。白雅清(2009)探讨了留学生书信文体的偏误问题,她从格式的偏误、标点符号的偏误等方面进行梳理,但并未分析原因和制定相应的教学策略。[①] 杨敬慈(2011)对所收集到的日本留学生汉语书信的格式错误做出了细致的统计和分析。[②] 金秀珉(2012)针对对外汉语教学中书信等七大类应用文写作的词汇进行了分析,还归纳分析了这七类应用文的问候语、开篇语、结束语等。[③] 梁氏云英(2013)对越南学生汉语书信中的敬谦语这一特有现象进行了分析,提出了相应的教学建议。[④] 修焕焕(2015)对新加坡留学生求职信语料进行分析,整理了写作偏误,并提出解决措施。[⑤] 康烨(2015)针对韩国留学生的家书写作进行了探讨,着重分析了家书的格式、语言运用等偏误以及偏误产生的原因,提出了建设性教学举措。[⑥] 我们努力吸收前辈学者研究的成果,试图梳理家书的多维语体特征和语篇结构,提出结合国别的文化背景差异和口语书面化等展开偏误分析,确保偏误分析的全面化和具体化,最后制定合理的教学策略,提高教学效果。

5.4.1.1 家书语篇多维语体特征

家书属于告知类言语行为。告知类言语行为的实现需要满足其行事意图、行为媒介、人际方式三个方面,“这三个方面的要求共同作用的结果,彼此之间必定会形成一种相互配合的格局”[⑦]。家书属于告知类言语行为,其言语行为意图是告知,写信人将自己的近况告诉家里的亲人及抒发对亲人的思念之情,让亲人知道写信人的生活、思想与情感状况。家书的话语功能类型是

① 白雅清,留学生汉语书信写作偏误分析及思考,语文学刊,2009(8):161—162。

② 杨敬慈,关于对外汉语教学中书信写作教学的探究——以 HSK 数据库中日本籍考生作文为研究案例,辽宁教育行政学院学报,2011(5)。

③ 金秀珉,对外汉语常用应用文写作词汇分类及分析,黑龙江大学硕士论文,2012:4。

④ 梁氏云英,汉语和越南语书信敬谦语对比研究,湖南师范大学硕士论文,2013:5。

⑤ 修焕焕,新加坡学生汉语求职信写作案例分析,鲁东大学硕士论文,2015:10。

⑥ 康烨,韩国学生汉语书信写作案分析——以 HSK 动态作文语料库中《一封写给父母的信》为例,湖南师范大学硕士论文,2012:5。

⑦ 许彩云,汉语指令性语体研究,上海外国语大学博士论文,2014:44。

陈述，采取陈述的话语方式来实现告知行为。行为意图是告知，话语功能类型是陈述；行为媒介是书传，介于口语与书面语之间，可以说是口语化的书面语；人际方式是有准备、非正式、非庄重、虚拟交互、强亲近度等，这些构成了家书语篇的多维语体特征。家书语篇多维语体特征的相互作用必然引起其在语言要素上的选择。请见表 5-9(见下页)。

5.4.1.2　家书的语篇结构

家书是写信人将自己的近况告诉家里的亲人及抒发对亲人的思念之情，让亲人知道写信人的生活、思想与情感状况。家书是带有浓厚的生活气息的语体。看似写信者自己一个人在写信，实际上，给谁写信，谁就会出现在写信人的脑海里。写信的过程好像就是写信者在面对着亲人说出想说的话；只不过是把想说的话写了下来。所以，首先要有称呼语来称呼亲人，是爸爸还是妈妈，抑或是姐妹、兄弟等。由于亲人确实不在身边，故称呼过后还得问候一下对方，以表牵挂或思念。这样之后才好展开话题进入正文。这也正是家书生活气息的体现，不像其他公文语体那样有严格的规范格式以及严谨的遣词造句。家书主要是唠家常，所以语言平实朴素，处处流露着真情实感。结束时需要道别与祝福，就有了祝福语。家书是写在纸上的，要标出写信人是谁及写信的时间，这就是署名和日期。因此，一篇完整的家书应该由“称呼语、问候语、正文、祝福语、署名、日期”①组成，每个部分的位置相对固定，形成了程式化的语篇结构。

A. 称呼语

称呼语在家书中用来称谓收信对象。收信对象身份不同，称呼语自然也不相同，同时称呼语前的修饰语根据双方之间关系的亲疏会有所变化。如果是写给相同辈分的人，称呼语则可以直呼

---

① 刘书林，作文新辅导大全　小学生作文大全，长沙：湖南教育出版社，2012 年版：1。

表5-9 家书语篇多维语体特征

语体行为要素	语体成分	语体特征			语言要素
行为意图	话语意图类型	告知			语篇主题：告知近况
	话语功能类型	陈述			语篇结构：程式性
行为媒介	言语手段	书传	非现场性		口语化的书面语
人际方式	人际方式	正式程度（一正式）			词语的选择 句式、句型的选择 语气、语调的选择 称呼语的选择
		庄重程度（一庄重）			
		准备程度（十有准备）			
		交互性	独白	虚拟交互性	
		亲近度	十亲近度		

其名，显得亲切些，如李某某。如果给长辈写信，称呼语则要显得比较庄重，表达自己的尊敬之意，如尊敬的爷爷。例如本次考察的是写给父母的信，称呼语可以写成“亲爱的爸爸妈妈”。

称呼语，要顶格书写在书信的第一行。开头的称呼语，一是为了表示对收信人的尊敬，二是可以明确对话的对象，更加醒目、突出。称呼语其后用冒号，引出后面叙述内容是对收信人所说的话。

B. 问候语

问候语指的是在家书正文前用来问候、表达思念之情的话语，如“你们好！最近身体好吗?”家书里，问候语紧跟在称呼语的后面，包括问好和询问收信人最近的身体情况或日常生活两个部分，先是感叹句再是疑问句，表达写信人对收信人的关切之情。

C. 正文

正文是家书的主体，内容主要是写信人心里想说的话，可以是对收信人表达自己的情感，也可以是写信人对自己最近学习与生活方面的描述和总结。例如在我们考察的家书中，留学生写自己最近的生活和学习等方面的事情。在问候语的下面一行，空上两个字符，开始书写正文。

D. 祝福语

祝福语是在正文之后表示向收信人致敬或者祝福的话语。如使用“此致”或“祝”等。因此为了与正文区分，祝颂语需要独占一行，开头空两个字符书写，同时，与“此致”相配合的“身体健康”“万事如意”等需要另外起一行，顶格书写。

E. 署名

家信的整个内容写完以后，还需签署上写信人的名字，这就是署名。署名之前还可以标出写信人的身份，例如“你的儿子某某某”，“你的女儿某某某”等。署名写在信的右下角，与称呼语相呼应。

F. 日期

写信的日期，书写在署名的下一行，基本上处于署名的正下方。注意日期按中文格式书写。

家书的程式化语篇结构为：

亲	爱	的	x	x	：	（	称	呼	语	）									
		你	好	！	最	近	身	体	还	好	吗	？	（	问	候	语	）		
		还	记	得	我	离	开	中	国	的	时	候	…	…	（	正	文	）	
		此	致																
敬	礼				（	祝	福	语	）										
								（	署	名	）	你	的	x	x	：	x	x	x
								（	日	期	）			xx	年	xx	月	xx	日

5.4.1.3　留学生家书语篇的偏误分析

实践中发现，留学生的家书写作是他们日常生活中以文字进行交流的基本方式之一，因此细致地研究留学生家书的语体偏误，可以最大限度上规避留学生在家书语体上的错误重现率，从而提高留学生的写作能力。我们对 HSK 动态数据库进行全面的数据整理和分析，统计分析了 2001 年 4 月同一场 HSK 高等考试中作文题为“一封给父母的信”的答卷扫描件 489 篇，其中男生 137 篇，女生 352 篇，总计约 20 余万字。我们旨在考察留学生家书语体的语篇结构以及词汇、语法知识的运用情况，针对留学生的汉语家书写作偏误进行了归纳统计，也按照数据库中作文备案人数较多的国家依次按照国籍进行了国别研究，并分析了原因，提出了切实的解决方法，以提高留学生家书语体写作教学效果。

偏误是指留学生在习得目的语基础知识时，对目的语的部分知识没有掌握好，而产生的一种规律性的错误。留学生在书写家书作文时，出现的大部分错误都是中文家书语篇结构格式的错误。造成这种现象的原因有两个方面：一为大部分留学生之前从来没有接触过汉语书信；另一方面，伴随着科技的发展和电子通讯工具的普及，手写书信甚至电子邮件的书信文体的衰落，导致大部分留学生对家书语体的格式感到很陌生。这就直接导致了大部分留学生在考试中忘记或者不知道要写信头、信尾，或者整个家书语篇的格式错乱。所以留学生需要加强对汉语家书语篇格式的关注，来避免最简单的错误，使家信的语篇格式规范化。在我们所调查的 HSK 考试的家书作文（留学生的汉语水平为初级阶段）中，出人意料的是，留学生家书语篇格式错误率高达 37%，位居第一；标点符号错误率居于第二，高达 20%。其中主要错误集中于：

（一）家书格式偏误

1. 称呼语：从调查的留学生家书的作文中，我们可以发现大多数学生有称呼语的意识，但是不知道怎么写。还有些留学生根本不知道称呼语的存在。大部分留学生直接将称呼语和问候语粘连在一起，甚至模糊成一个，比如写成："亲爱的父母你们好"，或者是"爸爸、妈妈你们好"。开头的称呼语还会出现格式错误。有一些留学生竟然把地点时间顶格写在第一段的第一行，也就是写在了称呼语的前面。同时，还有部分留学生未根据具体情境在称呼语之前写上了"尊敬的"或者"亲爱的"等表示关系亲疏的敬辞，易造成语言生涩。除此之外，由于用字习惯的不同，部分台湾留学生很容易将敬辞的简体字转化成了繁体字，造成家书内部的文字不统一。

2. 问候语：绝大多数留学生都有问候的意识，在家书的开头，都会问候收信人，询问他们最近的身体状况。但是问候语的格式上出现了一些问题。他们不知道问候语与称呼语不同,不需要顶格书写,而是要另起一行,空两个字符书写。问候语在称呼语的后面是常态,表达的是写信人对收信人的简单问候;祝福语是置于书信临近结束的最后,表达简单的祝福。但在实际写作中,部分留学生分不清称呼语与祝福语,将两个分离的部分混在了一起,如写成:"你们近来可好？希望早日收到你们的回信"又或者是"爸爸妈妈你们好,我希望你们一切都好。"

3. 正文:正文段落不明显,很多留学生的家书都是一段到底,有的甚至从称呼语到结束语都是只有一段。

4. 祝福语:也被称为"结束语",置于家书正文的最后,又置于写信人落款之前的部分。在留学生的语料中,出现祝福语的偏误达70%。有一部分同学是知道祝福语的,但却不知道选择什么样的格式去表达。一般会礼貌性地使用"此致"和"敬礼",但在具体的书写过程中常出现格式错误。一般而言,"此致"可置于家书正文之后,也可以另起一行,空两个字符书写。"敬礼"的位置比较固定,往往顶格书写于"此致"的下面一行。可在"敬礼"文字后面加上惊叹号,以示祝福的心意。而在考试作文中,绝大部分留学生是没有祝福语的。

5. 署名及日期:署名是整个内容写完以后署上写信人的名字和写信具体年月日。家书语料中41%的留学生没有署名和日期。有些留学生虽然写了,但姓名和日期位置颠倒了;还有部分留学生信尾的祝福语、署名、日期的位置写对了,但中间却插入了一些其他无效信息,如地址、注意事项等。总体而言,还是对家书语体格式不熟悉。

(二) 标点符号偏误

据题为"一封给父母的信"的留学生考试作文语料库统计分析,标点符号偏误如下:1. 冒号写成两个小圆圈。2. 句号写成小黑点,即像英语中的句点。比如"我马上就回国了."3. 留学生极易将省略号的六个中文字符的小圆点，写成英文字符中的六个小句点；还有部分留学生把省略号少写了一两个小圆点。4.错用感叹号。在问候父母的时候，“你们好吗!”会出现跟现实情况完全不同的语义表达，经常将感叹号和问号的适用范围混淆。在应该出现疑问或者是询问语气的时候，留学生很少使用问号，多用感叹号，错误地表达疑问语气。5.在书写标点符号的时候，像句点、冒号等应该置于方格的左下角。而有部分学生却将句点写于方格中间。6.还有的留学生由于不熟悉中文标点符号的使用，通篇只用逗号和句号这两种标点符号。几乎未使用惊叹号或者问号来表达情绪上的起伏，致使整个书信中标点符号单一化。

（三）词汇偏误

拥有一定的词汇量是留学生写作的一个基本条件。有了一定的汉语词汇量，还得能正确地使用他们来表情达意。我们发现家书考试作文语料中，留学生的词汇偏误主要集中在以下几个方面：

1. 用词重复。例如“我在中国在北京在语言大学学习中文。”

2. 代词偏误。“哪”和“那”虽同属于代词，但按意义划分却属于不同种类的代词。“哪”有疑而问，不明确指代什么，但其指定的目标仍是存在于“哪”划定的范围内，属疑问代词；而指示代词“那”一般指确定的具体事物。如“在学校里，我们有教学楼和实验楼，哪儿有很多的植物。”句中的“哪儿”应改为“那儿”，“那儿”确定指代“教学楼和实验楼”。

此外，家书中还有人称代词的误用。如“你”、“您”的误用。在给父母写信的时候，因为是亲近的家人，态度可以亲切一些，用你或者你们。但第二人称敬词的使用，很多人拿捏不准。比如，有的留学生会写“爸爸妈妈，您们好。您们最近身体还好吗？您们天天在家干嘛？”“因为您们也有工作，为了只是一天的毕业典礼，我有一点不好意思。”这些表达中的“您们”是错误的，“您”后面不可以加上“们”组成人称复词，一般用作“您二位”。汉语代词种类较多，意义需在语境中确定，对留学生来说有一定的难度，留学生需要把握好常用代词的语义，在正常生活中多说、多写、多练，避免代词的错用与误用。

3. 量词偏误。英语的词类没有量词，但是汉语的量词不仅种类繁多，而且数量丰富。对于初次接触量词的留学生而言，很难理解：完全可以用“a”“an”“the”这些英文来表示意义，为什么在中文中会衍生出“枪、挑、笔、尾、担”等这些具体的量词表达方式。由此留学生常常会漏用量词或者量词搭配不当，如“我们宿舍有四个人，四个书桌，四个椅子。”初级阶段的留学生很难在具体情境中正确地使用量词。正确的用法是“四张桌子”“四把椅子”，而不是单一的只用“个”表示所有的单位。

4. 介词偏误。介词在汉语学习中是有着一席之地的。介词属于虚词，只表示语法意义，并不具备实词所拥有的词汇意义，所以，留学生在实际应用中，往往会使用不当，造成语义错误，生成偏误。如“爷爷从前年就去世了。”为是介词“从”的误用，应改为“在”。“从”，既可以表示时间的起点，也可以表示地点的起点；而该句要表达的是“去世”的具体时间，所以应该用“在”才符合规范。

5. 助词偏误。部分留学生结构助词“的”“地”“得”使用混淆。汉语通常将“的”用在定语之后中心语之前，“地”用在状语之后中心语之前，“得”用在中心语之后补语之前。如“先写到这，因为我得笔没有水了。”“得”应改为“的”；“这一次大家都吃地非常饱。”“地”应改为“得”。

6. 实词偏误。实词的误用在留学生的家书中大致可以分为词性的误用和词义的误用。在家书语体教学过程中，我们可以通过固定搭配的语块来帮助学生掌握词汇。如：

(1) * 不断操练自己。(锻炼)

(2) ＊这一年中，我经验了很多事情。(经历)

(3) ＊现在的生活很优美。(环境)

(4) ＊我从小愿望当空姐。(希望)

(5) ＊你年龄高了。(大)

如例(1)中，表达“锻炼自己”的意思，却写成了“操练自己”。“操练”的意思是不断地练习，相应搭配的语块应该是“题目”。例(2)中“经验了很多事情”，应该改成“经历了很多事情”。“经历”是动词，而“经验”是名词，它们属于不同的词类，与之搭配的词类也就不同。“很有经验”“经历了很多事情”可以形成固定的语块。例(3)中“生活很优美”是搭配不当，没有“生活很优美”这一说法，但是我们可以将“环境”与“优美”搭配，如“环境很优美”。例(4)中，“愿望”是名词，其后不能带谓词性的小句，这里应该改成“希望”，“希望”是动词，能够直接带宾语小句。例(5)我们一般用“高低”来表示身高的差别，“大小”来表示年纪的差别。有时，我们也会用“高”来表示年龄，例如“您高寿啊?”不过，这种情况只出现在听话人年迈的情况下。

(四) 句法的偏误

据 HSK 家书作文语料库研究发现句法偏误有两种：一是语序偏误，二是成分残缺或多余。具体分析如下：

1. 语序的偏误。汉语是孤立语，缺乏词形变化，语序在词语组合时起到了很大作用。同样的词或短语组合时顺序不同，意思会大相径庭。留学生在家书作文中经常出现语序偏误。如“妮娜的妹妹已经是成年人了，但仍然是孩子的爸爸妈妈。”第二分句中，“是”是谓语中心，应将“孩子”与“爸爸妈妈”位置互换，语义才通顺。留学生的母语跟汉语的内在逻辑结构存在着一定的差异，所以教学过程中我们还需要关注国别的教学差异。

2. 成分多余、成分残缺。如“我不仅是参加了学校合唱团，也是参加了学校的话剧社。”此句属于成分多余。谓语动词“是”重复运用，构成病句，应该删掉“是”。又如“爸爸妈妈不管[]什么事情都不会抛弃我们。”此句属于成分残缺，缺少谓语动词“遇到”。留学生的口语表达环境是目的语汉语语境，在口头交流中语句成分的多余或者残缺，在具体情境中听者是可以理解的，但在书面表达中成分的多余或残缺会导致意思不明确，容易造成误解。

5.4.1.4　家书语体偏误成因分析

留学生的家书写作出现的偏误较多，我们要追根溯源去寻找形成偏误的原因，才能更好地实施教学。

A. 母语负迁移

外国留学生学习汉语时，会将母语的使用规律运用到汉语中。同样，家书的写作也会受到母语负迁移的影响。母语的负迁移不仅仅局限于写作模式的不同，还体现在文化背景的差异。比如，母语与目的语的语言逻辑差异和语用习惯的差异等。

韩国留学生汉语家书上的署名习惯用“什么什么上”或“敬上”这样的表达，但实际上这是韩语家书中关于署名的表达而不是汉语家书的表达。但又因为其都是家书语体，又会出现一些相同点，所以留学生在学习的过程中，会因为没有掌握好汉语家书的正确格式，而与母语的家书格式相混淆，产生母语的负迁移，从而不能正确地掌握汉语的家书格式。同时，我们还发现一些韩国留学生的家书语料中的署名与日期的位置颠倒了，而这正是韩语家书书写上的一个明显特点，也是与汉语家书不同的地方。这一点上，有些韩国留学生也出现了母语负迁移的现象。

日本的书信格式采用横式或竖式，但是现在的日本年轻人突破了传统的日本竖式书信，多喜欢用横式。这虽然逐步与中文格式接近，却仍有差异。所以日本留学生的家书语篇的格式偏误率极高，这是因为受到自身惯有的书信格式的影响。

日文书信不同于中文书信的地方很多。首先，日文书信不会在称呼语之后另起一行书写正文，而是空一行，在空行的下一行开始书写正文;其次,首行缩进不同,中文书信都是段落首行缩进两个字符,而日文仅是缩进一个字符。再次,中文书信的称谓以及问候方式,多由双方关系的亲密程度决定,修饰词"亲爱的""尊敬的"大多都是放在称谓之前,如"亲爱的李教授"(中文)。而日文规定不同职业使用不同的称谓,并且限定词是直接放在称呼语之后的,如"李教授样"(日文)。所以大部分日本留学生在这部分失分较多。

以英语为母语的留学生家书语体中容易出现日期的错误,他们习惯将日期写在前面,而把年份写在后面。这样的日期表达也是由于母语的负迁移而产生的偏误。

B. 教师教学的疏忽

从上面的偏误分析中,我们可以了解到留学生家书语体的掌握还不是很全面,他们有的人不知道家书语体的格式,有的人不会书写正确的格式,还有的人甚至不知道正确地运用标点符号。说明教师与留学生都没有注意到家书语体的细节。虽然留学生在词汇、句子等方面的偏误并不算太多,但是教师在语篇格式、标点符号的运用等细节方面的教学不容忽视。

C. 留学生思想上不重视

从留学生的语料中可以看出:留学生在家书词汇和句式上的偏误比较少,只是一些词汇搭配问题,错误远远少于语篇格式的偏误。这从侧面反映了很多留学生不太在意家书语体格式的学习。如果留学生只是以掌握流利的汉语口语交际为目的的话,他们就会不重视书面语的学习。但我们知道,口语是初学者的目标,而随着学习的深入,必然要学习书写。因此,教师需要不断地提醒留学生加强用得体的汉语和正确的格式来进行写作训练。

5.4.1.5 家书语体写作教学建议

在确定留学生汉语家书的教学目标和教学方法之后,我们根据家书语篇多维语体特征、语篇结构及家书语体偏误等制定相应的教学策略，从而达到对留学生家书语体写作教学的课堂效果的把控和改善。

A. 教师的教学

在留学生家书语体写作教学过程中，教师要指导留学生了解汉语家书语篇的多维语体特征及语篇结构，树立家书的语体意识，使学生清楚地知道一篇完整家书的构成。课堂上对于学生容易丢失的细节也应该着重强调，帮助留学生有效地分析家书语体格式的重点和难点。同时，教师可以采用合理的教学方法来指导留学生更好地掌握汉语。例如运用语块教学法，老师在教学中通过展示不同的语块搭配，再逐渐地增加语块搭配的数量，来协助学生积累不同的语块，在某种程度上能够减少学生的写作偏误。如上文我们所分析的词汇、句子的偏误可以通过语块的方式，组成固定的语块搭配进行反复操练，记住了这些语块搭配就记住了这些正确的表达方式从而达到了教学目标。教师不仅要帮助留学生摆脱母语带来的一系列语言问题，还要注意培养留学生的汉语写作兴趣。教师应由小到大，由点及面，由抽象到具体地实施教学，因为写作是一个长久的、需要逐步提高的过程。另外，教师在开展课堂写作训练的时候，还要注意保持留学生的学习热情和耐心。教师在教学中可以采用一些丰富活泼的课堂形式，既可以充实课堂内容又可以帮助留学生更好地掌握家书的语体知识点，为留学生下一步学习其他书信语篇的写作打下基础。

B. 关注留学生家书语体意识的培养

教师应该关注留学生家书语体意识的培养。在教学中，培养留学生汉语家书的语体意识，使他们重视家书语体在书信写作中的地位。了解各种书信语体的差异，能够得体地进行特定书信语篇的写作。“家书语体”是有规可循的，这需要留学生自己去重视去理解。留学生在学习家书语体写作时还需注意“母语负迁移”的影响，在面对与自己母语相似的写作时，不要一味地照搬自己母语的写作格式，而要将两种写作格式进行比较，掌握汉语书信写作的特点，注意区分它们的相同点和不同点，从而减少因母语的负迁移而产生的偏误。

5.4.1.6　留学生家书语体写作教学设计

A. 教学内容：《汉语读写入门》第十二课《给爸妈的电子邮件》。[①]

B. 教学目标：对课堂上学习的《给爸妈的电子邮件》内容进行拓展，来帮助留学生了解家书语体的书写格式，让留学生学会给家人写信以交流感情。

教学目标分解如下：

a. 从言语行为入手，跟留学生讲清楚给父母写信是怎样的行为过程，需要哪些步骤才能完成。这投射到文本上就是家书的语篇结构，进而形成家书的格式。

b. 讲清楚家书语篇多维语体特征，指导学生掌握在多维语体特征下的家书语体语言要素。这就落实在家书的词汇、短语、句式的选择上，注意避免留学生出现的词汇、语法偏误。

c. 在留学生掌握了家书的正确格式后，还需重点关注一些细节，具体体现在空行还是不空行，顶格不顶格，有没有标点符号等，注意规避留学生汉语家书的格式偏误。

C. 教案示例

授课对象：HSK3 级的汉语学习者。

教学课时划分：本课共用 45 分钟，为一个课时。

教学内容：《汉语读写入门》第十三课《给爸妈的电子邮件》家书语体教学。

教学的重点、难点：给爸妈家书的书写格式。

教学目标：指导留学生掌握家书的语体特征、语言要素及语

① 万莹，汉语读写入门，武汉：华中师范大学出版社，2013 年版：171。

篇样式，使他们能够书写出合格的家书；通过语言点的学习，使留学生能反复正确地加以运用。

教学方法：

a. 用打比方的方式来讲解如何完成“给父母写信”这件事。

b. 运用语块教学法，把所学习的家书语体的格式构成部分组成语块教授给学生。

c. 加强师生互动和同学之间的互动，帮助留学生更好地掌握家书语体。

教学过程：

(1) PPT 展示课文《给爸妈的电子邮件》，然后提问导入一篇完整的家书(10 分钟)。

信中写了哪些内容？

这封信是由哪几个部分组成的？

我们应该怎么写好一封家书？

(2) 用打比方的方式来讲解如何完成“给父母写信”这件事。与学生互动并解决以上问题，板书写出家书语体的基本构成“称呼语、问候语、正文、祝福语、署名与日期”[①]。并对每一构成部分的内容进行适当地分析，以便学生了解每一部分的作用和意义。

(3) 根据课文内容让留学生说说家书语体要注意的格式，同时老师也要多次强调每一构成的标点符号以及位置情况，例如：称呼语要顶格书写，其后紧随冒号，问候语和正文前面都需要空两格，祝颂语不需要标点，“此致”空两行，“敬礼”要顶格写，而署名和日期要放在右下角。

(4) 引导留学生对家书语篇的每一个结构组成部分进行语块填充训练。先在口头上进行表达练习，按顺序梳理每一部分该使用的正确形式。例如：称呼语可以用“亲爱的妈妈或者敬爱的爸

---

① 刘书林，作文新辅导大全 小学生作文大全，长沙：湖南教育出版社，2012 年版：1。

爸”,问候语可以写“你好吗?”正文则写自己最近的情况,祝福语可以写“此致和敬礼”,最后是署名和日期,强调署名是写的自己的名字而不是地名。

(5) 老师先引导留学生总结家书的写作流程,再引导留学生将自己的家书语体框架写在纸上,老师逐一检查并提出建议。最后老师板书,将梳理好的语块补充到家书的框架和提纲上,这样留学生就能整体地把握汉语家书语体的格局了。然后,留学生针对自己写的框架进行修改。

(6) 要求留学生们参考框架和提纲,结合自己的生活经验,自己写一封家书。

(7) 与同桌交换批改,互相检查格式和内容,根据同桌的意见进行适当的修改。

教学反思:

(1) 本课的内容是教会留学生使用得体的语言和掌握正确的家书格式,书写一篇汉语家书。因为家书语言朴实而又简单,便于留学生掌握;在汉语家书的基础上,留学生再学习书写其他的汉语书信就会容易得多。

(2) 汉语家书格式有很多细节,例如标点符号应该怎么写,要不要顶格写,要不要空格写,这些都需要老师进行多次强调。

(3) 老师课后要认真批改留学生们的汉语家书作业,并在下次课上进行点评。

教学板书:汉语家书语篇结构(格式)

称呼语

问候语

正文(介绍自己最近的生活学习情况)

祝福语

署名

日期

固定的语块：

称呼语：亲爱的妈妈/敬爱的爸爸

问候语：你好！/最近好吗？

祝福语：此致敬礼/祝身体健康

署名：您的女儿：XXX/您的儿子：XXX

日期：XX 年 XX 月 XX 日

汉语家书语体虽然简单，但是却兼有了口语和书面语的特征。它既有同家人说话那样朴实的语言特色，又具有书信语体严格的书写格式。刚开始学习书信语体的留学生，可以通过家书语体的学习积累经验，为后面其他复杂的书信语体的学习奠定基础。从这一点来说，家书语体的重要性不言而喻。

我们首先分析了汉语家书语篇的多维语体特征与语篇结构，以期全面掌握汉语家书语体。其后，抽取了 HSK 动态作文语料库中的家书语料，从中发现留学生们家书语体的语篇格式偏误多于词汇、语法方面的偏误。其中经常出现格式缺损、格式不正确以及标点符号错误这样的基础性问题，这些都是需要引起汉语教师的重视。

通过分析，留学生家书语体偏误的原因可能是受到母语负迁移的影响、教师教学的疏忽以及留学生自己学习思想上的问题。另外，大多数留学生还是有汉语家书语体意识的，只是书写上存在诸多问题，所以教师在教学过程中需要对家书语体的细节之处进行强调。最后，教师应提醒留学生在自我学习的过程中正确看待家书语体的地位，意识到其重要性，从而为日后的其他书信语体的学习打下坚实的基础。我们还提出了家书语体写作教学建议，并针对一篇课文进行了家书语体教学设计，希望对其他书信语体的写作教学提供借鉴。

5.4.2 求职信多维语体特征与写作教学

“语体是语篇的类型，是实施某种类型言语行为时所形成的语篇格局”[①]。求职信语体是实施以获取工作为目的的诉求言语行为时，语言形式上所形成的话语模式。就目前对外汉语教学的相关研究成果来看，一类着重于概括偏误类型、分析偏误原因，从课堂教学、教材编写、教师素养等方面提出语体教学的相关建议；一类是从宏观层面对泰国学生的语体教学提出建议。我们着重分析求职信语体的多维语体特征、语体结构潜势及语篇结构，并针对 HSK 动态语料库中泰国留学生求职信的语体偏误，提出教学建议。

5.4.2.1　求职信语篇多维语体特征[②]

我们从言语行为的角度审视，“任何言语活动的实现必须满足言语行为意图、行为媒介、人际方式三个方面的需要”[③]，“任何一类言语行为的实施都是这三方面的要求共同作用的结果，彼此之间必定会形成一种相互配合的格局。”[④]求职信实施的是诉求类言语行为。其言语行为意图是谋求职位，采取陈述和说明的话语来实现诉求；行为媒介是书传；人际方式是正式、较庄重、有准备、独白、虚拟交互、弱权势度等，这些就是求职信语篇的多维语体特征，这些特征会体现在求职信的语言要素上。请见表 5－10。

5.4.2.2　求职信语体的语篇结构

求职信语体的语篇结构是求职语体的行为要素投射在语言层面上的结果，是求职者实施求职言语行为时，语言在使用方式及语言形式上所形成的成格局的话语模式，是求职信语体的文本化语篇形式。求职信语体的语篇结构，可以说，就是由求职信的各主要部分形成的程式化的语篇结构，在求职信语体的言语行

① 许彩云，汉语指令性语体研究，上海外国语大学博士论文，2014：1。

② 许彩云，求职信多维语体特征及教学探索——以泰国留学生为例，淮阴师范学院学报，2018(6)：365—367。

③ 许彩云，汉语指令性语体研究，上海外国语大学博士论文，2014：46。

④ 许彩云，汉语指令性语体研究，上海外国语大学博士论文，2014：44。

表 5 - 10　求职信语篇多维语体特征及语言要素表

<table>
<tr><th>语体行为要素</th><th>语体成分</th><th colspan="3">语体特征</th><th>语言要素</th></tr>
<tr><td rowspan="2">行为意图</td><td>话语意图类型</td><td colspan="3">诉求</td><td>语篇主题：诉求</td></tr>
<tr><td>话语功能类型</td><td colspan="3">陈述、说明</td><td>语篇结构：程式性</td></tr>
<tr><td>行为媒介</td><td>言语手段</td><td colspan="2">书传</td><td>非现场性</td><td>书面语</td></tr>
<tr><td rowspan="5">人际方式</td><td rowspan="5">人际方式</td><td colspan="3">正式程度（＋正式）</td><td rowspan="5">书面词语、句式、句型的选择
语气、语调的选择
话语标记
诉求、理由的表达
称谓的选择</td></tr>
<tr><td colspan="3">庄重程度（±庄重）</td></tr>
<tr><td colspan="3">准备程度（＋有准备）</td></tr>
<tr><td>交互性</td><td>独白</td><td>虚拟交互性</td></tr>
<tr><td>权势度</td><td colspan="2">弱权势度</td></tr>
</table>

为意图(语场)、求职者与求职单位人事部门招聘人员的关系(语旨)、以求职信为媒介的文字材料(语式)的共同作用下形成。求职信语体的语篇结构如图5-7:

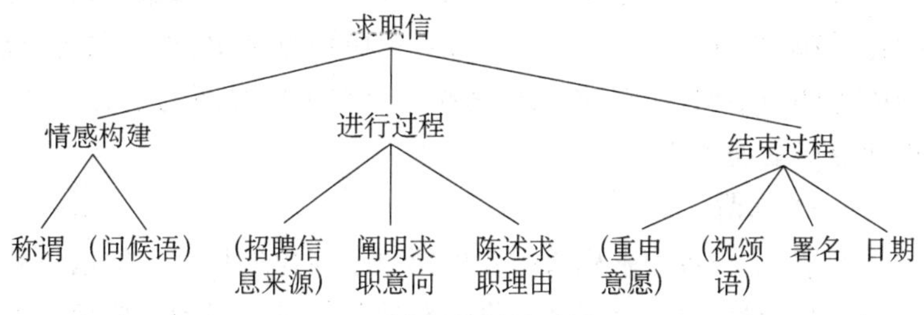

图5-7 求职信语体语篇结构

[注:不加括号的是求职信语体必要成分,括号里是求职信可选成分。]

求职信语体语篇结构的必要成分(图中没有括号成分)构成了求职信语篇的基本结构,由完成诉求言语行为意图的必需要素构成,分别是称谓语、求职意图语(阐明求职意向)、求职理由陈述、署名、日期。求职信语篇的基本结构如下:

尊敬的领导:

称谓语

我得知贵公司正在招聘XX。

意向语

我XX年毕业于XXX大学/在XX公司担任XX职务X年。在

求职理由

XX方面积累了丰富的工作经验……

XXX

署名

XX年X月X日

日期

求职信语体语篇的外围结构是辅助基本结构完成的，促进招聘单位领导对求职者的诉求言语行为意图进行有效的行为反应的非必要条件（图中加了括号的部分）的文本语言形式，起到情感构建、策略调节的作用。如，问候语、招聘信息来源、重申意愿、祝颂语等外围结构，能够拉近求职者与招聘单位之间的情感，同时也使语篇更加完善。

（一）称谓

称谓，求职者用来称谓用人单位收信对象的称呼。称谓一般顶格书写于第一行，以表示对收信对象的敬意。因为求职信一般不确定收信对象的姓名、性别等具体信息，所以不宜直接使用“先生”或“女士”等表示明确性别特征的词语。如果明确知道收信人的信息，可以直接使用。处理求职信的一般是人事部门，所以可以直接使用“×××公司人事部负责同志”或“尊敬的领导”等词语，亦或直接写“敬启者”。

（二）问候语

求职信具有对话性，是求职者与用人单位人事部门的信息交流。所以一定有问候语，体现了求职者对用人单位收信人的尊敬。求职信中的问候语作为可选成分可以被省略。但是我们在教学中还是应当建议学生写问候语，因为这能够体现求职者良好的个人素养和对收信人的尊重，与收信人建立良好的关系，使收信人感到求职者的敬意，为面试打下感情基础。

问候语一般写在称谓语的下一行，空两格书写。问候语既可以直接与正文相接，也可以独立成行。为了表现真诚的态度，问候语后一般加感叹号。求职信比一般的私人信件要正式，语言简洁、严肃。一般求职信中使用“您好！”或“你好！”即可。也可以表示对收信人在百忙之中查看信件的感谢，或是对用人单位的称赞。

（三）正文

正文是一封信的主体部分。如果要写的内容较多，需要将内容分段陈述。求职信的内容需要逻辑清晰，情感真诚，使用的语言较一般书信更加正式、简洁，篇幅不宜过长。总体来说，求职信正文的顺序如下所示：

（1）招聘信息来源

在求职信正文的开头，可以注明求职者在哪里获取的招聘信息，以方便招聘单位开展工作。“招聘信息来源”为可选成分，也可以不写。因为正是招聘单位在招人，才有求职者来应聘。

（2）阐明求职意向

这一点充分体现了求职信的针对性。一篇求职信只能用于一个职位，不具有普适性。不同的岗位对于应聘者有不同的要求，需要以此为依据向用人单位推荐自己。由此引出求职理由。

（3）陈述求职理由

求职理由是写信人应聘某一特定岗位的原因。求职者需要针对岗位的具体要求，写出自己能满足这个岗位的哪些需求和相关的个人优势。陈述的理由必须真实，不可虚假造作。求职信应充分展现求职者的职业素养和良好的个人素养，所以用词应简练、准确。在明确表述内容的同时，应侧重于自身的专业性，不用面面俱到，避免篇幅过长。

（四）重申意愿

在正文的结尾可以写上“期待您的回复！”或“希望与贵公司携手共进、共同发展！”等，展现自己对于该岗位的期待和真诚之情。

（五）祝颂语

祝颂语写在正文结束之后。“祝颂语分为‘请候语’和‘安好语’”①。请候语有“祝”“此致”“即颂”等，一般直接跟在正文的后

---

① 张瑞之，传统的书信礼节，写作，2007(8)：30。

面，或另起一行，空两格。安好语就是“敬礼”“身体健康，工作顺利”之类。发展到现在，信件的祝颂语越来越口语化。基本语言形式为“祝＋祝颂对象和祝颂内容”①。鉴于求职信的特点，祝颂语相对正式，不像私人信件中那样口语化，显得更加客气、尊敬。常见“此致敬礼”“祝好”等。作为私对公的信件，这一部分也可以省略。

（六）署名

署名是求职信的必要成分，一定不可以忽略。要让收信人清楚地知道求职者的姓名，在此基础上还可以附上求职者的住址、联系电话和邮箱，便于用人单位与应聘者联系。

署名写在求职信的右下角，一般来说，书写求职者的全名，不宜在个人姓名前加上过多修饰成分。

（七）日期

日期紧跟在署名的下一行，一般清楚地标注出写信的年、月、日。有些人还会在日期后标注写信的地点。

5.4.2.3　泰国留学生求职信的语体偏误及成因分析

我们对 HSK 动态语料库中所有泰国留学生书写的求职信进行了归纳和分析，虽然错误多种多样，但还是有规律可循的，主要集中在标点偏误、媒介方式偏误（词汇偏误、正式度偏误、文字偏误、语法偏误）和格式偏误等方面。

（一）标点偏误

标点错用、漏用和写错而造成的偏误，因为泰语没有像汉语这样的标点符号系统以及严格的使用要求，因此泰国留学生学习汉语时在标点符合的运用方面容易形成规律性的错误。据我们统计，在所选的求职信中共出现标点偏误 26 次。逗号和句号混

① 郭丹，近百年来私人书信末尾祝颂语的社会语言学分析，暨南大学硕士论文，2009：9。

用的偏误出现了10次，占到标点偏误的38.46%（取小数点后两位）。例如："我今年二十三岁。未婚。去年从北京大学歷史系毕业。"应该改为"我今年二十三岁，未婚，去年从北京大学历史系毕业。"

逗号缺失的现象共出现9次，占34.61%。例如"我是泰国人来中国已经2年了。"应改为"我是泰国人，来中国已经两年了。"与此同时泰国留学生习惯将逗号上部写成一个空心圆。

在写信时，泰国留学生也容易丢失句号。例如"我在中国上学的时候，经常去旅游，了解了不少中国的旅游地区，而且上过旅游地理课，我想在中国当导游"应该在句末加上句号。

（二）媒介方式偏误

求职信语体的媒介方式是书传，较为正式的书面语。媒介方式偏误主要集中在词汇使用、书面语正式度、文字和语法方面。

1. 词汇偏误　指因不理解词义而造成的词汇运用偏误，主要是同义词的使用偏误。例如，将"临时工作"写成"暂时工作"；"介绍简历"写成"说知简历"；"大学期间"写成"大学期中"；"参加了……比赛，尤其是演讲比赛"写成了"特别是演讲比赛"等。我们发现：泰国留学生的求职信中，实词的偏误并不比虚词少，只要两个词之间有相类的语义特征，留学生就很可能会用错。

2. 正式度偏误　求职信语体是一种较为正式的语体。当诉求行为意图投射到语言文字上时，处于权势度较弱的求职者应充分保证求职信的真实性与严肃性。求职信应当充分体现出求职者对招聘单位领导的尊敬、谦诚但又不谄媚、卑琐，所陈述的个人信息应当真实可靠，才能充分体现出求职者的真诚。因此求职信需要适当地使用敬称、敬语；求职信应当逻辑清晰，语言平实简洁。例如：

"因为现在在泰国也有一个公司他们想让我在他那个公司工

作。但我还没打算回泰国作工作所以我想在你这工作，你可以先给我试工三个月，如果你觉得不好或者有什么问题你可以不要我。希望你能够给我一个很好的消息。”①

（HSK 动态语料库中的泰国留学生的一封求职信）

但是留学生受汉语水平所限，往往找不到合适的词句来表达，使求职信语言不太合体。例如有留学生这样写道：“我对您公司十分满意，想与您合作，一起发展旅游事业。因此，写来此封求职信。”写信人写的是求职信，不是商务信函，写信人与收信人之间存在隐形的下对上的关系，所以用“与您合作”是不妥的。

3. 文字偏误

受到繁体字的影响，在求职信中出现简体字和繁体字交杂的现象，比如“旅游”写成“旅遊”，“历史”写成“歷史”等。这可能与留学生在泰国接受的汉语教育有关，如果老师来自于台湾或是华裔，则可能会形成这样的现象。

同音字方面，出现了“曼谷”写成“漫谷”，“体制”写成“体质”，“申请”写成“伸请”；“术语”写成“述语”等偏误。语料中还出现了泰国留学生生造词或字的现象，例如：“业务”和“事业”都与工作有关，给留学生造成负迁移，结果两者相结合写成了“业事”；“旺”和“盛”都有茂盛、繁多的意思，所以“旅游旺季”被写成了“旅游盛季”。汉字，对留学生而言，有很大的难度，很容易写错，例如：“专业”写成“抟业”等。

4. 语法偏误

从泰国留学生的求职信中可以发现，留学生为了避免写一个长句子，会采用简化策略，把一个长句拆成几个分句。但是往往会把句子拆得七零八落。比如下面这个例子：“我叫×××。今

① HSK 动态语料库中的泰国留学生的一封求职信。

年二十三岁。我是大学毕业生，管理专业，一九九０年毕业的，精通汉语和英语。会操作电脑，打字等特长。上大学时，我当过导游，于是在这方面很感兴趣。”这个例子中定语后置了；打字也是电脑操作的一部分，应该放在操作电脑前面。这个例子话语零碎，没有条理。应该改为：“我是1990年毕业的管理专业大学生。精通汉语和英语，会打字、操作电脑。”

泰国留学生经常会用错虚词，比如“讲得相当流利，至于读跟写的方面也相当好。”说、读、写是并列关系，而“至于”表示另起一事。所以应改为“讲得相当流利，读写方面也相当不错。”又如“上大学时，我当过导游，于是在这方面很感兴趣。”应将介词“在”改成“对”，因为“在”表示范围，而句中明显是指关涉对象，所以应改为“对”。另一方面是需要用而没有用。比如“所以我想要在北京找旅游方面的工作”应改为“找与旅游有关的工作”。

（三）格式偏误

格式偏误是指求职信格式上的偏误，其深层原因是由于书写者对求职信语体的语篇结构缺乏充分的了解。求职信是写信人的求职行为意图在语言层面上的投射，通过求职信表达对某一工作岗位的期望，属于诉求类言语行为。我们从制约言语行为的三个条件：场合条件、社会条件和话语条件来分析求职信语篇。因为求职信是用文字呈现出来的，供用人单位阅读的，而不是面对面的交流，所以场合条件是话语现场而非情景现场。从社会条件来看，收信人权势度高而写信人（求职者）权势度低。从话语条件来看，求职信的目标是希望收信人能够给写信人（求职者）面试的机会，能成功求职；呈现在语言层面，形成了程式化的语篇结构。一般来说，一个岗位会有多位应聘者，那么求职者如何使自己在诸多应聘者中脱颖而出就成了求职者在书写求职信时所要考虑的一个关键问题。

于求职信而言，除了明确求职意向和求职理由外，还需要外围结构来构建氛围。外围结构就是求职信中的问候语及结尾的重申意愿等部分。这些虽然是求职信的可选成分，但是可能会加强求职者跟收信人的情感沟通，在遇到个人能力相似的竞争者时也许能给写信人（求职者）多赢取一点儿好感，也就有可能比其他竞争者多一点情感上的优势。求职信外围结构的话语，应体现对收信人的尊敬、谦诚但又不媚上、卑琐，同时又能体现求职者的良好的专业素养和个人修养。学习求职信的留学生都是成年人，经过一个阶段的学习后，大部分留学生知道求职信和一般私人信件是有语体差别的，所以在求职信的语料中出现了“贵公司”“希望您考虑”“希望您给机会让我能够发挥自己的才能”等正确用语。但是还有小部分泰国留学生受汉语水平所限并不能完全掌握和运用这种语体。比如第一封求职信：

李文先生

您好！

我从报刊上知道贵公司招聘一些职员。我今年二十三岁。未婚。去年从北京大学歷史系毕业。我对中国歷史文化非常感兴趣。念大学期中，我参加了不少活动，动动方面、文化方面，尤其是演讲方面，我每年都参加大学的演讲比赛，曾一次获得冠军。所得的经验也是挺不少的。我会讲四种语言，汉语，英语，俄语跟法语。讲得相当流利，至于读跟写的方面也相当好。我希望您会考虑我的学历与经验，而接受我做作贵公司的导遊。

敬

×××

（HSK 动态语料库中的泰国留学生的一封求职信）

这封求职信的正文部分没有什么问题，写出了招聘信息来源、求职理由，并在正文末尾表明了自己的求职意向和热切希望。

但是,开头和结尾处出现了格式偏误。“李文先生”应当顶格写。在中国文化中,顶格写称呼意味着从首开始。中国人在乎“第一”,顶格写表达了对收信人的尊重。但泰国留学生并不了解,在收集到的语料中这并不是个别现象,许多书信都出现了这样的偏误。

这封求职信结尾处没有写时间,会给用人单位留下马虎的印象,这是不应该的。署名前,只写了一个“敬”字,可以想见,写信人实际上是知道应该写“此致敬礼”之类,但是并不明白“此致敬礼”的真正含义,就只写了个“敬”字。当然“此致敬礼”之类也可以不写,比如第二封:

李文先生:

我看到了你的招聘启事.我是泰国人来中国已经 2 年了.我学的技业是旅游地里技业。我是 1989 年在漫谷大学毕业的。在大学里我一边学习一边工作我已经工作了 3 年 1991 年我才来到北京我今年 25 岁现在我在语言学院上课令年我就要毕业了所以我想要在北京找旅游方面的工作。我工作的时候去过很多国家也来到中国很多很多次。

这两 2 年以来我一直找时间在中国方问每个地区的少数民籍和很多有名的地方。因为现在在泰国也有一个公司他们想让我在他那个公司工作。但我还没打算回泰国作工作所以我想在你这工作,你可以先给我试工三个月,如果你觉得不好感者有什么问题你可以不要我

希望你能够给我一个很好的泪息。

我的地址在下边。

×××

1993 12 20

这一封求职信除了称呼语没有顶格写以外，没有其他格式上的大问题。从正文的内容看，这封求职信层次清晰，内容详实，也展现了求职者良好的专业素养。但最大的问题就是标点符号和错别字。第一段从“我是 1989 年……旅游方面的工作。”中间都没有标点。最后的日期中间也没有间隔号。错别字也很多，如“漫谷”“方问”等，鉴于上文中已经讨论过，这里就不再详述了。

下面这封求职信，格式和内容都是值得泰国留学生借鉴的，但是出现了与第一封同样的问题，“此致敬礼”只写了一个“敬”字。

李文先生：

我早听到您公司的名誉。您公司的体质是非常好，对待顾客与职员十分热情。我从报纸上看到您公司正在发展业事并需要许多相同职位的人员。我对您公司十分满意，想与您合作，一起发展旅游事业。因此，写来此封求职信。

首先向您说知我的简历。我叫×××。今年二十三岁。我是大学毕业生，管理专业。一九九〇年毕业的，精通汉语和英语。会操作电脑，打字等特长。上大学时，我当过导游，于是在这方面很感兴趣。毕业后，当过某公司的经理。因此我对这方面的工作可以说富有经验。我颇有自信心，创造力，想象力，懂得人际关系，对工作十分积极。

我希望您会给我机会发挥我本身的才能。

敬

×××

1993 年 12 月 20 日

我们考察了 HSK 动态语料库中的求职信，发现不仅仅是泰国留学生不了解“此致　敬礼”的含义，其他国家的留学生也不是很清楚它的意思。如，日本留学生会把“此致敬礼”写成“此处”“此到”“致此”等。印度留学生写成“致礼”、马里留学生写成“此致”等。这种现象并不是泰国留学生的个别问题，而是留学生们普遍存在的问题，在课堂教学中应予以足够的重视。下面是第四封求职信：

“快乐家庭旅游公司：

我由于看到贵公司的招聘启事，知道贵公司需要导游，所以来信伸请。

我今年七月初已在北京语言学院毕业，我会说三种语言：泰语、汉语，英语，在泰国已取得了大学学历，在本国当过两年导游，我对导游的工作很感兴趣，我在中国上学的时候，经常去旅游，了解了不少中国的旅游地区，而且上过旅游地理课，我想在中国当导游

我已寄来本人简历，从事这一工作的经验、成绩、本人特长的情况，请贵公司”

这篇求职信明显没有写完。称呼语直接用公司名称也可以，但还是建议使用“敬启者”之类表敬意的称呼语。正文部分，内容比较完整，但是由于没有写完，所以结构就不完整了。

泰国留学生求职信语体偏误的原因有两个：一个是内因，留学生的学习需求；一个是外因，教师的语体意识和教学方法。

从内因来看，学生学习需求的不同，造成了学习动力的不同。刘珣认为“语言是交际的工具，学习第二语言的最根本动力应是交际的需要。”①有的留学生有学习中文求职信的需求，就会有很强的学习动力，也就更容易学会写一封得体的求职信。但对于没

① 刘珣，对外汉语教学引论，北京：北京语言大学出版，2014年版。

有这一需求的学生来说，学习动力就会小很多，就算学会了很快也会忘记。

从外因来看，教师应该帮助和指导泰国留学生建立汉语的语体意识。泰国留学生大部分是成年人，本身具有一定的母语语体意识，但是汉语是泰国留学生的第二语言，需要逐渐建立起汉语的语体意识，逐步培养运用不同语体的能力。李泉(2003)针对留学生学习汉语现象曾提出“中性语体”[①]说。中性语体就是一种通用于口语和书面语的语体，是正确、规范的汉语，但是在口语语境中会显得过于书面化，在正式的书面语语境中又会显得过于口语化。已经完成了汉语初级阶段学习的留学生，如果教师没有对他们的汉语语体意识不断地进行强化，那么留学生就会停留在“中性语体”阶段，很难掌握和正确书写出汉语的语体语篇。

所以教师在教授写作时应加强自身的语体意识，在课堂中强调不同语体的特征，并教会学生如何区别、如何应用。教师在进行相关的词汇、语法、听说教学和教材编写时都应融入汉语语体知识，强化汉语语体意识。

5.4.2.4　求职信语体写作教学建议

（一）针对求职信语体而言，教师应充分了解求职信语体的实际效用、掌握其结构潜势。求职信是书信的一种，但又不同于一般的私人信件，所以既有书信的普遍特征又有其个别特征。私人信件因为语言平白、格式要求不高，比较容易掌握。教师可以在留学生掌握私人信件后，再讲授求职信的书写。对照私人信件，突出强调求职信的结构、语体风格特征，精确体会用词、语气、格式上的不同。

（二）针对泰国留学生，在教学中应注意泰国留学生母语负迁移的影响。泰语中使用空格断句，空格常出现在句子末尾或重要

① 李泉，基于语体的对外汉语教学语法体系构建，汉语学习，2003(3)：49—55。

部分，类似于中文中的逗号、顿号、句号和冒号。正如语料中所体现的那样，泰国留学生在句中往往缺少句中标点，只在句末会出现句末点号。泰语中也使用感叹号、问号、括号、等于号，但是“.”为缩写符号，受到泰语母语标点符号标注法的影响，泰国留学生则常常在一句完整的话语后使用实心圆点。泰语书信的结尾也会有类似“此致敬礼”的敬语，但是这些敬语写在同一排，不像汉语的“此致敬礼”要分两排书写，因此很多泰国留学生会把汉语中的“此致敬礼”并排写在一起。教学时，教师一定要注意留学生母语语体知识对汉语语体学习的影响。

（三）注重讲解求职信中蕴含的文化背景。比如上文所提到的，称呼语为什么要顶格写？“此致敬礼”是什么意思？如果留学生想使用“此致敬礼”之外的祝颂语，还有什么样的祝颂语是合适的？它们又有什么意思？为什么在信中要说“贵公司”？为什么要称对方为“您方”？这些都需要教师在课堂上进行解释。我们结合中国人学习英语书信写作的经历来看，如果上课时老师不解释为什么称呼语后面一般用逗号不用冒号、为什么署名前要用“Yours sincerely”之类的问题，多数学生在写信时一定会犯错。所以，让留学生了解求职信中的文化背景显得十分重要。

（四）增强学生的学习动力，不断进行强化练习。对于没有学习汉语求职信欲望的留学生来说，就需要教师去调动他们的学习积极性。留学生在日常生活中必须依赖汉语交际，对学习汉语的积极性还是很高的。在此基础上，教师可以进一步设法提高留学生学习求职信的积极性。比如创造同写求职信相适应的课堂交际环境，适当地使用竞争机制，让留学生尽可能地处于需要学习写求职信的语言环境中。根据“精讲多练”的原则，在课堂教学中必须要让留学生多动笔。对于需要用到求职信的泰国留学生，教师可以布置课后练习或建议留学生多写一些求职信，或是在课堂上对留学生的求职信进行改错训练。

5.4.3 对外汉语教学中说明文多维语体特征与写作教学

说明文是一种使用频繁的语体，广泛地使用于社会的各个领域。掌握说明文的语体特征并且能够书写出合格的说明文，是留学生学习汉语的重要环节。说明文语体是说明性语体的一个小类，是指实施说明性言语行为时，“语言在使用方式及语言形式上所形成的成格局的话语模式”[①]。说明文语体是在一定的语境中，发话者解说事物或者阐明事理而形成的话语语篇。说明文是发话者解说事物的类型、结构、外形、质地、特点、作用等，解释清楚事物间的联系、变化以及相关原理等等，给予受话者知识的语篇。语体教学主要是指以语体学为指导理论的语文教学。二十世纪八十年代，我国有一部分语言学家开始关注语体学与汉语语文教学实践的相关问题研究。常敬宇(1994)认为“为了实现汉语(语文)教学的总任务和总目标，必须进行教学改革，以语体为纲进行教学。这样汉语课才能学以致用。”[②]目前，在留学生汉语写作教学中，学界主要探讨了语体的词汇、语法、语篇特征，分析了语体偏误。从语体写作的角度探讨还是相对较少的。关于对外汉语语体教学，学界的关注点大多集中在语体意识的培养上，以及探讨如何在教学实践中建立某种教学模式，等等，对具体语体语篇的写作教学设计方案的讨论较少。因此，对外汉语教学研究出现了“写作不强调语体，语体不落实到写作”的现象。

对外汉语写作教学对留学生的水平要求较高，起步相对晚且发展缓慢、经验不足，故研究相对薄弱。吕必松先生曾指出：在四项最基本的言语技能中，“写”是其中最难的一项，特别是需要经过专门的写作训练才能学好、写好。[③] 中高级阶段的留学生虽然

---

① 许彩云，汉语指令性语体研究，上海外国语大学博士论文，2014：1。

② 张海洲，近三十年语体教学研究综述，内蒙古师范大学学报(教育科学版)，2007(6)：72—76。

③ 常吉，泰国学生应用型写作偏误分析及其教学研究，吉林大学硕士论文，2013年。

掌握了一定的汉语语法知识，但是在具体写作过程中，对语篇整体结构的把握还存在着很大的问题，经常因为缺乏语体意识而让文章变成了字、词、句的堆叠，出现了“有头无尾”“张冠李戴”甚至“不伦不类”的现象。尤其是说明文，由于这一文体要求语言的准确性、内容的科学性、结构的条理性等特点，许多留学生难以驾驭。国内说明文研究的视野大多局限于中、小学语文教学，对外汉语教师也困扰于如何教留学生写好说明文。由此可见建立对外汉语写作课程的语体教学模式相当重要。我们试图对对外汉语教学中说明文语体写作教学进行尝试性研究，以期提高对外汉语语体写作教学的效果。

我们在知网上以“对外汉语说明文写作教学”为主题检索词，搜集到五篇论文。其中两篇是探讨具体教学法，如“任务型教学法”在具体说明文写作教学中的应用；一篇是汉语记叙文和说明文两种不同语体语篇的对比分析，一篇是在整体调查中发现韩国留学生在各种文体写作中对说明文把握尤为不好的现象。这几篇文章基本上是探究具体教学法的应用、说明文语篇与其他文体的对比、留学生对说明文的畏难态度等，只有李艳①(2012)分别讨论了应用文、议论文、记叙文、说明文的书面语体语言要素特征，基于中国汉语水平考试 HSK 的考试作文分析了英美留学生的应用文、议论文、记叙文、说明文写作的语体偏误，说明文写作只是其中的一小部分。我们尝试以 HSK 动态作文语料库中的说明文为语料，分析说明文的多维语体特征、语体结构潜势、留学生的说明文语体偏误类型，寻找对外汉语说明文写作教学的有效语体教学模式，提高外国留学生对汉语说明文语体及其语言特征的辨识能力，使他们在写作实践中掌握汉语说明文并能写出合格的说

① 李艳，英美留学生 HSK 高级写作中书面语体偏误分析，陕西师范大学硕士论文，2012 年。

明文。

5.4.3.1 说明文语篇的多维语体特征

说明文是指实施以“说明”为功能类型的言语行为时，说明性言语的行为方式一定会在语言使用方式上不同于其他言语行为，从而致使说明性言语本身呈现出某种格局的语言样式。说明文语体是在一定的语境中，发话者解说事物或者阐明事理而形成的话语语篇。说明文依靠说明的实质可以划分出说明事物语篇、说明过程语篇与说明事理语篇。说明事物的语篇，主要解说事物的构造、形状、性质、特点、作用等，意图是让受话者了解事物；说明事理的语篇，关键在于将抽象事理的关系、因果、原理等阐释清楚，意图是让受话者不仅知其然，而且知其所以然。所以说明文具有语言的准确性、内容的科学性、结构的条理性等特点。

“任何言语活动的实现必须满足三个方面的需要：言语行为意图、行为媒介、人际方式，这三个方面就是语体的行为要素”①。说明文的言语行为意图是解说事物或者阐明事理；行为媒介是书传；人际方式是正式（科普性说明文正式程度较强；文艺性说明文正式程度较弱）、准备程度（＋有准备）、交互性（虚拟交互、一对多）、权威性（科普性说明文权威性较强；文艺性说明文权威性中等）、强识解度。这些构成了说明文的多维语体特征，详见表5－11。

5.4.3.2 说明文语篇的语体结构潜势

说明文语体的结构潜势不是指一个具体说明文语篇的组成部分，而是指说明文语篇中固有的、稳定的结构组成成分，包括必有成分、可选择成分及可重复的成分。说明文的语体结构潜势是指说明文语体的语篇意义结构，是构成说明文语体的语篇结构的基础，即实施说明类言语行为时所形成的基本语篇结构。说明文语体的结构潜势的必有成分是完成说明类言语行为的必备部分。

---

① 许彩云，汉语指令性语体研究，上海外国语大学博士论文，2014：46。

表 5－11　说明文语体的多维语体特征及语言要素

<table>
<tr><th>语体行为要素</th><th>语体成分</th><th colspan="2">语体特征</th><th>语言要素</th></tr>
<tr><td rowspan="2">行为意图</td><td>话语意图类型</td><td colspan="2">说明</td><td>语篇主题：说明</td></tr>
<tr><td>话语功能类型</td><td colspan="2">说明、描写</td><td>语篇结构：顺序型、并列型</td></tr>
<tr><td>行为媒介</td><td>言语手段</td><td>书传</td><td>话语现场</td><td>书面语</td></tr>
<tr><td rowspan="6">人际方式</td><td rowspan="6">人际方式</td><td colspan="2">正式程度（±正式）</td><td rowspan="6">书面词语的选择
句式的选择
句型的选择</td></tr>
<tr><td colspan="2">准备程度（＋有准备）</td></tr>
<tr><td rowspan="2">交互性</td><td>虚拟交互</td></tr>
<tr><td>独白、一对多</td></tr>
<tr><td>权威性</td><td>±权威性</td></tr>
<tr><td>识解度</td><td>强识解度</td></tr>
</table>

不影响说明功能的可选择成分与可反复成分，却能够影响到说明文语篇的质量高低，从而影响到人们获得相应知识的效果和程度。

说明文是实施说明性言语行为的结果。说明文依靠说明的对象可以划分为说明事物的与说明事理的。不同说明对象在说明行为意图、行为媒介、人际方式的共同作用下，结构潜势分别如图 5－8、图 5－9 所示。

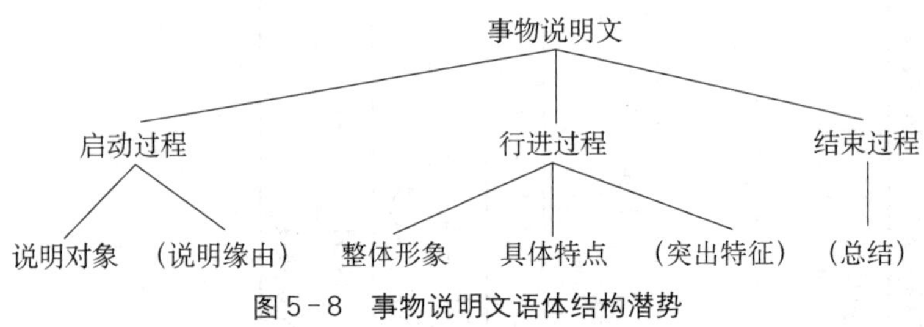

图 5－8　事物说明文语体结构潜势

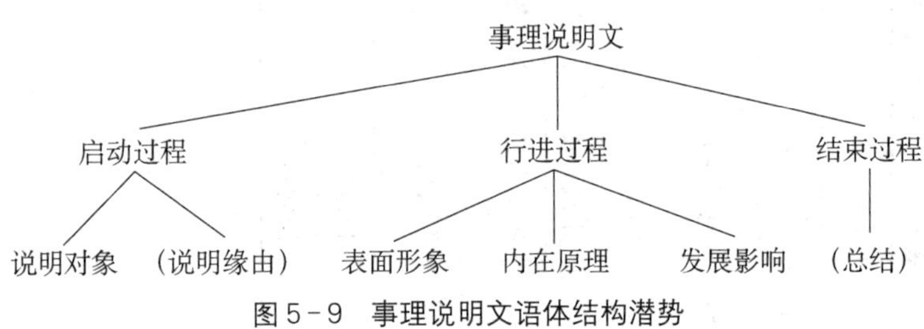

图 5－9　事理说明文语体结构潜势

5.4.3.3　说明文的语篇结构

说明文的语篇结构是说明文语体结构潜势在文本上的投射，说明文语篇结构的每一个部分都与说明文语体结构潜势相对应。首先，说明文必须有标题，标题是说明行为意图的体现，告诉受话者所要说明的内容及说明文主题。说明的启动过程与行进过程，构成了说明文正文。说明的结束过程，在文本上就是对整个说明行为结果的总结部分。但是在说明文的行进过程中，至于以何种顺序来说明事物或道理，需要依据事物本身的规律和人类的认识规律，因此由于说明目的不同、说明对象的不同，说明的顺序也可以不同。说明事物的一般顺序为空间顺序或者为时间顺序，说明事理的一般顺序主要为逻辑顺序；说明行进过程的各个部分之间的“结构形式可以是分总式、总分式、总分总式，并列式、递进式，等等”①。

(一) 标题部分

说明文的标题体现了说明行为的意图，告诉受话者此篇说明文的主题、所要说明的对象，没有多余的修饰，干净利落，直截了当。譬如典型的事物说明文《中国的石拱桥》《苏州园林》，事理说明文《向沙漠进军》《神奇的克隆》等，标题都是一目了然的，受话者一眼就知道了文章要说明什么。

(二) 正文部分

A. 说明对象

说明对象通常在开头第一节直接亮出，一般用几句话对其进行简单介绍，让受话者对说明对象有个大致的了解，从而激起受话者的阅读兴趣。

B. 说明缘由

说明缘由，通常介绍发话者与说明对象之间的关系，为什么写这篇说明文等问题。说明缘由不是说明文语篇结构的必有成分，是可选择成分，但写了说明缘由可以能够帮助受话者更好地理解此文。如《说“屏”》一文就在开篇部分写了作者童年接触了关于“屏”的诗句并对其产生喜爱，从而开启下文对“屏”的描写性说明。

C. 解释说明

说明文的主体部分是解释与说明所要介绍的对象。说明者

---

① 赵春风、区菲菲、赵克婴，新课标教案语文　八年级上，延吉：延边教育出版社，2013年版：7。

以知识介绍为说明的最终目标，以期改变适用对象关于说明者所说明的事物或事理的相关知识结构。事物说明文着重于确切地介绍相关事物的结构、形态、特征、功用等，以便阅读者知晓、清楚所说明的事物。事物说明文常常需要说明事物的整体形象、具体特点、突出特征等。整体形象即对事物的整体进行概述；具体特点是对事物的不同方面或者事物的小类展开详细地介绍；突出特征是该事物众多特征中较为重要或典型的部分拿出来单独说明，也是可选成分。根据不同的说明对象可以选择并列结构或者递进结构。

事理说明文，着重于将抽象事理的关系、因果、原理等阐释清楚，意图是让阅读者不仅知其然，而且知其所以然。事理说明文通常按照由普遍至特殊、由全体至部分、由表面至本质等次序来深入阐释，也可以从表面现象、内在原理、发展影响三部分进行细致说明。

（三）总结部分

结尾部分是对说明对象进行总结或者概括提升，以便揭示说明对象的实质。总结部分，通常出现在“总分总”结构或者“分总”结构的说明文中，并列结构或者递进结构说明文中可有可无。“总分”结构的说明文，最后没有总结。因而最后的总结部分也不是说明文语篇结构中的必有成分，可以选择。

5.4.3.4 针对留学生说明文的语体偏误分析

我们选取的语料全部来自 HSK 动态作文语料库，在说明文中按照标点、汉字、词语、句子、语篇的顺序进行偏误考察。

（一）标点符号偏误

标点符号偏误主要包括错用、空缺、多余三种情况，分别有 41 例、48 例、3 例，共计 92 例。主要表现为：逗号空缺或错用为句号，顿号与逗号混淆，书名号空缺或错用，引号空缺等。

逗号错用为句号，会导致句子间不连贯，说明文要求语言简洁、准确并具有一定的正式度，不适宜出现不严谨的句段。例如：

“因为很多地方。如火车上，公车上、公众场所上已禁止吸烟。”火车、公车、公共场所都属于上文所说的“很多地方”，前后衔接很紧密，所以“很多地方”后面的句号应该改成逗号；而“火车上”“公车上”“公共场所”之间是并列关系，且停顿较短，应该用顿号隔开。

再如书名号的缺失和错用：“封神榜是我最喜欢读的一本书。”和“我最喜欢读的一本书是「鸿」，这书是描写了三位年代不同的中国女性。”中，“封神榜”和“鸿”均是书的名字，应该加上书名号“《》”。说明文具有一定的权威性，标点误用容易造成说明不清。

（二）汉字偏误

汉字偏误主要包括错字、别字、漏字、繁体字等，分别为 13 例、5 例、69 例、41 例，共计 128 例。

“错字是指将某个字写错，似字非字，毫无意义，完全是写字的人自己编造出来的”[①]。例如把“肺”写成“月市”“心脏”的“脏”少一个点等。此类错误大多因为留学生对汉字形体把握不牢，写的过程中容易丢掉或替换某些部件或笔画。

“别字是指写出的字与正确的字音同或音近，但意思却不同。别字多的文章，词不达意，有别字的文章表现的内容，有时会闹出笑话”[②]。如“幅度”写成“副度”、“便于”写成“便与”、“想象”写成“想像”以及“的、地、得”的误用等。

漏字的情况比较少，如“各个国家繁华城市的有关机构都在以法律禁止在公共场(所)吸烟的不良习惯”中的“公共场所”漏写了“所”，这种情况通常只是留学生在写作过程中因疏忽或急于完篇造成的失误。

汉字偏误中繁体字偏误较多，占整体的 53.91%，并且很多是

---

① 希扬、吴晓茅，三点测丛书　七年级语文　上　人教版课标本　修订版，北京：科学出版社，2005 年版：5。

② 希扬、吴晓茅，三点测丛书　七年级语文　上　人教版课标本　修订版，北京：科学出版社，2005 年版：5。

在一篇文章中集中大量地出现。如“某些政府以罰(罚)款來(来)嚴(严)懲(惩)在人口密集的商业中心、遊(游)樂(乐)場(场)等公共場(场)所吸烟的人,來(来)保全公众的利益。”我们认为这与留学生一开始接触的汉语学习有联系,其汉语老师如果是华裔或者来自台湾,就很可能出现繁简字交错使用的情况。

(三) 词汇偏误

词汇偏误包括词汇错用、词汇空缺和词汇多余,计 91 例。其中词汇错用 60 例,占词汇偏误总量的 65.93%。词汇错用主要表现为把词的构词成分写错顺序,如“原因”写成“因原”;该用甲词而用乙词,如“造成不便”用成“引发不便”;词语搭配错误,如“加强人们的保护意识”用成“提醒人们的保护意识”;以及生造词,如“由于可见”等。

说明文对其语言要求严谨,大量词汇偏误很容易影响阅读甚至造成理解上的偏差。比如“所以近年來,各个国家都在努力的設立法律方案,来禁止在公共場所吸烟,以来(免)危害不抽烟的公众。”一句中,“以免”写成了“以来”,这样句子表达的意思就跟发话者的意图完全相反了。

(四) 句子偏误

我们主要考察了句式偏误和句子成分偏误。

A. 句式偏误

句式偏误包括把字句、被字句、是字句、“是……的”句子的偏误,其中“是……的”句的结构不完整最突出,缺失“是”或“的”。如:“对社会来说,社会中的每一个人都是很重要(的)。”“吸烟对经济利益(是)有影响的。”“是……的”句式的偏误成因是留学生对句子的整体性把握不好,往往写了前面丢了后面或者后面写了前头的又丢了。

B. 句子成分偏误

句子成分偏误涉及句子各个成分的偏误,可以细分为成分赘余与成分残缺，约18例。其中动语残缺10例，约占55.55%。例如："「小说十八史略」问世已经三十多年，不过直到现在（还是）日本各书局的畅销书。这意味着（它）（是）许多中国历史迷爱不释手的书。"汉语语句中必有成分的残缺（例句中小括号里的内容，为补足成分）或赘余都会造成句不成句的现象，使文章变成短语叠加，无法通读。

（五）语篇偏误

语篇偏误是最容易忽视却最重要的作文评判点。说明文语篇以说明性、知识性和科学性为风格特征。说明文依靠说明的实质能够划分出说明事物的语篇、说明事理的语篇。说明的结构以顺序型结构和并列型结构居多，这与记叙文和议论文有点相似，如果把握不当，很容易造成语篇偏误。我们将从行为意图、语体风格、语篇结构三个方面来分析。

A. 行为意图偏误

语篇写作前一定要有明确的行事意图，以达到传递消息、获得回应的目的。说明语篇的行为意图是让阅读者了解事物或事理，因此要从相应的角度对说明对象展开详尽地客观说明，不能写成主体与说明对象之间发生的事或主体对说明对象的个人看法。例如：

我最喜欢的一本书(1)

几十年来，由于职业的关系，再加上兴趣的缘故，所读过的书的数量是颇为可观的！当然说量多如烟海，那肯定是欺人之说，但说是难以细列，那也是八九不离十了！

在这么多的书刊当中，让我爱不释手的就只有那一本由吴承恩所写的《西游记》了。

记得大概是在初中阶段吧？我开始接触到西游记！故事内容的新颖，情节安排的出神入化，人物形象的活灵活现都深深地吸引了我！直到今天，书中的情节，我还能细描致画地向他人细说，由于可见，这本书是如何地吸引着著我！

时至今日，我读《西游记》，已经是超出了故事的框架；悟空的神勇；悟能的率直对于我来说都只是组成《西游记》的一部份罢了！我不只是停留在情节的铺阵，人物的刻划上了！现在我阅读它，我喜爱它，是它的内涵，是《西游记》的中心精神——最低限度我是这样认为——。

《西游记》让我看到了希望。

《西游记》让我知道知其不可为而为之的道理，让我知道为了理想所付出的任何代价都会有回报的，只要能坚持，只要不放弃，目标始终是可以完成的。

现在我读《西游记》，重视的不再是那些神怪灵显的故事情节，我更重视书中的隐含的精神力量。

(HSK 动态作文语料库，新加坡学生，编号 00000450003)

从这篇作文来看，发话者一味强调“故事内容新颖、情节出神入化、人物形象活灵活现”等个人感受，却没有根据书籍本身谈“为什么”会有这样的感受。通篇下来，受话者似乎只知道书名，却对《西游记》的故事细节了解不多，显得文章空洞而没有说服力。这篇说明文的行事意图应该是介绍喜欢的书，而不是告诉受话者喜欢的程度。

B. 语体风格偏误

“语体风格偏误是指词语和语句的选用与语篇语体风格不相适宜，在这方面留学生出现的普遍问题是语句过于口语化”[①]以及使用口语风格的词语。请看下面的例子：

---

① 周红，语篇知识建构与对外汉语写作教学研究，上海：上海人民出版社，2016 年版：8。

我最喜欢的一本书(2)

我最喜欢的一本书是吴承恩的神怪小说《西游记》。①打从我念小学五年级开时,从邻居木叔的书堆中发现了繍像本的《西游记》,就深深地的被它的故事情节②给吸引住了,而且从此一读再读,並被书中蕴含的精神,影响了我的一生。

第一次阅读《西游记》,看的自然是它的故事情节:唐僧在三位徒弟——孙悟空、猪八戒、沙和尚的保护下,前往西天取经,一路上历经九九八十一难,③什么三打白骨精、三调芭蕉扇,什么火焰山、平顶山,什么蜘蛛精、鲤鱼精,什么金角大王银角大王、铁扇公主红孩儿、还有真假孙悟空、真假西天,看得我废寝忘食,不亦乐乎。

上中学后,再读《西游记》,即慢慢的研究起人物性格④来了。在神奇的故事⑤底下,我看到了孙悟空的坚毅精神:为拜师学艺不屈不挠,为了保护花果山的猴子猴孙,他不惜闯闹天宫,表现大无畏的精神,后来保唐僧取经,更是不畏艰险,赴汤蹈火,叫人可钦可佩。

在人生的旅途上难免有波折,这是借鉴的一面镜子。

(HSK 动态作文语料库,新加坡学生,编号 00004150007)

这篇作文的口语化程度很大,第①处"打从……开始"和"念"完全是口语词,在书面语中应改为"自从……开始"和"读";第②处的"给"是口语风格很突出的助词,可以删去;第③处介绍故事情节,在需要举出许多简短例子的时候,可以用"比如……以及……"的结构,而不应该用"什么……什么……还有……"。第④和第⑤处也是同样口语化的词,应分别将原句改为"上中学后再读《西游记》,便开始研究其人物性格""在神奇的故事中……"

C. 语篇结构偏误

我最喜欢的一本书(3)

撒哈拉的故事是我最喜欢读的一本书,它的作者是三毛,一位非常出名和有影响力的台湾作家,我是在3年前开始阅读它的,结果一读便读的津津有味,再三地读它还是那么地生动有趣。

撒哈拉的故事是一本集合多篇文章的书,全部都是作者在居住在西属撒哈拉所发生的点点滴滴,有关于於夫妻之间的,如中国饭店;邻里之间的,如卡姑,地方风俗的,如娃娃新娘,也有关于三毛本人的故事,如天梯等等。

我之所以如此地喜欢读这一本书是因为作者的功夫了得,她能将一些我们常会认为平淡无奇的事件给它添上新姿彩,从另一个角度去看待它,这让我清楚的知道凡事都有两面的,好的和坏的。

在六七十年代,在我们华族社会里,流浪是很罕见的,由其是一位女士,它却让我们知道沙漠的真面目,清新的风格,生动有趣的故事,让我读了对沙莫产生了浓厚的兴趣。希望有朝一日也能象三毛一样潇洒地的流浪去。

<u>但最让我最喜欢的原因是关於三毛与荷西的爱情故事,神仙似的世外桃源的生活令人响住</u>

但原你也象我一样喜欢这一本书,而且是最喜欢的一本。

(HSK动态作文语料库,新加坡学生,编号00002150010)

这篇作文中,发话者同时表达对书籍和其作者的喜爱,前两节大部分介绍书籍,第三节和第四节前半部分写的是《撒哈拉的故事》作者,而第四段后画线部分又写了作品情节,前后逻辑略显混乱,文章跳跃性太强。很显然,这是没有把握好说明的语篇结构,思绪到哪里写到哪里的结果。

5.4.3.5 偏误产生的原因

我们认为语体偏误的原因有两个:一个是内因,来源于学生自己;一个是外因,从教师和语言学习环境两方面来查找。

留学生由于自身汉语水平和预期目标不同导致其对学习语体写作的能力和热情度不同,汉语水平不高或预期目标较低的学生,更愿意写一些实用性很强的应用文或较易把握的记叙文。学习动机不同导致了他们对说明文写作的态度不同,最终掌握的程度也会有所差别。此外,留学生在第二语言汉语的学习过程中,还没有全面掌握汉语规则,常常会采取过度泛化、简化和迁移的学习策略,从而形成语言偏误。

教师作为第二语言的教学者,其自身的汉语水平与教学能力对留学生的学习也有很大影响。大部分教师的语体意识已随着语体研究的不断深入而提升,但对外汉语语体教学大纲的不完善和相应教材的不成熟,也给教师教学带来了不便。同时,教师在语体写作教学方面的实践能力也有待继续提高。另外,在对外汉语的初级、中级阶段,教师为了培养留学生的积极性,让留学生获得更多的基础知识,通常会以宽容的态度对待他们的细节偏误,在留学生写作测评时也更多强调正确性而忽视得体性,这些都会导致留学生基础功不扎实,让偏误成为习惯。

积极营造留学生二语习得的语言学习环境。"学习者主体以外,与语言学习和运用有关的一切周围事物都是语言学习环境"①。从汉语教学的课堂环境来说,留学生接触目的语的时间有限,语言学习材料大多来自教科书,接受的语言教学也偏重于形式。就社会环境而言,部分留学生是在他们自己国家学习汉语的,缺乏使用汉语的社会环境,难以获得丰富的语言资源。另外,对外汉语语体教学研究还处于不断摸索的初级阶段,语体写作教学相关的教学大纲、教学内容、课程设置、教学原则、教学方法等都有待进一步深入研究,针对语体写作教学的教材也不够成熟,

① 刘珣,对外汉语教育学引论,北京:北京语言大学出版社,2000 年版。

语料选择范围较窄，语体范式较为单一。

5.4.3.6 说明文语体教学建议

针对说明文语体而言，教师首先要保证留学生对说明对象的熟悉程度足够高。比如，对中国了解程度不高的留学生来说，对《恐龙》、《海底世界》等说明文的把握就会优于《中国石拱桥》《核舟记》。教师可以利用视频、图片、书籍或者实物感受等方式让留学生对说明对象有相对深入地了解。留学生获得了直接或间接经验后自然就不会再“无话可说”了。在写作过程中要提醒留学生注意说明文结构的条理性，先根据说明顺序构建出整体框架，把握好总分式、时间式、空间式等典型的说明顺序。基本骨架定型后就很少出现“语体跑偏”现象了。再者，教师要对基本的说明方法进行详细的讲解，如《苏州园林》较多地运用了对比、举例、描写等说明手法；《大自然的语言》则更多地使用引用、打比方、摹状貌等方法。留学生在充分了解了各种说明方法后，作文就会丰富而有质感。最后，在充实留学生作文材料的同时要注意强调说明文还具有语言的科学、准确、精练等特点。

针对留学生方面，教师应根据留学生的个体差异因材施教，以留学生为中心，教师为主导，多多关心留学生的心理发展，激发留学生的学习动力。在课堂，教师可以充分利用多模态手段，增强汉语教学的直观性，比如在讲授《故宫博物院》《死海不死》等文章的时候就可以充分利用电脑、投影仪等呈现视频或图片，在轻松愉快的氛围中让留学生感到写作课堂的生动性、开放性。对于留学生知识的掌握方面，要警惕留学生不良的学习策略，留意留学生说明文写作中目的语泛化、简化等现象，如句式结构混乱，甚至用母语做标记等。对留学生的写作偏误要及时、严格地加以纠正。但还是要根据其性质区别对待，最好让留学生自己发现问题并主动改正。

教师自身要不断提高语体意识，提高语体教学水平，勤于学习最新的语体学知识，积极参与教学改革，总结不同国别留学生的写作偏误规律，进行针对性指导。在上写作课之前，努力备好每一节课，尽可能详细地写好教案。在课堂形式上要敢于创新，可以在课堂上穿插新颖的教学游戏让留学生在玩中学习、乐中成长。新教师在课程组织管理上多学习资深教师的经验，加强与留学生之间的互动，努力做到教学相长。

结　语

我们从言语行为理论出发对“语体”进行重新界定，在重新界定的“语体”视野下，进行“自上而下”的推演，研究汉语语篇的多维语体特征。本研究立足于语言的运用，着重关注一个语体的构建以及不同语体间的“同”与“异”。我们不仅运用了演绎法而且运用了归纳法，从言语行为意图、行为媒介、人际方式三个维度对某些汉语语篇进行了语体特征分析，呈现了这些语篇的多维语体特征，展示了语篇的多维语体特征所要求的语言要素以及它们之间的组配关系；不论是理论上还是实践中，我们都在努力地探索着描写一种语体语篇类型研究的可行性及其现实意义。

现在，对本研究的突出特色、不足之处、今后需要努力的方向等总结如下：

1. 本研究的突出特色

(1) 用功能变量来控制语篇的语体。

每一个功能变量在一定程度上都影响着语体类型的形成，也影响着语篇中语言要素成分的状况。但是，现实的言语活动中，由单一的变量形成的语体可以说几乎没有，基本上都是由多个变量组合而成的，这样就给语篇的语体分析找到了一个新的视角，打开了一个新的局面。

(2) 语体特征对语篇语言要素的制约。

语体行为要素决定语体的构成成分,语体构成成分分解出语体的多维特征,语体特征的综合作用决定语体的语言变异,而语体的语言变异只呈现在每一个语体的具体语篇之中,体现为语言要素以及语言要素之间的组配关系。在对语篇的统计与比较中,我们发现一类语体的一个语体特征会要求使用某些语言要素;同时,某些语言要素,常常是几个语体特征共同要求的结果,使得该类语体语篇必然出现这些语言要素。

(3) 寻找语篇的语体构成规则。

本研究立足于语言的使用,运用归纳、演绎的研究方法,从三个维度对某个语体进行特征分析,进而分析每一个维度上的语体特征,以及这些语体特征要求的语言要素,从而确立了该语体的语体构成规则。如,淘宝语篇是淘宝网上买卖双方成功合作的语体范式,其语体规则为:

A. 淘宝意图:

买方意图:购买物品,询问物品性能并进行评估;话语上多为询问。

卖家意图:说服买家消费,真诚地卖商品;话语选择陈述或说明。

B. 媒介形式:网络上以文字呈现的对话,非现场性,即时性,口语化,多模态表达手段;少用标点符号。

C. 人际方式:a. 淘宝客服是卖家,淘宝者是买家,一对一;b 非正式;c. 卖家一直努力地跟买家建立亲近的关系:使用标志词——称呼语"亲"、大量使用语气词、表情图片等。

(4) 本研究展示了一个由抽象到具体的分层研究序列。

"语体"不仅仅停留在理论的构建上,而是时时刻刻存活在人们的使用过程中。第一章是语体理论构建;第二、三、四章是在语体构建理论的指导下分析研究了由语体的基础变量形成的高层语体语篇——指令性语篇、说明性语篇、交互性语篇的多维语体特征，而且也分析了具体的指令性语篇(《中华人民共和国宪法》)、说明性特定语篇(中文化妆品说明书)、交互性特定语篇(淘宝语篇、高端访谈语篇)的多维语体特征。我们的研究可以说是从语体理论的构建到高层语体语篇的探讨，再到具体的特定语篇的分析，是一个由抽象到具体的分层研究序列。

(5) 研究模式有所突破。

语篇多维语体特征研究，只有全面把握了该类语篇的语体，才能够深刻地了解语篇的多维语体特征。因此，在讨论某类语篇或者某个语篇时，我们都对其进行了全方位的语体分析与探讨，譬如探讨了该类语篇或者该语篇的言语行为类型、多维语体特征、语体构成原则、语体结构潜势与语篇结构、语言要素等。

(6) 语体教学的尝试。

汉语语篇多维语体特征研究的成果，不仅可以为本族人也可以为外族人提供汉语某类语体语篇的撰写规则，还可以应用到中小学语文的语体写作教学、大学某些专业的语体写作教学以及留学生的语体写作教学中去，为汉语某类语体语篇的写作教学提供理论参考。

2. 本研究的局限性及研究方向

汉语语篇多维语体特征研究尚处于尝试与探索时期，因为时间、篇幅的制约，也由于本人自身现有学识的宽度与广度的限制，思考的结果与研究的深度难免受到一定的局限。这些不足之处，将成为我们今后进一步努力的方向。

(1) 本研究构建的语体理论分析框架，仅仅是一种探索性的尝试，研究的结论还是比较粗浅的，究竟哪些语体特征导致了哪些语言要素对于语篇的语体来说是具有区别性意义的,还有待今后更深层次地探讨。

(2) 本研究从言语行为理论到语体建构,再到具体类型的语篇分析,都是建立在演绎分析的基础之上的,演绎的适切性还可以进一步商榷;每个章节部分的分析、解释之间的兼容性与系统性还需要今后逐渐完善。

(3) 目前,本研究只对部分语篇的多维语体特征进行了分析,还没有精力将众多的语篇逐一地进行探讨和研究。持续地去分析、研究更多的语篇的多维语体特征是我们今后的目标。

(4) 本研究试图将部分理论研究成果运用到汉语语篇的语体教学中去,这种尝试的可行性还可以进一步探讨,教学设计也需要在实践中不断修正。

以上不足之处,是我们今后努力的方向。我们将更加刻苦地学习理论知识,展开深入的研究,进行充分地论证,努力为我们母语语篇的语体研究尽一份微薄之力。

参考文献

Austin, J. L. (1962). *How To Do Things With Words*. Oxford: Clarendon Press.

Bhatia, V. K. (1987). Language of the law. *Language Teaching*, 20, 227-234.

Birch, D. & Toole, M. O. (Ed.). (1988). *Functions of Style*. London: Pinter.

Burton, D. (1980). *Dialogue and Discourse*. London & New York: Routledge.

Butler, C. S. (1985). *Systemic Linguistics: Theory and Application*. London: Batsford.

Biber Douglas. *Variation across Speech and Writing*. Cambridge: Cambridge University Press, 1988.

Carter. R. & Simpson, P. (Eds.). (1989). *Language, Discourse and Literature*. London: Unwin Hyman.

Chatman, S. (Ed.). (1971). *Literary Style: A Symposium*. Oxford: OUP.

Cluysenaar, A. (1976). *Introduction to Literary Stylistics*. London: Batsford.

Durant, A. & Fabb. N. (1989). *Literary Studies in Action*. London: Routledge.

Douglas Biber, *Susan Conrad*, *Register, Genre and Style*. Cambridge University Press; October 2009.

Fabb, N. et. al. (Ed.). (1987). *The Linguistics of Writing*. London:

Methuen.

Fowler, R. (1989). Polyphony in Hard Times. In Carter & Simpson (Eds). *Language, Discourse and Literature*. pp. 76 - 93.

Goffman, E. (1981). *Forms of Talk*. Univ. of Philadelphia Press.

Grice, P. (1975). Logic and conversation. In P. Cole and J. Morgan (Eds.), *Syntax and Semantics: Speech Acts*. New York: Academic Press.

Halliday, M. A. K. & Hasan, R. (1985). *Language, Context and Text: Aspects of language in a Social-Semiotic Perspective*, Australia: Deakin University Press.

Halliday, M. A. K. (1985). *An Introduction to Functional Grammar*, Arnold: London.

Halliday, M. A. K. 1971. Linguistic function and literary style: an inquiry into the language of William Golding's 'The Inheritors'. In Seymor. Chatman (ed), *Literary Style: A Symposium*. New York: Oxford University Press.

Halliday, M. A. K. (1988). Poetry as scientific discourse: the nuclear sections of Tennyson's "In Memoriam". In D. Birch and M. O'Toole (eds), *Functions of Style*. London: pinter, 31 - 44.

Halliday, M. A. K. (1994). *Introduction to Functional Grammar*. Oxford: Clarendon Press.

John, R. Searle. (1979). *Expression and Meaning: Studies in the Theory of Speech Acts*. Cambridge University Press.

Jakobson, R. (1960). Closing statement: linguistics and poetics. In T. A. Sebeok (Eds.). *Style in Language*. pp. 350 - 377.

Leech, G. & Short, M. (1981). *Style in Fiction*. London: Longman.

Longacre, R. E. (1976). *An Anatomy of Speech Notions*. Lisse: The Peter de Norton Company.

Longacre, R. E. (1983). *The Grammar of Discourse*. New York: Plenum Press.

Lyons, J. (1977). *Semantics*. (Vol. 2). Cambridge: Cambridge University Press.

Martin, J. R. & David, R. (2003). *Working with Discourse*. Continuum.

Martin, J. R. (1992). *English Text: System and Structure*.

Amsterdam: Benjamin's.

Pratt, M. (1977). *Towards A Speech Act Theory of Literary Discourse*. Bloomington: Indiana UP.

Searle, J. R. (1969). *Speech Act*. Cambridge: Cambridge University Press.

Searle, J. R. (1979). *Expression and Meaning: Studies in the Theory of Speech Acts*. Cambridge: Cambridge University Press.

Sebeok, T. A. (Ed.). (1960). *Style in Language*. Mass: MIT Press.

Sell, R. D. (Ed.). (1991). *Literary Pragmatics*. London: Routledge.

Smith, B. H. (1978). *On the Margins of Discourse*. Chicago: The University of Chicago Press.

Spitzer, L. (1948). *Linguistics and Literary History*. Princeton: Princeton University Press.

Thompson, G. (2000). *Introducing Functional Grammar*. Beijing: Foreign Language Teaching and Research Press.

Thornborrow, J. (1998). *Patterns in Language: Stylistics for Students of Language and Literature*. London: Routledge.

Tony Berber Sardinha, Marcia Veirano Pinto. *Multi-dimensional analysis, 25 years on: a tribute to Douglas Biber*. Amsterdam, Philadelphia: John Benjamins Publishing Company, 2014.

Toolan, M. J. (1990). *The Stylistics of Fiction*. London: Routledge.

Turner, G. W. (1973). *Stylistics*. Harmondsworth: Penguin.

Ungerer, F. & Schmid, H. J. (1996) *An Introduction to Cognitive Linguistics*. Beijing: Foreign Language Teaching and Research Press.

Weber, J. J. (1989). Dickens's social semiotic: The modal analysis of ideological structure. In Carter & Simpson (Eds.). *Language, Discourse and Literature* pp. 94 - 111.

Werlich, E. (1983). *A Text Grammar of English*. (2nd ed.). Heidelberg: Quelle & Meyer. Longacre, Robert E.

Widdowson, H. G. (1975). *Stylistics and the Teaching of Literature*. London: Longman.

William Golding's The Inheritors. In S. Chatman (Eds.), *Literary Style: A Symposium*. pp. 330 - 365. Oxford: OUP.

Biber Douglas, Conrad Susan,语体变异模式的多维度分析[J],赵雪,胡正艳,路越,译,当代修辞学,2016(1): 47 - 55。

[美]Ulla Connor、[美]Thomas A. Upton,行业话语:语料库语言学视角[M],北京:清华大学出版社,2016 年版。

陈望道,修辞学发凡[M],上海:大江书铺 1932,上海:上海教育出版社,1979 年。

程雨民编著,英语语体学[M],上海:上海外语教育出版社,1989 年版。

蔡慧萍、方琰,语类结构潜势理论与英语写作教学模式实践研究[J],浙江海洋学院学报,2007(4):72-78。

常聪,事务性语体的语体标记及教学建议——以产品说明书为例[J],海外华文教育,2016(6):845-851。

曹雁、肖忠华. 中外作者科技论文英文摘要多维度分析模型[J],外语教学,2015(6):6-9.

道格拉斯·比伯、苏珊·康拉德、兰迪·瑞潘著,刘颖、胡海涛译,语料库语言学[M]. 北京:北京清华大学出版社,2012 年版。

杜诗春,基于语料库的英语语言学语体分析[M],北京:外语教学与研究出版社,2009 年版。

狄艳华、杨忠,基于语料库的中国政府工作报告核心主题词研究[J],外语学刊,2010(6):69-72。

丁金国,言语行为与语用类型[J],语文研究,2004(4):24-31。

丁金国,语体构成成分研究[J],修辞学习,2007(6):8-14。

丁金国,语体风格分析纲要[M],广州:暨南大学出版社,2009 年版。

丁金国,语体风格的共性与个性——试论“自己的样子”的语体风格学[J],当代修辞学,2013(1):56-65。

丁金国,语篇特征探析[J],当代修辞学,2014(1):55-64。

杜文霞,“把”字句在不同语体中的分布、结构、语用差异考察[J],南京师大学报,2005(1):145-150。

段娟,浅析学术论文与说明文文体不辨的问题及对策[J],贵州广播电视大学学报,2014(1):56-61。

邓鹂鸣、肖亮、徐大双、陈秋劲、刘庆荣,国内语体研究回顾与思考[J],外语教学,2012(6):29-34。

方琰,Hasan 的“语体结构潜势”理论及其对语篇分析的贡献[J],外语学刊,1995(1):33-39。

方琰,浅谈语类[J],外国语,1998(1):17-22。

方琰,语篇语类研究[J],清华大学学报(哲学社会科学版),2002(增 1):15-21。

方琰、方艳华,以语类为基础的应用文英语写作教学模式[J],外语与外语教学 2002(1)：33－36。
方梅，语体动因对句法的塑造[J]，修辞学习，2007(6)：1－7。
方梅，谈语体特征的句法表现[J]，当代修辞学，2013(2)：9－15。
方梅，北京话语气词变异形式的互动功能——以“呀、哪、啦”为例[J]，语言教学与研究，2016(2)：67－79。
方梅，谈语体特征的句法表现[J]，当代修辞学，2013(2)：9－16。
冯胜利，书面语语法及教学的相对独立性[J]，语言教学与研究，2003(2)：53－62。
冯胜利，论汉语书面正式语体的特征与教学[J]，世界汉语教学，2006(4)：98－106。
冯胜利、王洁、黄梅，汉语书面语体庄雅度的自动测量[J]，语言科学，2008(2)：113－126。
冯胜利，论语体的机制及其语法属性[J]，中国语文，2010(5)：400－412。
冯胜利，语体语法及其文学功能[J]，当代修辞学，2011(4)：1－13。
冯胜利，语体语法：形式——功能对应律的语言探索[J]，当代修辞学，2012(6)：3－12。
樊小玲，指令类言语行为构成的重新分析[J]，华东师范大学学报，2011(1)：144－149。
冯娴婷，语体学视域下课堂教学语言中的交互现象[J]，现代语文，2017(11)：144－146。
苟丽娟，科技说明文语篇结构模式示例[J]，语文学习，2009(11)：69－71。
高顺全，过程语体的几种成品形式及其语体特点——以“菜的做法介绍”为例[J]，当代修辞学，2012(6)：61－70。
高莉，英语广告中的主观性与交互主观性研究[D]，西南大学博士学位论文，2013 年。
顾曰国，西方古典修辞学和西方新修辞学[J]，外语教学与研究，1990(2)：13－25。
何兆熊，新编语用学概要[M]，上海：上海教育出版社，2000 年版。
胡壮麟、朱永生、张德禄、李战子，系统功能语言学概论[M]，北京：北京大学出版社，2005 年版。
贺剑瑜，出口商品产品说明书设计探析[J]，语文学刊，2011(7)：33－34。
胡曙中，英语语篇语言学研究[M]，上海：上海外语教育出版社，2005 年版。
胡曙中主著，语篇语言学导论[M]，上海：上海外语教育出版社，2012 年版。
胡习之、高群，试析会话结束语“就这样吧”[J]，当代修辞学，2015(3)：69－

75。
胡习之,话语角色定位及其语言表现形式[J],毕节师范高等专科学校学报,2004(4):13-16。
霍四通,语体研究和语言特征[J],暨南大学华文学院学报,2002(4):57-64。
黄锦章、田丽娜,网络即时文字会话的语类研究[J],当代修辞学,2013(2):17-26。
黄莹,研究生英语学术论文语体特征多维度对比分析[J],长春大学学报,2016(7):31-35。
胡明扬,语体和语法[J],汉语学习,1993(2):1-3。
胡显耀,基于语料库的汉语翻译小说词语特征研究[J],外语教学与研究,2007(3):216-220。
胡显耀,基于语料库的汉语翻译语体特征多维分析[J],外国语文,2010(6):451-458。
韩颖,媒介素养教学的平面多模态媒介语篇多维分析框架建构[J],大学英语,2017(2):56-64。
惠艳妮,从互动社会语言学角度分析话语标记语 Oh 的语用策略[J],攀枝花学院学报,2010(5):76-79。
江进林、许家金,基于语料库的商务英语语域特征多维分析[J],外国语文,2015(2):225-236。
姜望琪,语篇语言学研究[M],北京:北京大学出版社,2011 年版。
金立鑫、白水振,语体学在语言学中的地位及其研究方法[J],当代修辞学,2012(6):23-33。
刘大为,言语行为与修辞学的体系构想[J],修辞学习,1992(1):7-10。
刘大为,语体是言语行为的类型[J],修辞学习,1994(3):1-3。
刘大为,论语体与语体变量[J],当代修辞学,2013(3):1-22。
刘辰诞、赵秀凤,什么是篇章语言学[M],上海:上海外语教育出版社,2011 年版。
刘娅琼,电视现场报道的语体特征浅析[J],当代修辞学,2012(6):40-49。
刘亚猛,西方修辞学史[M],北京:外语教学与研究出版社,2008 年版。
李美霞,话语类型研究[M],北京:科学出版社,2007 年版。
李晨,基于自建语料库的语体与写作水平相关性研究[J],黑龙江工程学院学报,2018(2):49-54。
廖秋忠,廖秋忠文集[C],北京:北京语言学院出版社,1992 年版。

廖美珍，法庭审判话语框架分析[J]，当代修辞学，2012(6)：83－91。
廖美珍，法庭问答及其互动研究[M]，北京：法律出版社，2003年版。
刘世生、朱瑞青，文体学概论[M]，北京：北京大学出版社，2006年版。
刘顺、吴云，语体的语法学功能透视[J]，修辞学习，2002(1)：23－24。
刘辰诞，教学篇章语言学[M]，上海：上海外语教育出版社，1999年版。
罗桂花、廖美珍，法庭互动中的回声问研究[J]，现代外语，2012(4)：369－376。
李泉，基于语体的对外汉语教学语法体系构建[J]，汉语学习，2003(3)：49－55。
李想，说明文教学的活动性策略研究[J]. 语文教学通讯，2017(9)：5－8。
李秀明，媒介・互动・施为力——从语用因素分析语体特征和句法结构的一种思路[J]，绍兴文理学院学报，2011(1)：62－67。
李经伟，语体转换与角色定位[J]，解放军外国语学院学报，2003(1)：6－10。
梁银峰，论上古汉语的指示代词在不同语体中的指示性[J]，当代修辞学，2012(1)：64－75。
娄炜利，人物访谈电视节目[D]，互动修辞研究复旦大学博士论文，2013年。
刘娅琼，电视现场报道的语体特征浅析[J]，当代修辞学，2012(6)：40－49。
卢芸蓉、朱军，"正式—非正式"语体特征及其制约功能——以汉语不同语体中转述句的使用情况为例[J]，保定学院学报，2014(2)：76－81。
卢芸蓉、朱军，论汉语书面正式语体内部"开放—保守"的差异性特征[J]，湖南科技大学学报，2014(3)：133－140。
雷秀云、杨慧中，基于语料库的研究方法及MD/MF模型与学术英语语体研究[J]，当代语言学，2001(2)：143－151.
李响，外交口译话语语体特征的多维度研究[J]，广东外语外贸大学学报，2014(5)：42－61.
刘贤凤、贾春、华山，多维语篇分析与英语新闻阅读层次[J]，绥化学院学报，2011(1)：138－140.
刘小燕，中国英语学习者口笔语语体特征研究[J]，牡丹江师范学院学报，2011(6)：92－95.
刘艳春、胡凤国、赵艺，辩论与演讲语体多维度、多特征对比研究[J]，语言教学与研究2016(6)：103－112。
吕长竑，语篇的语料库研究范式评介[J]. 外国语，2010(2)：35－43.
缪俊，现场报道中"现在时"的修辞学分析：从修辞意图到修辞结构[J]，修辞学习，2008(5)：15－24。

马广惠,中美大学生英语作文语言特征的对比分析[J],外语教学研究：外国语文双月刊,2002(5)：345－349.

孟晶,浅析化妆品说明书词汇的文体特征[J],山西广播电视大学学报,2010(1)：65－66。

潘璠,中国非英语专业本科生和研究生书面语体的多特征多维度调查[J],外语教学研究,2012(2)：220－232。

潘鸣威,中国大学生英语口语中的口语化程度分析[J],西安外国语大学学报,2012(1)：77－81。

秦秀白,体裁教学法评述[J],外语教学与研究,2000(1)：42－46。

秦秀白编著,英语语体和文体要略[M],上海：上海外语教育出版社,2002年版。

任胜国,论文艺语体"时间"范畴的表达特点——语体表达论研究之一[J],烟台师范学院学报(哲社版),1997(4)：81－89。

荣红,基于语料库的社会语言学变异研究——《英语变异之多维度研究》评介[J],外语学刊,2007(1)：138－141。

荣红,基于多维度分析模式的语言变异研究综述[J].河北大学学报,2008(1)：107－112。

石爱,谈化妆品说明书的语言特色[J],语文学刊,2009(5)：94－96。

宋晓蓉,语篇结构视域下的《大唐西域记》说明语体特点分析[J],喀什师范学院学报,2014(5)：60－64。

申丹,西方现代文体学百年发展历程[J],外语教学与研究,2000(1)：22－28。

邵长超,影响词语跨体使用的四个维度考察[J],语言文字应用,2012(4)：57－63。

沈淑贤,现代汉语语体与语法关系研究[D],南开大学博士论文,2003年。

孙炳文,从关联视角看庭审互动中话语标记语的语用功能[J],当代修辞学,2015(1)：56－61。

陶红印,试论语体分类的语法学意义[J],当代语言学,1999(3)：15－24。

陶红印,操作语体中动词论元结构的实现及语用原则[J],中国语文,2007(1)：3－13。

陶红印、刘娅琼,从语体差异到语法差异(上、下)——以自然会话与影视对白中的把字句、被动结构、光杆动词句、否定反问句为例[J],当代修辞学2010(1、2)。

陶红印,从语音、语法和话语特征看"知道"格式在谈话中的演化[J],中国语文,2003(4): 291-302。
涂纪亮,英美语言哲学概论[M],北京: 人民出版社,1988年版。
谭晓云,交互性: 中学教案的语体学研究[J],修辞学习,2011(2): 32-43。
谭晓云,从有疑而问到无疑而问——课堂提问的言语行为分析[J],修辞学习,2005(2): 17-19。
唐余俊、王军元,商品说明书语言[M],上海: 汉语大词典出版社,2006年版。
王立非、部寒,中美企业话语的功能特征多维对比研究,解放军外国语学院学报,2018(2): 96-103。
王德春、陈瑞端,语体学[M],南宁: 广西教育出版社,2000年版。
王德春、陈晨,现代修辞学[M],上海: 上海外语教育出版社,2001年版。
王永娜,书面语体"V+向/往+NP"的构成机制及句法特征分析[J],华文教学与研究,2011(3): 64-69。
王丽秋,讲演语体中的虚拟对话[J],当代修辞学,2012(3): 77-83。
王雪娇,基于多维度多特征模型的语域变异研究综述[J],文教资料,2013(20): 24-25。
武姜生,语域变异的多维向分析模式简介[J],解放军外国语学院学报,2001(3): 6-9。
武姜生,"学术交流 e-mail"文体特征的多维度分析[J],外语与外语教学,2004(2): 53-57。
武姜生,中国学生英语写作发展趋势的多维度分析[J],国际商务——对外经济贸易大学学报,2008(Z): 45-49.
完权,话语互动中的光杆有定宾语句[J],当代修辞学,2015(4): 68-75。
王肖丹,汉语语篇衔接手段在不同语体中的差异分析[D],首都师大硕士论文,2006年。
王珏、洪琳,由人际代词与非人际代词的对立看语体分类[J],当代修辞学,2013(3): 23-31。
吴春相,现代汉语介词结构的语体考察[J],当代修辞学,2013(4): 52-61。
卫乃兴、李文中、濮建忠,语料库应用研究[M],上海: 上海外语教育出版,2005年版。
卫志强,语体特征与英语作文评分的关联度研究———以中国大学生限时说明文为例[J],绍兴文理学院学报,2017(10): 78-83。
吴剑峰,从言语行为到文体类型——汉语言说动词转指现象的认知分析[J],外语学刊,2011(4): 15-18。

徐赳赳,现代汉语篇章语言学[M],北京:商务印书馆,2010年版。

肖庚生,MD/MF模型在英语学术论文写作教学中的应用[J],鸡西大学学报,2016(11):122-125。

徐有志,现代文体学研究的90年[J],外国语,2000(4):65-74。

徐晶凝,主观近距交互式书面叙事语篇中"了"的分布[J],汉语学习,2016(3):74-84。

徐默凡,论语体言语行为[J],当代修辞学,2013(2):27-35。

徐默凡,网聊语体示情手段研究——兼论传介方式对不同语体示情手段的制约作用[J],当代修辞学,2014(4):19-32。

徐鹏、罗博,《政府工作报告》英译本语体多维度评价[J],哈尔滨学院学报2018(12):93-98。

许彩云,礼貌策略驱动下的汉语交互主观性考察[J],南京师范大学文学院学报,2013(4):178-182。

许彩云,言语行为类型及其原型变体初探[J],淮阴师范学院学报,2001(3):415-417。

许彩云,汉语劝服类言语行为话语结构分析之二[J],山西大学师范学院学报2002(4):65-68。

许彩云,汉语劝服类言语行为话语模式及其变式探析[J],甘肃社会科学2003(2):111-113。

许彩云,汉语指令性语体研究[D],上海:上海外国语大学博士论文,2014年。

许彩云,礼貌策略驱动下的汉语交互主观性考察[J],南京师范大学文学院学报2013(4):178-182。

许彩云,消息的多维语体特征究及写作教学探索[J],连云港师专学报,2016(3):38-41。

许彩云、邹洁,求职信多维语体特征及教学探索——以泰国留学生为例[J],淮阴师范学院学报,2018(6):365-367。

许彩云、尚凌凤,高端访谈语篇的多维语体特征研究[J],淮阴师范学院学报,2019(3):301-305。

许彩云,《人民解放军百万大军横渡长江》多维语体特征赏析[J],名作欣赏,2019(644):22-24。

许彩云,杂感《多一些宽容》赏析[J],名作欣赏,2019(647):23-25。

许彩云,淘宝语篇多维语体特征研究[J],淮阴工学院学报,2019(6)。

许力生,当代语体研究中的不同模式与取向[J],外国语,1997(5):8-12。

[美]约翰·R. 塞尔著,表述和意义：言语行为研究[M],北京：外语教学与研究出版社,2003 年版。

乐耀,从互动交际的视角看让步类同语式评价立场的表达[J],中国语文,2016(1)：58－69。

乐耀,从“不是我说你”类话语标记的形成看会话中主观性范畴与语用原则的互动[J],世界汉语教学,2011(1)：69－77。

袁晖、李熙宗,汉语语体概论[M],北京：商务印书馆,2005 年。

叶黎明,基于文本类型与功能区分的说明文教学新探[J],语文教学通讯2016(12)：26－29。

杨璘璘、钟伶俐,基于语料库的商务听证会语域特征多维度分析——以Facebook 的联合听证会为例[J],外语与翻译,2018(3)：52－58。

叶黎明,基于文本类型与功能区分的说明文教学新探[J],语文教学通讯2016(12)：26－29。

应学凤,现代汉语语体语法研究述略[J],华文教学与研究,2013(3)：88－95。

杨敏,立法语篇的逻辑功能的权力剖析[J],外语与外语教学,2007(1)：11－13。

杨惠中,语料库语言学导论[M],上海：上海外语教育出版社,2002 年版。

张德禄,论实用文体语类结构潜势[J],山东外语教学,2002(1)：1－5。

张德禄,语类研究的范围及其对外语教学的启示[J],外语电化教学,2002(4)：59－64。

张德禄,语篇分析理论的发展及应用[M],北京：外语教学与研究出版社,2012 年版。

张姜知,“把”字宾语的指称类型及其语体相关性[J],当代修辞学,2012(2)：53－56。

张伯江,功能语法与汉语研究[A],刘丹青主编　语言学前沿与汉语研究[C],上海：上海教育出版社,2005 年版。

张伯江,语体差异和语法规律[J],修辞学习,2007(2)：1－9。

张伯江,以语法解释为目的的语体研究[J],当代修辞学,2012(6)：13－22。

张良田,重新审视说明文的教学价值[J]. 语文建设,2017(1)：8－11。

张磊、姚双云,从语体视角考察指类句的句法特征和分布情况[J],语言教学与研究,2013(2)：74－81。

朱军,汉语语体语法研究综述[J],汉语学习,2012(5)：72－79。

朱军、卢芸蓉,语体与语法关系：制约与变量[J],云南师范大学学报,2013

(4)：42－48。
朱军、卢芸蓉，从语序问题看语体制约语法的特点[J]，新疆社会科学，2013(3)：154－159。
朱军，反问格式“有什么X”的否定模式与否定等级——互动交际模式中的语用否定个案分析[J]，中国语文，2013(6)：505－517。
朱军、戴春蕾，基于语料库的有标并列短语语体适应性考察[J]，学术探索，2012(5)：150－155。
朱军，汉语语体语法研究[M]，南京：南京大学出版社，2017年版。
曾毅平，语言材料语体分化论析[J]，福建师范大学学报(哲社)，2008(2)：34－40。
曾毅平，语体理论在对外汉语教学中的应用[J]，修辞学习，2009(5)：36－44。
郑庆君，语体跨类组合语篇及其语篇特征探析[J]，修辞学习，2006(2)：23－27。
郑颐寿，论语体平面及其运用[J]，渤海大学学报，2004(5)：91－94。
郑远汉，句式与语体[J]，语文研究，1987(2)：21－29。
郑磊刚，系统功能语言学理论视角下的汉语记叙文和说明文语篇对比分析[D]，广西大学硕士学位论文，2016年。
郑迎利，初中说明文的教学价值研究[D].南京师范大学硕士论文，2015年。
张滟，“拓扑”视角下的动态体裁研究[J]，修辞学习，2008(1)：19－24。
张豫峰，“得”字句与语体的关系[J]，河南大学学报(社科版)，2000(1)：105－108。
张海洲，近三十年语体教学研究综述[J]，内蒙古师范大学学报(教育科学版)，2007(6)：72－76。
郑梦娟，ABB式形容词的语体特征分析[J]，修辞学习，2004(6)：56－57。
左思民，“的”字结构诸功能中的语体功能[J]，修辞学习，2008(3)：10－18。
张先亮、郑娟曼，汉语“有”字句的语体分布及语用功能[J]，修辞学习，2006(1)37－39。
邹洪民，从语体中审视特殊“把”字结构的修辞作用[J]，修辞学习，1996(6)：44－46。
宗守云，论语体的制约因素及原型效应[J]，当代修辞学，2013(1)：66－71。
周振甫，中国修辞学史[M]，上海：商务印书馆，1991年版。
张振华，2002—2012年国务院政府工作报告语篇分析[D]，东北师大硕士论文，2012年。

张新红,文本类型与法律文本[J],现代外语(季刊),2001(2): 193-200。
赵秀凤,语体研究与体裁性写作教学[J],外语教学,2004(3): 75-78。
赵宗飒、姚双云,从语体视角看"因为"、"由于"的差异性[J],当代修辞学,2016(1): 62-71。
赵朝永、王文斌,中国英语学习者语域变异多维分析: 英汉时空特质差异视角[J],外语电化教学 2017(4): 71-78。
中国华东修辞学会、复旦大学语言文学研究所,语体论[C],合肥: 安徽教育出版社,1987年版。

图书在版编目(CIP)数据

汉语语篇多维语体特征研究/许彩云著. —上海:上海三联书店,2021.9

ISBN 978-7-5426-7436-4

Ⅰ.①汉… Ⅱ.①许… Ⅲ.①汉语-语体-研究 Ⅳ.①H15

中国版本图书馆 CIP 数据核字(2021)第 091977 号

汉语语篇多维语体特征研究

著　　者 / 许彩云

责任编辑 / 郑秀艳
装帧设计 / 一本好书
监　　制 / 姚　军
责任校对 / 张大伟　王凌霄

出版发行 / 上海三联书店
(200030)中国上海市漕溪北路 331 号 A 座 6 楼
邮购电话 / 021-22895540
印　　刷 / 上海惠敦印务科技有限公司

版　　次 / 2021 年 9 月第 1 版
印　　次 / 2021 年 9 月第 1 次印刷
开　　本 / 890mm×1240mm　1/32
字　　数 / 250 千字
印　　张 / 10.375
书　　号 / ISBN 978-7-5426-7436-4/H·106
定　　价 / 50.00 元

敬启读者,如发现本书有印装质量问题,请与印刷厂联系 021-63779028